Sinnlichkeit und Ästhetik

Sinnlichkeit und Ästhetik

Soziale Muster der Wahrnehmung

Klaus Plake (Hrsg.)

Königshausen + Neumann

Umschlagbild: Bond of Union (1956) von M.C. Escher

Die Autoren danken — den Gefühl und nicht der Pflicht gehorchend — ihrem Koautor Jochen Rimek für Kompetenz und Engagement bei der Erstellung des druckfertigen Manuskripts.

Die Deutsche Bibliothek — CIP-Einheitsaufnahme

Sinnlichkeit und Ästhetik: soziale Muster der Wahrnehmung / Klaus Plake (Hrsg.) — Würzburg : Königshausen und Neumann, 1992
ISBN 3-88479-691-7
NE: Plake, Klaus [Hrsg.]

Umschlag: Hummel / Homeyer, Würzburg
Druck: Verlag Königshausen & Neumann, GmbH
Gedruckt auf säurefreiem, alterungsbeständigem Papier
Bindung: Rimparer Industriebuchbinderei GmbH

Printed in Germany
ISBN 3-88479-691-7

Inhalt

Klaus Plake
Zur Einleitung 7

Petra Ahrweiler
Ästhetische Sphäre und Rationalisierung 23

Edeltraud Priddat
Sinnlichkeit und Flüchtigkeit
Zur Veränderung der Wahrnehmung angesichts moderner Erfahrungen 34

Nicola Ebers
Sinnliche Perzeptionen:
Fundamente der Vergesellschaftung in modernen Gesellschaften?
Eine Rekonstruktion der "Soziologie der Sinne" von Georg Simmel 53

Anton Sterbling
Sehen und Nichtgesehenwerden
Soziologische Blickwinkel 72

Jochen Rimek
Unerhörte Zwischentöne
Zur Differenzierung und Entdifferenzierung akustischer Signale 100

Heinrich von Gyldenfeldt
Gefühlskultur und Expertenjargon 116

Paul Hochstim
Einige Beobachtungen zur Unpersönlichkeit
in Vergangenheit und Gegenwart der amerikanischen Gesellschaft 129

Gerhard Vowinckel
Die Farben unserer Weltbilder
Über ästhetische Sitten und die Sittlichkeit des Ästhetischen 152

Klaus Plake
Die Schönheit des Körpers im Zeitalter der technischen Machbarkeit 178

Zur Einleitung

Niemand wird leugnen, daß unser Wissen über die Sinne, insbesondere über die Funktionsweise der beteiligten Organe, enorm zugenommen hat. Erkenntnisse der Neurologie und der Biochemie haben dazu geführt, daß das Dunkel, von dem bislang das Zusammenwirken von Sinnesorganen und dem zentralen Nervensystem umgeben war, wenigstens teilweise erhellt werden konnte. Dabei stellte sich heraus, daß das Gehirn in viel stärkerem Maße schon am Zustandekommen der Wahrnehmung beteiligt ist, als man bislang angenommen hatte. Besonders bei der Erforschung der elektrischen und chemischen Prozesse, die an der Übermittlung von Signalen der Sinnesorgane an die Nervenzellen beteiligt sind, konnten Fortschritte erzielt werden. - Der Mensch erfährt aber seine Sinne als Ganzes, während die Naturwissenschaften nur in Spezialisierungen voranschreiten. Die subjektive Bedeutung der Sinneswahrnehmung wird durch die Vermehrung physiologischer Erkenntnisse nicht unbedingt klarer. Es ist nicht möglich, sich über Sinneseindrücke zu verständigen, indem man über die Funktionsweise von Nervenbahnen diskutiert. Sinneswahrnehmungen, nicht nur die optischen, wirken als Bilder, die als Gesamteindruck interpretiert werden müssen.

Die Sinne sind so aufgebaut, daß sie Botschaften vermitteln. Sie liefern Nachrichten von der Welt, ohne deswegen die Welt abzubilden. Um in der Welt leben zu können, müssen diese Nachrichten, und zwar abhängig vom Differenzierungsgrad des Organismus, hinreichend komplex sein. Auf solche Nachrichten von der Welt kann dezentral reagiert werden. Für den Menschen ist allerdings festzustellen, daß auf der Grundlage disparater Sinneseindrücke gewissermaßen Resümees erstellt werden, d.h. integrierende Zustandsbeschreibungen, die ein sinnvolles, vernünftiges Handeln zulassen. In der Komplexität und Ganzheitlichkeit erschließt sich der "Sinn" der Sinne. Die wissenschaftliche Reflexion darf nicht an den Eindrücken vorbeigehen, die sich aus der bildhaften Komposition von Sinneswahrnehmungen ergeben. So beziehen sich z.B. Stimmungen auf Wahrnehmungen, die sich zu einem Bild, zu einem Gesamteindruck, zusammenfügen. Im folgenden sollen Sinnesvorgänge analysiert werden, sofern sie die Qualität haben, solche integrierenden Eindrücke oder Bilder zustande kommen zu lassen.

Das Ganze der Sinneswahrnehmung ist zugleich auch unmittelbar. Die sinnliche Rezeption von Welt wird vom einzelnen nicht als ein Vorgang erfahren, sondern als ein fertiges, wenn auch flüchtiges Erlebnis. Die Sinneseindrücke können nachhaltig genug sein, um Lernvorgänge auszulösen und langfristig die Persönlichkeit zu verändern. Nichtsdestoweniger stehen sie als erlebte Bilder vor uns und haben ihre eigene Substanz. Das heißt nicht, daß die Beteiligung des Gehirns an der Wahrnehmung verkannt würde. Auch auf der Stufe der Unmittelbarkeit von Sinneseindrücken haben bereits komplizierte Nervenoperationen stattgefunden. Unmittelbarkeit bedeutet, daß sich uns die Leistungen unserer Sinnesorgane und damit verbundene Vorgänge im zentralen Nervensystem als Welt präsentieren und daß wir diese rezipieren, ohne über ihr Zustandekommen nachzudenken. Diese Stufe der Unmittelbarkeit ist deutlich abgehoben von anderen Stufen der Reizaufnahme und -verarbeitung. Im Eindruck ist sowohl die Ganzheitlichkeit wie auch die Unmittelbarkeit der Sinneswahrnehmung enthalten. Er wird als abgelöst von vorbereitenden und nachfolgenden Prozessen erlebt.

Die Sinneswahrnehmung zum Gegenstand wissenschaftlicher Reflexion zu machen heißt, einen rationalen Verständigungsprozeß in Gang zu setzen. Es gilt, von Erfahrungen auszugehen, die jeder kennt und die gerade deswegen oft ignoriert werden. Für einen solchen Verständigungsprozess gibt es keine Alternative, obwohl er mit zahlreichen Schwierigkeiten behaftet ist. Die naturwissenschaftliche Forschung geht in der Regel am subjektiven Erleben der Sinnlichkeit vorbei. Trotzdem soll nicht ein Standpunkt bezogen werden, der sich als Alternative zur naturwissenschaftlichen Forschung versteht. Es geht vielmehr um eine Ergänzung des vorhandenen Wissens, d.h. um solche Aspekte, die sich der Physiologie, der Biochemie oder auch der Experimentellen Psychologie entziehen. Die Verständigung über sinnliche Erlebnisse kann nicht Erkenntnisse der Medizin und der Biologie außer Kraft setzen. Sie bilden vielmehr den Prüfstein, an dem sich auch der Diskurs bewähren muß. Nichtsdestoweniger wäre es falsch, auf einen Akkumulationsprozess in der naturwissenschaftlichen Forschung zu warten, der es ermöglichte, auch das individuelle und soziale Erleben der Sinnlichkeit genügend zu erhellen. Eine szientifische Substituierungsstrategie gegenüber den Bedarfsbeständen geistes- und gesellschaftswissenschaftlicher Interpretation hat sich immer als Fehlschlag erwiesen.

Schon die Gesellschafts- und Geschichtsabhängigkeit der Bilder, die uns die Sinne vermitteln, sollte vor einer Überdehnung szientifischer Kategorien warnen. Tatsächlich hören, sehen und fühlen wir das, was auf Grund sozialer Gegebenheiten wünschenswert ist. Das Bild der Wirklichkeit ist ein persönlich- biographisches und ein gesellschaftliches Konstrukt, wie besonders von den Interaktionisten immer wieder herausgestellt wurde. Allerdings ist im Rahmen dieser Forschungstradition die Qualität der Sinneseindrücke von untergeordneter Bedeutung. Die Weltbilder, mit denen sich die Interaktionisten auseinandersetzen, sind vor allem versprachlichte Manifestationen von Kultur. Bei der gesellschaftlichen Konstruktion der Wirklichkeit steht typischerweise die Leistung einzelner Sinne gar nicht zur Debatte. Es handelt sich in erster Linie nicht um die Wahrnehmung im Zusammenhang mit der Leistung von Sinnesorganen, die thematisiert wird, sondern um abgespeicherte Vorstellungen. Auf welche Weise das Realitätskonzept zustande kommt, ist für die Interaktionisten und Konstruktivisten nicht relevant. Demgegenüber kann die Frage nach dem gesellschaftlichen Charakter von Wirklichkeit auch bei den Sinnen ansetzen. In einem solchen Zusammenhang geht es darum, welchen Eindruck die Sinne vermitteln, welche Weltbilder sie zulassen, ja wie sie überhaupt erfahren werden.

Was das "Wie" der Sinneseindrücke angeht, so ist zu berücksichtigen, daß ihr Objekt unterschiedlich sinnfällig sein kann. Die natürliche Objektwelt verändert sich unter dem Einfluß der Kultur; die Kultur selbst bringt neue Objekte hervor. Mit diesen Entwicklungen verändert sich nicht nur das, was wahrgenommen wird, sondern darüber hinaus die Wahrnehmbarkeit. Auch das Soziale in seiner historischen Vielfalt kann unterschiedlich sinnfällig sein. Die Sinneseindrücke verändern sich also mit ihren Gegenständen und deren Beschaffenheit, und zwar unabhängig von den Bedeutungen, die den Gegenständen zugeschrieben werden und die eine selektive Wahrnehmung zustande kommen lassen.

Die unmittelbaren Sinneseindrücke scheinen für den Menschen eine unersetzbare Orientierungsfunktion zu haben. Sie definieren die Grundlage unserer Welterfahrung, d.h. das Vertrauen zur Welt als Wirklichkeit ergibt sich aufgrund von Sinnesleistungen. Dabei gehen wir von einem physiologischen, organisch vorgegebenen Standard aus. Jede Steigerung der Wahrnehmungsfähigkeit, wie sie durch die Technik möglich gemacht wird, ist für die Alltagserfahrung bedeutungslos. Sofern nicht im Zusammenhang mit einer zielgerichteten Tätigkeit eine bestimmte Leistung erbracht werden soll, bei der technische Geräte hilfreich sind, wird auf eine Optimierung der Sinnesleistungen verzichtet. Ein gegenüber dem angeborenen Standard verbessertes Sehen oder Hören würde als eine Verzerrung interpretiert. Nur für den Fall, daß die Leistung der Sinnesorgane defizitär ist, gilt es als angebracht, technische Hilfsmittel einzusetzen, und zwar um das sonst übliche Niveau der Leistungen wieder zu erreichen. Was als wahr und echt gilt, ist eine natürliche, d.h. durch die durchschnittliche organische Ausstattung des Menschen ermöglichte und definierte Sinnesleistung. Wenn jemand z. B. die Gegenstände seiner vertrauten Umgebung plötzlich größer oder kleiner sieht, so erscheint ihm dies irreal, phantastisch. Das richtige Verhältnis zur Welt ist mit der unmanipulierten Sinnesleistung gekoppelt, die durch Austausch von Eindrücken mit anderen verallgemeinert und verobjektiviert wird.

Es gilt also, diese unmittelbaren und integralen Sinneseindrücke im Blick zu behalten, wenn von Welt- und Gesellschaftsbildern, von der Alltagserfahrung oder von dem Verhältnis zur Wirklichkeit generell die Rede ist. Diese Perspektive wird weder von den Naturwissenschaftlern noch den Interaktionisten und Konstruktivisten eingehalten. Während im Falle der Naturwissenschaften die Sinneseindrücke in ihre Komponenten zerlegt werden, womit sie so, wie der Mensch sie erfährt, nicht mehr vorkommen, sind es im Falle der interpretativen Sozialforschung kollektive mentale Leistungen, Interpretationen heterogener Gegenstände von Sinneseindrücken, die zur Debatte stehen. Ein dritter Weg eröffnet sich dann, wenn man von den Sinneseindrücken selbst und den äußeren Bedingungen ihres Entstehens ausgeht.

Wenn es z.B. richtig ist, daß das Sozialsystem moderner Gesellschaften weiträumig verknüpft ist, wenn einzelne Systemteile hochsensibel auf Veränderungen in solchen Bereichen reagieren, mit denen sie nicht unmittelbar verbunden sind, dann bedeutet das für die Sinneseindrücke eine Beschränktheit der über sie vermittelten Erfahrung. Was das Individuum in seiner Umgebung wahrnehmen kann, hat nur wenig mit dem zu tun, was seine soziale Lage bestimmt. Dabei wirkt sich sowohl die Länge der Interdependenzketten wie auch die Eigenlogik einzelner Subsysteme aus. Die Erfahrung der Umwelt, wie sie auf der Grundlage von Sinnesleistungen möglich ist, versagt hinsichtlich der modernen Systemwirklichkeit gleich in mehrfacher Weise: Es geht nicht allein darum, daß sich diese Wirklichkeit dem Hör- und Sehbereich entzieht, weil sie nicht im sozialen Nahraum angesiedelt ist, sondern es geht um die Erschließbarkeit mit Hilfe der sinnlichen Erfahrung überhaupt. In einfachen, segmentären Gesellschaften genügt es, *ein* Subsystem zu kennen, um sich ein Bild von allen machen zu können. Auch noch in hierarchisch gegliederten traditionalen Gesellschaften ist das soziale Zusammenwirken über die sinnliche Erfahrung erschließbar, weil Bestandteile von Systemen, die auf unterer Ebene erfahren werden können, sich auf einem höheren Niveau wiederholen. In modernen Gesellschaften sind solche Analogieschlüsse nicht möglich, da die Systementwicklung nicht durch Iteration erfolgt. Hinzu kommt, daß die systemischen Wirkungsmechanismen zum Teil nur analytisch, also nicht auf dem Wege der unmittelbaren Sinneseindrücke, erfaßt werden können. Der Begriff der Entfremdung bezeichnet in seiner allgemeinsten Version die Diskrepanz zwischen der sinnlich erfahrbaren Welt und der auf sie einwirkenden Systemmechanismen, die das Ergebnis unendlich vieler, aufeinander abgestimmter Einzeloperationen sind und die, um sie zu verstehen, analytisch rekonstruiert werden müssen.

Das Subjekt erfährt also, daß Teile der Welt, die für sein Leben bedeutsam sind, sich der unmittelbaren sinnlichen Erfahrung verschließen und in elementaren Handlungskategorien nicht nachvollzogen werden können. Allerdings sind die so wirksamen Systemkräfte nicht einfach unbekannt. Sie wirken durch die Alltagswelt hindurch, ja verkörpern sich zum Teil in ihr, wobei solche manifesten Erscheinungsformen möglicherweise die oberflächliche, ja irreführende Seite ihrer Existenz ausmachen. Darüber hinaus haben auch die Systembereiche, die in ihrer Struktur und ihrer Wirksamkeit von der Alltagswelt sehr entfernt sind, ihre alltagsweltliche Erscheinung. Es geht also nicht schlechthin um ein Zurücktreten der Erfahrung, eine Abkopplung vom Uneinsehbaren und Unverständlichen, sondern um eine Durchdringung, bei der die Alltagswelt ihre Eindeutigkeit verliert.

Das Versicherungssystem, das für Franz Kafka zum biographischen Lehrbeispiel dieser Erscheinungen wurde, entzieht sich als zusammengehöriges Ganzes für die meisten Menschen der eigenen Erfahrung, obwohl das Schicksal eines jeden von dessen Leistungen abhängig ist. Die Disparität zur eigenen Erfahrung ergibt sich nicht allein daraus, daß nur die wenigsten direkt, z.B. als Angestellte einer Versicherungsfirma, Einblick in entsprechende Funktionszusammenhänge und Arbeitsabläufe haben, sondern weil das System unanschaulich ist und nur analytisch begriffen werden kann. Nichtsdestoweniger hat dieses System von seiner Wirkungsweise her seine alltagsweltliche Seite: Die Beschäftigten der öffentlichen und privaten Versicherungsgesellschaften tragen nicht nur durch ihre Arbeitsleistung zum Funktionieren des Gesamtzusammenhanges bei, sondern sie erleben ihn auch als ihre Welt, in dem sie zuhause sind, ihren Arbeitsplatz ausgestalten und wichtige soziale Beziehungen unterhalten. Darüber hinaus haben diejenigen, die nicht über derartige berufliche Einblicke verfügen, schon selbst einmal punktuelle Erfahrungen mit dem Versicherungssystem gemacht, z.B. durch Anfragen bei einer Versicherungsgesellschaft, durch den Besuch eines Versicherungsagenten oder durch die Abwicklung eines Schadensfalles. Die Art und Weise, wie Versicherungen die persönlichen Beziehungen verändern, entziehen sich allerdings der sinnlichen Erfahrung. Die materielle Absicherung durch die Rentenversicherung bewirkt, daß alte Menschen von ihren Kindern unabhängiger werden, Rechtsschutzversicherungen haben zur Folge, daß Streitigkeiten nicht mehr persönlich, sondern unter Inanspruchnahme gesetzlich garantierter Rechte geklärt werden, Familienhaftpflichtversicherungen tragen dazu bei, daß Kinder repressionsfrei aufwachsen können. Die unmittelbare persönliche Erfahrung ist, was derartige systemische Einwirkungen auf das alltägliche Leben angeht, unzureichend, ja sogar irreführend. Sie kann die Wirkungsweise des Systems bzw. Subsystems nicht wiedergeben. Die sinnlich erfaßbaren Manifestationen, z.B. der freundliche oder aufdringliche Versicherungsvertreter, lassen ein verzerrtes Bild entstehen. Mit den Veränderungen, die sich aufgrund sozialer Verflechtungen in der Alltagswelt ergeben, entzieht sich die systemische Einwirkung der sinnlichen Erfahrung.

Durch die Dekomposition der Alltagswelt aufgrund der Systemverflechtung ergibt sich für den Handelnden eine Irritation, die mehr ist als die Folge von Verständnislosigkeit. Wenn der Eindruck von Authentizität sich mit der unmittelbaren und ganzheitlichen sinnlichen Erfahrung verknüpft und durch sie das Vertrauen in die Wirklichkeit der Welt konstituiert wird, dann ist mit der Durchdringung von Systembereichen dieses Vertrauen destabilisiert. Das, was der sinnlichen Erfahrung zugänglich ist, wirkt bekannt und fremd zur gleichen Zeit. Das Naheliegende wird transparent, verweist auf andere, weiterreichende Zusammenhänge. In der Begriffssprache von Tönnies ausgedrückt, bilden "Gemeinschaft" und "Gesellschaft" keine Gegensätze mehr; sie sind miteinander verschmolzen. Die Gemeinschaft wird nicht aufgelöst, sondern sie verliert nur ihre Eindeutigkeit. Vor dem Hintergrund des Gesellschaftlichen finden die Formen der Gemeinschaft als Zitat Verwendung. Das Gesellschaftliche wird, wo es in den Alltagsbereich hineinragt, gemeinschaftlich "ausgekleidet". Damit ist die vorherige Übereinstimmung von Form und Inhalt des Sozialen, von Beziehung und Emotionalität, zum allgemeinen Problem geworden.

Diese grundsätzliche Erfahrung der Postmoderne schafft einen neuen Bedarf an Authentizität. Die Vieldeutigkeit, die in die Alltagswelt eingedrungen ist, bringt zwar eine neue Variabilität im Umgang mit scheinbar festgefügten Strukturen mit sich, eine Variabilität übrigens, die als Freiheit erlebt wird, läßt aber alte Bedürfnisse unerledigt. Man könnte sich fragen, ob nicht die Suche nach dem Authentischen in die Zeit der Bipolarität von Gemeinschaft und Gesellschaft gehört und folgerichtig die historisch fatalen Versuche der Wiederbelebung elementarer Sozialformen verursacht hat. Wenn es aber richtig ist, daß zur Identitätserfahrung Konkretheit und Eindeutigkeit gehören, daß nicht nur in der eigenen Biographie, sondern auch in der Objektwelt Konsistenz und Kontinuität gegeben sein müssen, damit Identität zustande kommt, dann kann im Zeitbewußtsein die Frage nach dem Authentischen nicht als historisch gelten. In der Tat signalisiert der von Adorno in der frühen Nachkriegszeit diagnostizierte "Jargon der Eigentlichkeit", daß sich in jener Epoche brüchiger, aber noch lebensfähiger Gemeinschaften Soziologen und andere Wortführer der öffentlichen Meinung auf der Suche nach Mitteln und Wegen befanden, verlorenes Terrain zurückzugewinnen. Während inzwischen die Soziologen die Suche nach dem Konstanten, sinnlich Feststellbaren vorerst abgebrochen haben und die "soziologische Aufklärung" (Luhmann) als ihr Anliegen betrachten, zu dem vor allem der Nachweis von Kontingenz gehört, ist im Alltagsleben diese Frage keineswegs erledigt. Die Auflösung der Alltagswelt als eindeutiger Handlungs- und Sinnzusammenhang bewirkt, daß die sinnliche Erfahrung einen Teil ihrer früheren Orientierungsfunktion aufgeben muß. Das Weltverständnis und auch das Verständnis des eigenen Selbst verlieren damit eine wichtige Stütze.

Die Vermenschlichung des Computers scheint nur *eine* Reaktionsform auf entsprechende Verunsicherungen zu sein. Einerseits sind die Markterfolge der Mikroelektronik der beste Beleg für die Dekomposition einer eindeutigen, sinnlich erfahrbaren und sinnhaften Alltagswelt. Andererseits wird der Computer, besonders der PC, zum Subjekt, ja zum Freund gemacht, der Vermittlerdienste zur Welt der nur in analytischen Operationen erfahrbaren Makrosysteme übernimmt. Die Vermenschlichung des Computers ist eine Art Heidenbekehrung, mit der einer Relativierung eigener "Anschauungen", ja in diesem Falle von Anschauungen überhaupt, begegnet wird. Der Computer ist, und zwar auch in der Privatsphäre, tolerierbar, wenn er mehr ist als ein Instrument, um die Zusammenhänge in Makrosystemen rekonstruierbar zu machen, wenn er als persönlicher Freund und Helfer akzeptiert werden kann.

Wichtiger aber als diese Vermenschlichung einer Maschine ist ein neuer Begriff vom menschlichen Körper, d.h. das Verständnis von sich selbst und anderen als einem jeweils abgeschlossenen, nach eigenen Bedingungen sich entwickelnden organischen System. Das Interesse am Körper hat ja bekanntermaßen mit der Aufklärung eingesetzt, als nämlich durch Kulturkontakt, durch naturwissenschaftliche Fortschritte, aber auch durch neue Erkenntnisse über die Natur des Wissens eine Relativierung von Beobachtungen und Urteilen eingetreten war, die zuvor als sicher galten. Indem die Gegebenheiten der vertrauten Welt an Eindeutigkeit verloren und zurückwichen, um in vielfältige andere Systemzusammenhänge eingegliedert zu werden, trat das Naheliegende, der Körper als Organismus hervor. Dies gilt noch viel stärker für unsere Zeit, in der auch im Alltagsbewußtsein deutlich zu werden beginnt, daß die direkte sinnliche Erfahrung so trügerisch ist wie die Oberfläche eines Sumpfes.

Wenn auch die Alltagswelt als vieldeutig erlebt wird, wenn ihre Elemente auf andere, nur analytisch erfaßbare Gegebenheiten verweisen, dann wird es schwieriger, die eigene Position in dieser Welt und zugleich auch sein eigenes Selbst zu definieren. Damit wird der Körper zum wichtigsten Identitätsaufhänger. Der Körper unterliegt zwar ebenfalls den Einflüssen der Umwelt, doch hält er ihr als biologisches System, darüber hinaus durch seine spezifischen Eigentümlichkeiten, stand. Die Möglichkeiten, auch die äußere Erscheinung, speziell den Körper zu verändern, haben sich vervielfacht. Trotzdem setzt der Körper diesen Bestrebungen Grenzen. Bezeichnenderweise besteht weitgehend Einigkeit darüber, daß Veränderungen am Körper nur mit der Zustimmung des Betroffenen vorgenommen werden dürfen, während im psychischen und sozialen Bereich keineswegs die Vorstellung vorherrscht, daß Veränderungen dessen, was als eigen erlebt wird, einer solchen Zustimmung bedarf. Das Recht auf körperliche Unversehrtheit genießt deshalb eine so hohe Wertschätzung, weil der Körper als die einzige Konstante, als das einzige wirkliche Besitztum erfahren wird.

Ebenso wie für die Identitätsvergewisserung ist der Körper auch für die soziale Wahrnehmung wichtig geworden. Die Orientierung in der Alltagswelt bringt angesichts zunehmender Komplexität, die auch in diesem Bereich aufscheint, Schwierigkeiten mit sich. Die Eindeutigkeit von Sinnkontexten ist durchbrochen; vielfältige Wirkungszusammenhänge, die bis in unsere Zeit hinein in der Sphäre des Persönlichen, Beobachtbaren und Vertrauten keine Relevanz zu haben schienen, sind spürbar, aber der persönlichen Einsichtnahme entzogen. Im gleichen Zusammenhang ist festzustellen, daß Kategorisierungen, die zuvor auch die sozialen Objekte in ihrer Bedeutung festlegten, problematisch wurden. In dieser Situation stellt der Körper eine Art Objektkonstanz her. Paradigmatisch kommt dies in der Kleidermode zum Ausdruck, die heute jede Art ritualisierter Verkleidung, die eine soziale Attribuierung zuließe, vermeidet. Farben und Formen haben keine symbolhafte, erst recht keine statusindizierende Funktion. Demgegenüber tritt, im Gegensatz zu einer standes-, klassen- und berufsspezifischen Mode, der Körper als Identifizierungsmerkmal hervor: Mode hat "sportlich" zu sein.

So, wie der eigene Körper zum Zentrum der Selbstvergewisserung wird, so ist der Körper des anderen für die Weltvergewisserung entscheidend. Die Abstraktheit der gesellschaftlichen Wirkungsmechanismen und die Vieldeutigkeit sozialer Erfahrungen führen zu Defiziten, die eine Suche nach körperlichen Kontakten auslösen. Körperlichkeit ist um so notwendiger, als sich Sinne nicht abstellen lassen. Wenn sich die Umwelt dem Handelnden weniger sinnlich darbietet, konzentriert sich die Gerichtetheit der Sinne auf das, was sinnfällig ist. Der Körper eignet sich in spezieller Weise als Objekt der Sinne. Die so vermittelten Erfahrungen sind besonders nachhaltig. Auch bislang unbekannte kognitive Regionen können erschlossen werden. Die neue Körperlichkeit bedeutet, daß sich in einem scheinbar bekannten Terrain ungeahnte Räume eröffnen. In diesem Sinne haben Avantgarde-Bewegungen seit der Jahrhundertwende mehr Sinnlichkeit, Ganzheitlichkeit und Spontaneität gefordert. Es ist bezeichnend, daß derartige Forderungen mit der Klage verbunden waren, daß die Zivilisation "Kopfmenschen" hervorbringe. Tatsächlich wird durch die ästhetische, musische und sinnliche Vervollkommnung nicht ein früherer Zustand wiederhergestellt, sondern eine Verlagerung von Erfahrungsbereichen herbeigeführt. Die beklagte "Verkopfung" des Menschen bezeichnet nur den Vorgang, daß sich soziale Systeme der sinnlichen Erfahrung mehr und mehr entziehen. Die auf Ganzheitlichkeit der Erfahrung gerichteten Aktivitäten vermögen keine Umkehrung dieses Vorganges herbeizuführen, dafür aber andere Reservoire des Sinnlichen auszuschöpfen.

Körperlichkeit, wie sie heute im Sport, vor allem in den kommerziell betriebenen, der Mode unterworfenen Fitneß- und Erlebnissportarten, in Therapieprogrammen, in alternativen Lebensentwürfen der Ökologiebewegung sowie in der künstlerischen Betätigung zum Ausdruck kommt, steht also nicht zufällig in einem Kontrast zu einer verwalteten Welt, die besser durch Statistiken und computergestützte Simulationsprogramme als durch unmittelbare sinnliche Erfahrung erfaßt werden kann. Was die Verbindung der Körperlichkeit zur Kunst angeht, so setzt sie einen radikal veränderten Kunstbegriff voraus. Denn es handelt sich um eine Kunst, die die sinnliche Erfahrung selbst zum Ziel hat. Sie kehrt, im Gegensatz zur bisherigen Kunstentwicklung, das Verhältnis zur Rationalisierung um: Sie ist nicht mehr als Affektkontrolle, als Triebverzicht und Sublimierung zu begreifen, sondern setzt auf neue, ansonsten nicht mehr mögliche sinnliche Erfahrung. Ob es möglich ist, auf diese Weise Sinnperspektiven zu entwickeln, kann hier nicht die Frage sein. Nichtsdestoweniger geht es um die Bedingungen und Möglichkeiten einer so beschaffenen Sinnlichkeit. Diese hat jetzt ihr Objekt gefunden, jedoch in einer ganz anderen Weise als zu einer Zeit, in der sich die Welt als sinnlich erfahrbar darstellte. Denn diese Welt in einem entschwundenen Zeitalter der Anschaulichkeit war keine Veranstaltung *für* die Sinne. Genau das ist aber der Zweck jener sozialen Vorkehrungen, die in die Lücke der Anschaulichkeit vorstoßen. Die Tatsache, daß sich die meisten sozialen Zusammenhänge, die für das tägliche Leben relevant sind, den Sinnen entziehen, ja daß sogar in der sinnlich erfahrbaren Welt andere Sozialbezüge aufscheinen, die die sinnliche Wahrnehmung relativieren, setzt die Suche nach Anschaulichkeit in Gang und führt zu Aktivitäten, die diese ermöglichen. Allerdings haben die Objekte, die damit in den Bereich der sinnlichen Erfahrung kommen, und zwar weil es sich um eine Veranstaltung *für* die Sinne handelt, etwas Beliebiges. Sie sind nur das Mittel der sinnlichen Erfahrung. Erkenntnisse über das Objekt ergeben sich en passant. Daß diese Erkenntnisse nicht verallgemeinerbar sind und die Welt erschließen, scheint die notwendige Schlußfolgerung zu sein.

Allerdings ergeben sich ganz neue Möglichkeiten der Erfahrung, wenn sich die Aufmerksamkeit auf die Sinne richtet, diese also nicht als das Fenster zur Wirklichkeit begriffen werden, sondern als ein System von unterschiedlich fokussierenden Spiegeln. Denn es ist ja nicht nur Sinnengenuß, was auf diese Weise erreicht wird, und das wäre ja schon sehr viel, sondern darüber hinaus ein Kennenlernen vor allem der Leistungen von Sinnesorganen, das auch im Alltagshandeln nützt. Selbst wenn die Zielsetzung eine ganz andere ist, nämlich im Sinnenreiz selbst besteht, so ist doch der Weg dorthin von zunehmender Differenzierung und Nuancierung begleitet. Ein solches "Raffinement" bezeichnet gleichzeitig auch einen quasi-experimentellen Umgang mit den Sinnen und trägt auf diese Weise zur Welterkenntnis bei. Wer persönlich oder sozial bedingt diesen Umgang mit den Sinnen nicht zu leisten vermag, hat möglicherweise auch ein naives Verhältnis zur Welt. Es kann also aufgrund der Beschäftigung mit den Sinnen dasjenige, was sich ihnen präsentiert, auch besser präzisiert werden. Allerdings wäre die Behauptung falsch, daß der zuvor dargestellte Mangel an Möglichkeiten zur sinnlichen Erfahrung der Systemumwelt durch solche Art von Erkenntniserweiterung kompensiert werde, da beide Effekte nicht miteinander verrechnet werden können. Nichtsdestoweniger aber gilt, daß der neue Umgang mit den Sinnen auch Welten eröffnet.

Wenn es richtig ist, daß die Beschäftigung mit den Sinnen nicht unabhängig ist von der Anschaulichkeit sozialer Systeme, dann lassen sich scheinbar widersprüchliche Tendenzen erklären, die sich gegenwärtig im kulturellen Klima bemerkbar machen. In den letzten Jahren hat sich gezeigt, daß das Bedürfnis nach Authentizität längst nicht mehr allein in der "Szene" jugendlicher Peergroups zu Hause ist; was bei den Jugendlichen vielleicht einmal ein Generationenproblem war und sich auf die Glaubwürdigkeit der Erwachsenen konzentrierte, richtet sich heute unabhängig vom Alter an die Gesellschaft überhaupt. Lebenspartner und Politiker, Schauspieler, Sänger und Fernsehmoderatoren, Sozialarbeiter und Therapeuten sollen authentisch sein. Der Authentizität wird auch im Hinblick auf Sitten und Gebräuche nachgespürt: Die Folklore soll "echt" sein und nicht nur eine Touristenveranstaltung; gleiches gilt für die Stadtteilkultur bis hin zum Kleinklima von Cafés und Kneipen. Ebenso konzentriert sich das Interesse der Öffentlichkeit auf das echte "Milieu", die "stimmige" Verschmelzung von Bausubstanz, sozialen Traditionen und kultureller Atmosphäre, wie sie von Kleinbürgern, Proletariern, Stadtpatriziern und von der Unterwelt erreicht wurde. Im Verhältnis zu Sachen macht sich das Bedürfnis nach Authentizität in der Suche nach dem Unikat bemerkbar, nämlich dem Markenartikel, dem Kunstwerk und der Antiquität sowie dem historisch bedeutsamen musealen Gegenstand. Das Authentische durchbricht die Vieldeutigkeit und Abstraktheit des Modernen; es führt vor Augen und macht handgreiflich, was die Welt bewegt bzw. bewegt hat.

Dem Bedürfnis nach Authentizität scheint nicht zu entsprechen, daß sowohl das private Beziehungsmanagement wie auch das Konsumverhalten im allgemeinen kaum ein Streben nach Dauer und Substanz erkennen lassen. In den privaten Beziehungen herrschen lockere Kontakte vor, ein eher situativ gebundenes Miteinander-Umgehen, wobei Personen austauschbar bleiben. In bezug auf das ökonomische Geschehen ist festzustellen, daß der funktionale Zwang zur periodischen Ersetzung von Konsumgütern auf eine entsprechende Bereitschaft der Verbraucher zum Wechsel stößt. Daß diesem Diktat des Modischen zunehmend auch Politik und Kultur unterliegen, d.h. daß in immer neuen Wellen politische und weltanschauliche Sinnsysteme sowie Stile der künstlerischen Produktion und des industriellen Designs kreiert, an den Mann gebracht und "verbraucht" werden, bedarf keiner eingehenden Beschreibung. Darüber hinaus hat der Trend zur Periodisierung, der immer schon die nächste Strömung, die "next wave" erwarten läßt, längst schon die Wissenschaften, vor allem die Geistes- und Sozialwissenschaften, erfaßt.

Soziale Beziehungen, die bewußt locker gehalten werden und auf die Erweiterung von Verkehrskreisen angelegt sind, lassen einen Austausch über individuelle Gefühlslagen und persönliche Überzeugungen nicht zu. Vielmehr wird eine solche Intimität, die auch Verpflichtungen mit sich bringen könnte, bewußt vermieden. Die Bereitschaft zum Wechsel und zur Veränderung, die sich auf Menschen, Gegenstände, ja sogar Meinungen beziehen kann, scheint dem Bedürfnis nach Authentizität zu widersprechen. Dieser Widerspruch löst sich allerdings auf, wenn man bedenkt, daß mit dem Authentischen das Eindeutige, Konkrete, sinnlich Erfaßbare und Feststellbare gemeint ist. Es geht darum, daß Dinge, Beziehungen und Personen notwendig so und nicht anders, daß sie in ihrer Beschaffenheit und in ihrer Bedeutung bestimmbar sein sollen. Der Erkenntnis, daß eine solche Festgelegtheit immer weniger gegeben ist, kann sich kaum jemand entziehen. Das Authentische gehört entweder bereits der Vergangenheit an, wie im Falle des historischen Unikats, oder es führt einen Überlebenskampf in Randbereichen der technischen und sozialen Gegenwart. Die Suche nach Authentizität kann nicht zum Ziele führen, weil unsere Welt genau das Gegenteil ist von dauerhaft, anschaulich und persönlich erfahrbar, und hat deswegen entweder einen spielerischen oder tragischen Charakter. Dort, wo sinnliche Erfahrung zustande kommt, ist sie experimentell. Sie geschieht nicht einfach, sondern sie wird bewußt gesucht und im Hinblick auf ihre Valenz für die persönliche Entwicklung, die psychische Gesundheit oder Lebensqualität "ausgewertet". Sie impliziert den Vergleich und damit die Veränderung. Es ist dies ein analytischer Zugang zur Welt, sofern es sich um mehr als rein private Erlebnisse handelt. Der unmittelbare Ausblick auf umfassendere Zusammenhänge ist dagegen versperrt. Aus diesem Grunde werden im Hinblick auf die ästhetische Beschaffenheit des Erfahrbaren ganz andere Ansprüche gestellt. Die Variabilitäten sollen größer, die Nuancen vielfältiger sein. Die Reizung der Sinne wird gesucht, um Erfahrung zu ermöglichen, um sich über Dinge und Verhältnisse klar zu werden, auch wenn jeder spürt, daß seine Lebenswelt in komplexe Systemzusammenhänge eingebunden ist.

Es ist dieser experimentelle Zugang zur Wahrnehmung, der die Sinnlichkeit mit der Ästhetik verbindet. Indem in unserer Zeit die Eindrücke der Außenwelt nicht einfach zur Kenntnis genommen, sondern arrangiert werden, richtet sich die Aufmerksamkeit auf den Sinn und das damit verbundene Erleben. Sinneseindrücke sind nicht etwas, das dem Handelnden widerfährt; es ist nicht die Aufklärung über die Welt, die instrumentell, zur Verbesserung der eigenen Effizienz, in die alltäglichen Dispositionen eingebaut würde. Eine solche Aufklärung über die Welt ist durch die unmittelbare Wahrnehmung, also durch das, was sich den Sinnen darbietet, immer weniger zu erreichen. Um so mehr wird von den Sinnen mit dem Ziel eines bewußten Sinnerlebens Gebrauch gemacht. Damit ist es selbstverständlich, daß den sinnlichen Empfindungen besondere Aufmerksamkeit zuteil wird. Denn um dieser willen werden ja spezielle Vorkehrungen getroffen; man setzt sich Reizen aus, ja führt diese herbei, weil man Empfindungen erzeugen möchte, über die man schon gewisse Erwartungen hat und die mit diesen Erwartungen verglichen werden. Dieses Bewußtwerden von Empfindungen, ja die gezielte Hinwendung der Aufmerksamkeit als innere Tätigkeit kann mit Mollenhauer (1988) als "ästhetisch" bezeichnet werden. Gleiches vollzog sich immer schon im Kunsterleben. Wer ein Gemälde betrachtet oder einem Konzert zuhört, achtet auf seine Empfindungen; der Empfindungen wegen setzt er sich entsprechenden Reizen aus. Das heißt nicht, daß es sich immer um ein angenehmes Erlebnis handeln müsse. Neben "kulinarischen" Vergnügungen geht es um Erfahrungen, die mit dem bewußten Sinnerleben verbunden sind, Erfahrungen, die möglicherweise aufgrund des allgemein menschlichen Neugierverhaltens gesucht werden, wobei allerdings, im Gegensatz zum instrumentellen Interesse, das sinnliche Empfinden im Vordergrund steht. Dieser Zugang zur Wahrnehmung ist heute so weit verbreitet, daß das Kunsterleben nur als Teil eines allgemein ästhetischen Umgangs mit den Empfindungen begriffen werden kann.

Daß Kunst und Leben sich zunehmend vermischen und Kunst nicht mehr als disparate Klasse menschlicher Kulturaktivitäten begriffen werden kann, ist nicht gerade eine neue Erkenntnis. Seit der Jahrhundertwende haben bereits die Avantgarde - Künstler, zusammen mit Kunsterziehern, Industriedesignern und Lebensreformern, erfolgreich daran gearbeitet, die ästhetische Attitüde wieder in den Gesellschaftsprozeß zu integrieren. Wo dies gelungen ist, verbindet sich damit eine Veränderung des Alltagserlebens. Das Leben wird zur Kunst, d.h. eine Haltung, die früher dem Kunsterleben eigentümlich war, wird auf andere Erlebnisbereiche ausgedehnt. Die Aufmerksamkeit richtet sich auf die sinnliche Wahrnehmung, indem diese nicht als unmittelbare und praktisch verwertbare Information über die Welt begriffen wird, sondern als ein Vorgang, der eine eigene, wert- und bedeutungsvolle Qualität hat. Wenn diese Haltung nicht nur in Galerien, Museen und Konzertsälen, sondern zunehmend in unterschiedlichen Lebensbereichen und Handlungsfeldern eingenommen wird, so folgt daraus, daß auch Kategorien des Ästhetischen die Gefilde der Kunst verlassen. So kann das Urteil, daß das Handeln eines Zeitgenossen "keinen Stil" habe, als ästhetische Qualifizierung die moralische Aburteilung ersetzen.

Ohnehin ist ja, was als ein spätes Ergebnis der Rechtsentwicklung angesehen werden kann, die Kunst von moralischen Verdikten ausgenommen. Der Kunstvorbehalt, der Grenzen der formalen sozialen Kontrolle definiert, macht einen allgemeineren Vorgang deutlich, nämlich daß ästhetische Urteile an die Stelle anderer Bewertungen treten. Die Diffusität solcher Geschmacksurteile verhindert selbstverständlich jede Formalisierung und Institutionalisierung. Nichtsdestoweniger sind sie wirksam, und zwar um so mehr, als die Axiomatik moralischer Beurteilungen zweifelhaft erscheint.

Wenn das Leben zur Kunst wird, erfolgt auch die Koordination und Kontrolle des Verhaltens nach ästhetischen Kriterien. Veränderungen in der Ausrichtung der Sinne, die mit der Sinnlichkeit der Objektwelt zusammenhängen, bedingen und fördern diesen Prozeß. Trotzdem ist eine solche Ästhetisierung des Verhaltens nicht grundsätzlich neu. In vormoderner Zeit bemaßen Angehörige der bürgerlichen Oberschichten und des Adels sich selbst und ihre Standesgenossen sowie jene, die sich um Aufnahme in ihre exklusiven Zirkel bewarben, nach derart "nutzlosen" Merkmalen. Ästhetische Erwägungen betrafen nicht nur die äußere Erscheinung, sondern und vor allem das Verhalten in verschiedenen Lebenslagen. Es galt, Geschmacklosigkeiten zu vermeiden und selbst noch im Unglück Stil und Lebensart an den Tag zu legen.

Die Diffusität solcher Beurteilungskriterien weist darauf hin, daß sie kaum eine Verbindung zu einem moralischen oder ökonomischen Handlungsschema aufweisen. Man kann wohl davon ausgehen, daß in der Vergangenheit ästhetische Kriterien für das Verhalten relevant werden konnten, weil luxurierende Oberschichten sowohl von den Zwängen der Daseinsvorsorge wie auch den Zwängen einer moralisierenden Öffentlichkeit freigesetzt waren. Mit der ästhetischen Beurteilung reduzierten sie nicht nur die Exzentrik des Verhaltens auf ein sozial erträgliches Maß, sondern schufen darüber hinaus eine Binnendifferenzierung, die dem Bedürfnis nach sozialer Distanz Rechnung trug. Außerdem konnten durch Ingroup-Outgroup-Differenzierungen Prozesse der Angleichung, die sich etwa auf rechtlichem Gebiet vollzogen hatten, korrigiert werden, indem z.B. der "Neureiche" durch Geschmacklosigkeiten auffiel. Gerade der diffuse Charakter derartiger Beurteilungskriterien, der es unmöglich machte, erwünschtes Verhalten einfach zu lernen, ließ Geschmacksurteile für soziale Abgrenzungen geeignet erscheinen.

Die Koppelung ästhetischer Verhaltenskontrollen, die früher in Oberschichten üblich waren, an den Begriff der "Ehre" zeigt, daß es sich um eine Erscheinung der Ständegesellschaft handelt. Heute sind sowohl die Ursachen wie auch die Auswirkungen einer Ästhetisierung der Verhaltenskontrollen andere. Die moderne Sinnlichkeit, das bewußte Sinnerleben in verschiedenen Bereichen des Alltags, führt zu einer allgemeinen Ästhetisierung des Verhaltens. Die Kategoriensysteme, die so zustande kommen, sind plural, ja beinahe beliebig, jedenfalls nicht an eine Schicht oder eine Klasse gekoppelt. Aus diesem Grunde sind auch hierarchische Differenzierungen sekundär. Nichtsdestoweniger läßt sich in Übereinstimmung mit der ständischen "Lebensart" feststellen, daß moralische Freiräume eine Bedingung ihrer Möglichkeit sind. Erst wo Handlungsschemata aus einer moralischen Bindung entlassen werden, können sie sich zur Geschmacksache entwickeln. In unserer Gesellschaft wird das Verhalten, das von moralischen Bezugssystemen abgelöst wird, entweder technisch normiert oder aber ästhetisch eingefärbt. Die Diffusität ästhetischer Kriterien verhindert nicht, daß Geschmacksfragen sehr ernst genommen werden. Was "in" oder "out" ist, und dabei geht es ja nicht nur um modische Accessoires, kann man nicht einfach ignorieren. Auch hartnäckige Überzeugungstäter müssen von Zeit zu Zeit feststellen, daß sie sich Normen angepaßt haben, die nicht anders als ästhetisch zu rechtfertigen sind.

Ästhetische Verhaltenskontrollen ersetzen nicht nur moralische Beurteilungsstandards, sondern schließen sie möglicherweise mit ein. In der sozialwissenschaftlichen Jugendforschung hat es sich inzwischen eingebürgert, von *Jugendstilen* zu sprechen, womit symbolische Ausdruckssysteme, Interaktionsmuster und ideologische Sinnkontexte gemeint sind. Der Begriff *Jugendstile* hat sich eingebürgert, weil nicht mehr Generationen mit dem Anspruch auf Strukturveränderung an die Öffentlichkeit treten, sondern verschiedene Lebensformen entwickelt wurden, zwischen denen der Jugendliche wählen kann. Bei diesen Lebensformen haben äußere Akzentsetzungen, wie z.B. Kleidung, Konsumartikel, ritualisierte Freizeitaktivitäten, Sprachformen und Körpersprache, ein besonderes Gewicht. Zwischen solchen Angeboten wird ausgewählt, und zwar nach ästhetischem Gutdünken und zunehmend unabhängig von kollektiven Zugehörigkeiten. Die Anpassung an einen solchen Stil bedeutet, daß auch politische und weltanschauliche Überzeugungen übernommen werden, so daß eher der Stil die ideologischen Implikate bestimmt als umgekehrt. Daß nicht nur die Jugendkultur sich in derartige Fraktionen aufgliedert, sondern diese auch in die Gesellschaft hineinwachsen, daß also alters- bzw. generationenspezifische Unterscheidungen immer weniger Sinn machen, soll nur am Rande erwähnt werden.

Die folgenden Beiträge sind das Ergebnis eines soziologisch orientierten Nachdenkens über die Sinnlichkeit, und zwar auf einer Ebene, die den eingangs beschriebenen Notwendigkeiten entspricht. Das Nachdenken über die Sinne als integrale und unmittelbare Eindrücke ist seit den richtungsweisenden Arbeiten von Georg Simmel unüblich geworden. Diese Tradition wird wieder aufgegriffen und für die Gegenwart nutzbar gemacht. Dabei ergeben sich Verbindungslinien zur Ästhetik, die Simmel noch nicht sehen konnte und die durch den Strukturwandel der Gesellschaft nahegelegt werden. Sowohl das in den letzten Jahren überdimensional gewachsene Interesse an Kunst in den verschiedensten Erscheinungsformen wie auch die neu entfachte Ästhetik-Debatte legen es nahe, solche Verbindungslinien zu suchen.

Der langjährige Kontakt, in dem die Autoren des Sammelbandes miteinander stehen, bringt inhaltliche Überschneidungen und übereinstimmende Urteile, aber auch nicht weiter reduzierbare Urteilsdifferenzen mit sich. Mit diesem Band verbindet sich die Hoffnung, Deutungen für alltägliche kulturelle Erscheinungen in ein übergreifendes Konzept einzubringen, um so heterogen erscheinende Diskussionsobjekte in den Mittelpunkt des wissenschaftlichen Interesses zu rücken.

Hamburg, im Januar 1992 Klaus Plake

Literatur

Mollenhauer, Klaus: Ist ästhetische Bildung möglich? In: Zeitschrift für Pädagogik, Heft 4, 1988, S. 443-461.

Ästhetische Sphäre und Rationalisierung

Petra Ahrweiler

Ästhetische Sphäre und Rationalisierung - es scheint, als kämen hier inkommensurable Größen zusammen. Kann man die Geschichte der ästhetischen Sphäre mit der Annahme des stetigen Zuwachses von immer mehr 'Rationalität' innerhalb dieser Sphäre beschreiben? Ist nicht 'Ästhetik' der klare Gegenentwurf zur alles umgreifenden auf innere und äußere Naturbeherrschung ausgerichteten Zweckrationalität? Ist hier nicht der Ort, wo das inkommunikable 'Erlebnis', das ästhetische 'Empfinden', die unwiederholbare 'Einmaligkeit' und das subjektivistische 'Gefühl für Schönheit' ein irrationales Refugium innerhalb von Gesellschaftsverhältnissen finden, die ansonsten auf Effizienz, Reproduzierbarkeit, Kommunikabilität und Transparenz ausgelegt sind?

Wenn 'Ästhetik' die Frage nach dem Wesen und der Wirkung des Kunstschönen behandelt, liegt die Vermutung nahe, daß es sich hier um eine dem neuzeitlich-wissenschaftlichen Weltverhältnis entrückte Sphäre mit eigentümlich ontologischen Weihen handelt.

Der folgende Beitrag wendet sich solchen Anfragen mit der These zu, daß sich die Entwicklungsgeschichte der ästhetischen Sphäre als Rationalisierungsprozeß begreifen läßt, ja daß die Entstehung dieser Sphäre wesentlich durch Rationalisierung initiiert worden ist.

Mit der 'ästhetischen Sphäre' sind sowohl die ideen- und interessenmäßigen Bedingungen des 'künstlerischen Feldes' (Bourdieu) - von einer 'Ästhetik' als Wissenschaft kann man frühestens ab Mitte des 18. Jahrhunderts sprechen - wie auch dessen materiale, soziostrukturelle Ausprägungen gemeint.

Der Begriff von 'Rationalität', der in den nachstehenden Ausführungen zugrundegelegt wird, lehnt sich an die von Max Weber entwickelten Gedanken zum okzidentalen Rationalisierungsprozeß an.

Weber diagnostiziert in seinen religionssoziologischen Schriften für die europäische Moderne die zunehmende 'Entzauberung der Welt'. Indem sich die Träger eines religiösen Deutungssystems intellektuellen Plausibilitätsanforderungen stellen müssen, wird Religion zunehmend theoretisch konsistent, d.h. rationaler. Da jedoch prinzipiell nicht der Status kommunikabler, reproduzierbarer Wissenschaft erreicht werden kann, wird Religion immer weiter in den Bereich des Irrationalen abgedrängt und gibt den gesamtgesellschaftlichen Deutungsprimat unter Ausklammerung der 'Sinnfrage' an die neuzeitlichen Wissenschaften ab.

Was Max Weber für die Rationalisierung der religiösen Sphäre gezeigt hat, kann an dieser Stelle für die ästhetische Sphäre nicht in gleicher Extensität und Genauigkeit nachvollzogen werden. Weber selbst wollte "irgendwann eine alle Künste umfassende Soziologie schreiben" (Marianne Weber 1984, S. 507), und die hier versuchte Parallelisierung der Entwicklungsgeschichte beider Sphären ist rudimentär bereits in Webers 'Die rationalen und soziologischen Grundlagen der Musik' angelegt. Im folgenden sollen einige der vermuteten Parallelen - mehr systematisch als historisch - vorgestellt werden.

Die Rationalisierung der ästhetischen Sphäre als 'Triebsublimierung'

Webers Rationalisierungsthese ist auf weite Strecken eine Ausführung über die zunehmende Beherrschung der 'inneren Natur' des Menschen: 'Rational' in diesem Sinne ist es, "seine konstanten Motive (...) gegenüber den 'Affekten' zu behaupten und zur Geltung zu bringen" (Weber 1988a, S. 117). Der Grad der 'Triebkontrolle' bemißt sich nicht nur an durch Herrschaftsverhältnisse direkt erzwungenen Domestikationsprozessen, sondern vor allem an 'Selbst-zwang' und 'Selbst-beherrschung', also 'Triebverzicht' (Freud, Elias).

Sowohl Kunstproduktion als auch Kunstrezeption beinhalten per se den Gedanken der Triebsublimierung. In der Kunstproduktion wird die Expressivität des Künstlers nicht unmittelbar, sondern medial durch das Kunstwerk vermittelt. Der Künstler verzichtet auf die eigene 'katharsis' als Entladung von Affekten, indem die Kunstproduktion erstens zum Produkt seines Handlungswillens wird, zweitens einen Zeitaufschub zwischen Motiv und Resultat verlangt und drittens die kalkulierende Beachtung und Verwendung spezifischer Standards und Verfahrensweisen erzwingt. Der mediale Charakter des Kunstwerks veranlaßt auch den Rezipienten zu einer distanzierenden Wahrnehmung der dargebotenen Inhalte und zur Reflexion über die Formgebung, die zur Ausbildung einer 'Geschmackskultur' führt.

Auf die Beziehungen zwischen Triebsublimierung und ästhetischer Sphäre hat schon Pierre Bourdieu hingewiesen: Die ästhetische Sphäre ist eine gegen die Welt "des Triebs und der Lust in der Malerei oder Bildhauerei usw. - geschaffene Welt, und geschaffen durch einen künstlerischen Akt der Sublimierung, der eine gesellschaftliche Legitimationsfunktion erfüllen mag: Die Negation der minderwertigen, grobschlächtigen, vulgären, käuflichen und servilen, in einem Wort: der natürlichen Lust, schließt in sich ein die Affirmation des sublimen, erhabenen Charakters derer, die an sublimierten, verfeinerten, distinguierten, interesselosen, zweckfreien und freiwilligen Vergnügen ihr Wohlgefallen zu finden wissen" (Bourdieu 1987, S. 767).

Der Grad der Triebsublimierung wird hier wie auch in den Arbeiten von Norbert Elias als Distinktionsmerkmal eingeführt - wie Bourdieu sagt als "ästhetische Soziodizee" (ebenda.), als Legitimierung sozialer Ungleichheit begrifflich in Anlehnung an Webers "Theodizee des Glückes" (Weber 1988a, S. 242).

Die ersten uns zugänglichen kunsttheoretischen Dokumente der Antike fallen durch ihre streng antisensualistische Beurteilung der Kunst auf, die sich zugleich bemüht, Kunst in das philosophische System intellektuell zu integrieren. So scheidet Platon das Sinnlich-Schöne vom Geistig-Schönen und Ideal-Schönen, wobei letzteres den höheren Rang einnimmt. Die Begriffe des 'Schönen' und der 'Kunst' werden zueinander in Beziehung gesetzt - die Künste werden typologisiert in theoretische, praktische, schöpferische und nachbildende. Orale und sexuelle Sinneseindrücke werden zugunsten der platonisch 'vornehmen' Sinne Hören und Sehen aus der ästhetischen Sphäre eskamotiert.

Insgesamt entsteht eine intellektualistische Systematik, die gegen eine vornehmlich sensualistische Auffassung von Kunst erfolgreich konkurriert: "Alle unbefangene rezeptive Stellung zur Kunst geht zunächst von der Bedeutsamkeit des Inhalts aus und dieser kann Gemeinschaft stiften. Das spezifisch Künstlerische zu entdecken, ist intellektualistischer Zivilisation vorbehalten" (Weber 1985, S. 365).

Die Unterscheidung des Sinnlich-Schönen vom Geistig- und Ideal-Schönen wird von mittelalterlichen ästhetischen Überlegungen als grundlegendes Axiom übernommen. Nur wird die eher pessimistische Kunstauffassung Platons, der die Kunst als Imitation (Kunstwerk) einer Imitation (empirische Wirklichkeit) verwirft, durch eine aristotelische Variante abgelöst, wonach die sinnenhafte Schönheit legitimer Ausdruck ewiger Schönheit sein kann.

Die Rationalisierung der ästhetischen Sphäre durch Säkularisierungsprozesse

Die ewige Schönheit wird im Mittelalter mit Gott identifiziert. Auch das 'Gute' ist Attribut Gottes, so daß der Begriff des 'Schönen' dem Begriff des 'Guten' nahesteht. Wie Thomas von Aquin formuliert, kann zwar zwischen dem Schönen, das wir bewundern, und dem Guten, wonach wir streben, begrifflich unterschieden werden, inhaltlich handelt es sich jedoch um kongruente Attribute.

Da die mittelalterliche Kunst symbolisch die Wahrheit zeigen und Vorbilder für das Alltagsleben geben sollte, fielen ihr so wesentlich religiöse, moralische und pädagogische Aufgaben zu. Von einer selbständigen, rein ästhetischen Zielsetzung ist - jedenfalls in kunsttheoretischen Überlegungen - nirgends die Rede.

Die religiös-metaphysische Belegung identifiziert das 'Schöne' mit dem 'Guten', ohne zwischen religiösen, moralischen und ästhetischen Komponenten zu unterscheiden.

Der sich hier ausdrückende 'ästhetische Optimismus' unterliegt mit dieser Konzeption den gleichen Entzauberungsbedingungen, die Weber für die mittelalterlichen Theodizeen konstatiert. Lösungen der Theodizeeproblematik tauchen in abgewandelter Form auch in ästhetischen Überzeugungen auf: "Das war der Standpunkt der Theodizee, auf die Ästhetik angewandt. In diesem Lichte war die Häßlichkeit der Einzelheiten teils nötig, um die Schönheit des Ganzen hervorzuheben, teils nicht existierend, teils einfach ein Fehlen des Schönen" (Tatarkiewicz 1980, S. 321). Die metaphysisch-dualistische Konzeption einer 'transzendenten Ästhetik' des Mittelalters wird jedoch mit ähnlichen intellektualistischen Plausibilitätsanforderungen konfrontiert wie innerhalb der religiösen Sphäre die Leibnizsche Theodizee.

Die Theodizee-Entwürfe in metaphysisch-religiösen Weltbildern versuchen, den Gedanken der 'Allmacht' Gottes mit dem Gedanken der 'Güte' Gottes vor der Erfahrung subjektiven Leidens und objektiver Eigengesetzlichkeit der Welt zu integrieren (vgl. Ahrweiler 1989, S. 23-105).

Die im Phänomen des 'Leidens' kulminierende Erfahrung der Unvollkommenheit von Welt verschärft zunächst das dualistische Weltbild, in dem Gott nur noch als 'deus absconditus' vorkommt. Der skeptizistische Anwurf wird allerdings von dieser Theodizee nicht aufgefangen und säkularisiert das Weltbild zu einem, in dem Gott nicht mehr vorkommt (Weber).

Wie in der Religion das 'Leiden' zum Stolperstein für religiös-metaphysische Weltbilder wird, muß innerhalb der ästhetischen Sphäre das Phänomen des 'Häßlichen' - der erfahrbaren Unvollkommenheit innerweltlicher Tätigkeit im Gegensatz zur als vollkommen postulierten transzendenten Ordnung - zum Ausgangspunkt stetiger Säkularisierung und Autonomisierung dieser Sphäre werden.

Bis zur modernen Auffassung, "daß etwas schön sein kann nicht nur: obwohl, sondern: in dem, worin es nicht gut ist (...) und (...) daß etwas wahr sein kann, obwohl und indem es nicht schön und nicht heilig und nicht gut ist" (Weber 1988c, S. 604), reicht ein kontinuierlicher Entkoppelungsprozeß des 'Schönen' vom 'Guten' und damit von seinen religiös-moralischen Bindungen: der ästhetische Säkularisierungsprozeß.

Dieser Säkularisierungsprozeß setzt vor dem Hintergrund einer theoretisch immer konsistenter werdenden Rationalisierung des transzendenten Bezugsrahmens ein, der schließlich entwertet wird - eine Paradoxie, auf die Weber schon für die okzidentale Theodizee-Geschichte hingewiesen hat.

Die Neutralisierung des 'Häßlichen' und 'Unvollkommenen' in der Kunst und die metaphysische Belegung des 'Schönen' verlangt die methodisch durchgebildete Ablehnung bloßen sinnlichen Genusses. Das Sinnlich-Schöne der Welt ist unvollkommen und erweckt 'curiositas' (Neugierde) und 'concupiscentia' (Begierde), so daß ein asketisches Verhältnis zur Kunst mit dem Impetus der 'vergeistigenden Vervollkommnung' ausgebildet werden kann.

Das asketische Streben nach 'Vervollkommnung' in der Kunst führt dazu, daß zur technischen Optimierung der Kunstproduktion wissenschaftliche Erkenntnisse systematisch in Dienst genommen werden.

Die Rationalisierung der ästhetischen Sphäre durch die Wissenschaften

Das angestrebte Ideal der Schönheit ist durch Proportion, Harmonie, Angemessenheit und Anordnung zu erreichen, wobei die Wissenschaften (z.B. Optik und Technik) als adäqate Hilfsmittel eingesetzt werden. Diese technische Optimierungstendenz betrifft nicht nur die künstlerischen 'Werkzeuge' sondern auch die künstlerischen 'Ausdrucksmittel': "ästhetische Rationalität erheischt, daß jedes künstlerische Mittel in sich und seiner Funktion nach so bestimmt sein muß wie möglich, um von sich aus zu leisten, wovon kein traditionales es mehr entlastet" (Adorno 1984, S. 58f).

Diese 'ästhetische Rationalität' impliziert das Verfügen über Kenntnisse und Fähigkeiten, die eng an die Ergebnisse der sich ausbildenden Naturwissenschaften geknüpft sind. 'Kunst' beinhaltet in sich selbst ein Moment von 'Wissenschaftlichkeit'.

Ohnehin sind die Beziehungen zwischen Kunst und Wissenschaft denkbar verflochten: weder die Antike noch das Mittelalter unterscheiden explizit zwischen ars und scientia; beides ist ein auf Regeln beruhendes Können zwecks Herstellung von Dingen.

Entscheidend ist, daß die Beziehung zwischen den später sogenannten 'schönen' Künsten und den Wissenschaften nicht nur als einseitiges Bestimmungsverhältnis (die Kunst bemächtigt sich der Wissenschaft als Mittel zur Zielerreichung, s.o.) beschrieben werden kann.

Vielmehr muß dieses Verhältnis als im Weberschen Sinne 'wahlverwandtschaftlich' rekonstruiert werden: das 'Experiment' als methodologisches Basisdatum für Wissenschaftlichkeit wird aus dem Bereich der Kunst importiert. "(...) das Experiment zum Prinzip der Forschung als solcher erhoben zu haben, ist die Leistung der Renaissance. Und zwar bildeten die Bahnbrecher die großen Neuerer auf dem Gebiete der Kunst: Lionardo und seinesgleichen, vor allem charakteristisch die Experimentatoren in der Musik des 16. Jahrhunderts mit ihren Versuchsklavieren. Von ihnen wanderte das Experiment in die Wissenschaft vor allem durch Galilei, in die Theorie durch Bacon; und dann übernahmen es die exakten Einzeldisziplinen an den Universitäten des Kontinents" (Weber 1988c, S. 596f).

Hier setzt für Weber die spezifisch okzidentale Entwicklungsgeschichte der ästhetischen Sphäre an, die er als Teil des von ihm beschriebenen Rationalisierungsprozesses begreift: "Aber daß die Kunst 'rationalisiert' wurde und daß dann das Experiment von ihrem Boden aus auf den der Wissenschaft überging, war das für den Occident Entscheidende" (Weber 1988b, S. 378).

Dieser hier nur angedeutete Intellektualisierungsprozeß findet seinen institutionellen Ausdruck in der Entstehung und Entwicklung von Akademien und Universitäten, die in Bezug auf die Kunst nach einer Formulierung Bourdieus kulturelle Legitimität monopolisieren. Mit dieser Monopolisierung der Legitimität einher geht die allmähliche Monopolisierung und damit Professionalisierung der Ausbildungswege und die Kodifizierung von künstlerischen Standards im jeweiligen Metier. Parallel zu Webers Äußerungen zur religiösen Rationalisierung könnte man von der Ablösung einer charismatisch legitimierten durch eine vorrangig formal-amtsmäßig legitimierte Rekrutierung der ästhetischen Sphäre reden, wobei die Zugangsbedingungen - ähnlich wie bei der religiösen Sphäre die 'religiöse Musikalität' (Weber) - natürlich weiterhin an künstlerischer Talentiertheit orientiert sind.

Die Gründung der ersten Akademie in Florenz 1462 durch Cosimo de'Medici und Marsilio Ficino zeigt aber nicht nur, daß die Standards der Kunstproduktion als Lehrinhalte kodifizierbar und transportierbar vorgestellt werden - sie weist auch auf die allmähliche Autonomisierung der ästhetischen Sphäre hin: kunsttheoretische Überlegungen werden nicht mehr den Theologen und Philosophen überlassen - der 'gebildete Künstler' im Gegensatz zum Handwerker wird selbst zum Träger ästhetischer Reflexion.

Die Rationalisierung der ästhetischen Sphäre als Individualisierung der Kunstproduktion und Kunstrezeption

Die zunehmende Säkularisierung und Intellektualisierung der ästhetischen Sphäre führt dazu, daß kunsttheoretische Überlegungen des weiteren immer stärker statt an transzendenten Kategorien an empirischen Wahrnehmungs- und Erfahrungsgrundlagen orientiert werden.

Mit dem allmählichen Verblassen des transzendenten Bezugsrahmens erscheinen in der Neuzeit empirisch-anthropozentrische Kategorien als Gegenstand der Kunsttheorie. Diese Kategorien beziehen sich nicht nur auf die Kunstproduktion sondern auch auf die Kunstrezeption. Für die Vorstellung vom Kunstproduzenten bedeutet dies, daß der Künstler nicht mehr als Werkzeug das Transzendentalium 'Schönheit' nachahmt, sondern als selbständiger Erzeuger seines Kunstwerks zu gelten beginnt. Für die Vorstellung vom Kunstrezipienten heißt dies, daß er nicht mehr die 'objektive Schönheit' als allgemeine Eigenschaft des Seins im Kunstwerk rezipiert, sondern seine Stellungnahme zu diesem als 'freies' Geschmacksurteil ausbilden kann.

Inwieweit die 'Freiheit' der Geschmacksurteile durch soziologische Bedingungen des 'künstlerischen Feldes' (Bourdieu) beeinflußt wird, soll hier nicht untersucht werden.

Wichtig ist hier, daß Individualkategorien in kunsttheoretische Überlegungen einfließen, die einen grundsätzlich anderen Charakter des Nachdenkens über Kunst postulieren. Die 'Expression' des Künstlers und die 'Ergriffenheit' des Rezipienten werden zur ästhetischen Zieldefinition. Das 'Genie' des Künstlers, sein unableitbares 'Schöpfertum', sind neuzeitlich-moderne Konstituenzien der Produktion von Kunst.

Die Lösung der ästhetischen Sphäre aus religiösen Bindungen zeigt sich aber nicht nur im veränderten theoretischen Status besonders der Kunstproduzenten, sondern auch in der Veränderung von deren gesellschaftlichem Status.

Mit der Entstehung des 'Publikums' im 18. Jahrhundert bilden sich Marktchancen für Künstler heraus, die ihnen wirtschaftliche und intellektuelle Unabhängigkeit von den Auftraggebern Aristokratie und Klerus sichern. Die Entstehung von Marktmechanismen protegiert die weitere Enttraditionalisierung der ästhetischen Sphäre: das 'Neu-Sein' in Form und Inhalt wird zum Beurteilungskriterium für ein Kunstwerk - eine Kategorie, die bis zur Entstehung des gebildeten Massenpublikums eher negativ belegt war.

Die Kommunikation mit den Adressaten der Kunstproduktion fängt an, sich durch Drucktechnik, Verlagswesen etc. unabhängig von der Rezeptionssituation zu gestalten, wobei der dadurch erzielte ökonomische Erfolg zur weiteren Emanzipierung der ästhetischen Sphäre vom Mäzenatentum der Aristokratie und des Klerus beiträgt.

Die ästhetische Sphäre und die Paradoxie der Rationalisierung

Mit diesen Veränderungen beginnt nun aber die ästhetische Sphäre nicht nur, sich endgültig von den engen Verflechtungen mit der Religion zu emanzipieren. Sie tritt mit der Ablehnung des Gebundenseins an transzendent legitimierte 'Regeln' der Produktion und Rezeption und mit dem Anspruch eigener ontologischer Dignität in Konkurrenz zu dieser.

Im Mittelalter konnte bis zu Leibniz die Einheit von Religion, Wissenschaft und Kunst gesichert werden. "Indessen die Entfaltung des Intellektualismus und die Rationalisierung des Lebens verschieben diese Lage. Die Kunst konstituiert sich nun als ein Kosmos immer bewußter erfaßter selbständiger Eigenwerte. Sie übernimmt die Funktion einer, gleichviel wie gedeuteten, innerweltlichen Erlösung vom Alltag und, vor allem, auch von dem zunehmenden Druck des theoretischen und praktischen Rationalismus" (Weber 1988a, S. 555).

Diese Diagnose Webers erinnert an die Deutung moderner Kunst als 'Sicherheitsventil' bei Sigmund Freud und an die Formulierung Nietzsches, der in der Kunst die 'Umformung der Welt, um es in ihr aushalten zu können' sah.

Die erhoffte Erlösung vom Rationalismus führt dazu, daß 'Sinnlichkeit' als anti-rationale Kategorie rehabilitiert wird. Deren Eskamotierung hatte die Rationalisierung dieser Sphäre ehedem in Gang gesetzt. Die Rehabilitierung der Sinnlichkeit wird im 18. Jahrhundert auch zum Distinktionsmerkmal der Kunst gegenüber den Wissenschaften: 'Intuition' und 'Gefühl' auf der einen Seite stehen dem 'Intellekt' und der 'Vernunft' auf der anderen gegenüber. Der junge Goethe schreibt: "Wer von den Künsten nicht sinnliche Erfahrung hat, der lasse sie lieber (...). Er bedenke, daß er sich durch alle Theorie den Weg zum wahren Genusse versperrt, denn ein schädlicheres Nichts als sie ist nicht erfunden worden" (Goethe 1953, S. 16).

Zu jenen Auffassungen des 'Sturm und Drang' und später der 'Romantik' gelangt eine Ästhetik, die paradoxerweise gerade durch den angedeuteten Rationalisierungsprozeß zu solcher Reflexion überhaupt befähigt ist.

Auch an dieser Stelle lassen sich deutliche Entwicklungsparallelen zwischen der von Weber beschriebenen Entwicklungsgeschichte der religiösen Sphäre, die "aus dem Reich des Rationalen ins Irrationale verdrängt und nun erst: die irrationale oder antirationale überpersönliche Macht schlechthin" wird (Weber 1988a, S. 564), und derjenigen der ästhetischen Sphäre erkennen.

Wie die Ästhetik so lehnt auch die Religion in diesem Stadium der Ausdifferenzierung der Wertsphären die rational-intellektualistische Weltbetrachtung ab, wobei das Distinktionskriterium aber nicht wie bei der Ästhetik in der Rehabilitierung der 'Sinnlichkeit' besteht.

> "Die Erlösungsreligion wehrt sich gegen den Angriff des selbstgenugsamen Intellekts am prinzipiellsten natürlich durch den Anspruch: daß ihr eigenes Erkennen in einer anderen Sphäre sich vollziehe und nach Art und Sinn gänzlich heteronom und disparat sei gegenüber dem, was der Intellekt leiste. Nicht ein letztes intellektuelles Wissen über das Seiende oder normativ Geltende, sondern eine letzte Stellungnahme zur Welt kraft unmittelbaren Erfassens ihres 'Sinnes' sei das, was sie darbiete. Und sie erschließe ihn nicht mit den Mitteln des Verstandes, sondern kraft des Charisma einer Erleuchtung, welche nur dem zuteil werde, der sich durch die dafür an die Hand gegebene Technik von den irreleitenden Scheinsurrogaten, welche der verworrene Eindruck der sinnlichen Welt und die in Wahrheit für das Heil gleichgültigen und leeren Abstraktionen des Verstandes als Erkenntnis liefern, befreie (...)" (Weber 1988a, S. 566).

Damit lehnt die Religion auch den Konkurrenzanspruch der Ästhetik als 'Scheinsurrogat' ab. Der Ausdifferenzierung der Sphären Religion, Wissenschaft und Kunst entspricht ungefähr die idealtypische Zuweisung der Erkenntnismittel 'Geist', 'Intellekt' und 'Sinne'.

Dem wissenschaftlichen Deutungsprimat der beginnenden Moderne entspricht aber auch, daß genau dieser Distinktionsprozeß intellektuell aufgearbeitet wird. So entsteht im Anschluß an die rationalistische Schulphilosophie Christian Wolffs und seines Schülers Alexander Gottlieb Baumgarten in der Mitte des 18. Jahrhunderts 'Ästhetik' als neue wissenschaftliche Disziplin neben Logik und Ethik.

Der Grad der Entkopplung der Sphären wird zum Topos ästhetischer Reflexion und führt zu einem Pluralismus ästhetischer Theorien: es entsteht ein kunsttheoretisches Kontinuum, auf dessen einer Seite die ästhetische Sphäre der intellektualistischen Betrachtung generell entzogen wird und auf dessen anderer Seite ein quasi-naturwissenschaftlicher Zugang zur Kunst oder zumindest ein intellektualistischer Meta-Diskurs über Kunst für möglich gehalten wird.

Neben der eher geschichtsphilosophisch interessanten anti-intellektualistischen Konzeption der Kunst als 'innerweltlicher Erlösung' steht im 19. Jahrhundert die Reduktion der Ästhetik auf neurophysiologische, vegetative u.ä. Phänomene: So heißt es 1889 bei Konrad Alberti: "Genie, Talent, das hat uns bereits die moderne Naturwissenschaft gelehrt, ist nichts Überirdisches, Geheimnisvolles, Unerklärliches, vom Himmel auf die Erde Niedergeflogenes, wie die frühere Zeit annahm. Talent, Genie, ist nichts anderes als die normale, gesunde, entwicklungsfähige Ausbildung der Gehirnzentren" (zitiert nach Hamann/Hermand 1972, S. 51f). Noch radikaler interpretiert Carl Lange 1903 das ästhetische Empfinden als gestaute Blutfülle in den Adern, als 'arteriellen oder venösen Druckpunkt' (ebenda, S. 176).

Hier handelt es sich jedoch schon um die extremistischen Pole des theoretischen Kontinuums. Der intellektualistische Meta-Diskurs über Kunst konstatiert ansonsten eher vermittelnd die ambivalente, wenn nicht paradoxe Beziehung der ästhetischen Sphäre zur neuzeitlichen Rationalität.

Die paradoxe Konnotierung der Ästhetik zum einen als ein Endprodukt des okzidentalen Rationalisierungsprozesses und zum anderen als Gegenentwurf zu ebendieser ausgebildeten 'Rationalität' wird auch von modernen Ästhetik-Konzeptionen thematisiert. Nach Theodor W. Adorno ist Kunst "mimetisches Verhalten, das zu seiner Objektivation über die fortgeschrittenste Rationalität - als Beherrschung von Material und Verfahrensweisen - verfügt. Es antwortet mit diesem Widerspruch auf den der ratio selber. Wäre deren Telos eine selber notwendig an sich nicht rationale Erfüllung - Glück ist Feind der Rationalität, Zweck, und bedarf doch ihrer als Mittel -, so macht Kunst dies irrationale Telos zur eigenen Sache. Dabei bedient sie sich der ungeschmälerten Rationalität in ihren Verfahrensarten, während sie in der angeblich 'technischen Welt' kraft der Produktionsverhältnisse eingeschränkt, selber irrational bleibt" (Adorno 1984, S. 429f).

Abschließend kann eine Entwicklungsanalogie zwischen religiöser und ästhetischer Sphäre konstatiert werden.

Die Entstehung und Herausbildung der ästhetischen Sphäre ist wesentlich unter dem Aspekt rationalistischer Triebsublimierung zu begreifen, welche - wie Max Weber gezeigt hat - auch zur Rationalisierung der religiösen Sphäre beigetragen hat.

Die Formen intellektualistischer Rationalisierung, die innerhalb der religiösen Sphäre zu Rationalisierungsprozessen geführt haben, enttraditionalisieren auch die ästhetische Sphäre.

In dem Maße, in dem das religiös-dualistische Weltbild durch den okzidentalen Säkularisierungsprozeß zu einem monistisch-anthropozentrischen wird, finden auch in der ästhetischen Sphäre Individualkategorien alleinige Anwendung.

Wie die Religion stellt sich auch die Ästhetik zum einen als Endprodukt theoretischer Rationalisierung und zum anderen als alternativer Gegenentwurf zur neuzeitlich-modernen Rationalität dar.

Literatur

Adorno, Theodor W.: Ästhetische Theorie, Frankfurt a.M. 1984.

Ahrweiler, Petra: Max Webers Rationalisierungsthese und das Problem der Theodizee. Schriftliche Diplomarbeit. Institut für Soziologie, Hamburg 1989.

Bourdieu, Pierre: Die feinen Unterschiede, Frankfurt a.M. 1987.

Bourdieu, Pierre: Zur Soziologie der symbolischen Formen, Frankfurt a.M. 1974.

Goethe, Johann W. von: Werke 12, Hamburg 1953.

Hamann, Richard/Hermand, Jost: Naturalismus II, München 1972.

Tatarkiewicz, Wladyslaw: Geschichte der Ästhetik II, Basel/Stuttgart 1980.

Weber, Marianne: Max Weber. Ein Lebensbild, Tübingen 1984.

Weber, Max: Gesammelte Aufsätze zur Religionssoziologie I, Tübingen 1988a.

Weber, Max: Gesammelte Aufsätze zur Religionssoziologie II, Tübingen 1988b.

Weber, Max: Gesammelte Aufsätze zur Wissenschaftslehre, Tübingen 1988c.

Weber, Max: Wirtschaft und Gesellschaft, Tübingen 1985.

Sinnlichkeit und Flüchtigkeit

Zur Veränderung der Wahrnehmung angesichts moderner Erfahrungen

Edeltraud Priddat

Die vorliegende Arbeit versucht einige Veränderungen zu benennen, die Anfang des 20. Jahrhunderts deutlich werden. Ausgangspunkt ist die von Kant im 18. Jahrhundert vorbildlich für das 19. geleistete Bestimmung der Sinnlichkeit, die zunächst kurz dargestellt wird. Anschließend referiere ich einige Aspekte der Raumveränderung, wie sie mit dem Auftreten der Eisenbahn deutlich wurden. Dann möchte ich an Beispielen aus der Simmelschen Soziologie und aus dem Benjaminschen Werk diskutieren, was genau in der Moderne sich verändert hat und wie dies in der Postmoderne einen neuen Stellenwert erlangt. Ich beginne mit Kant.

Kantisch-ruhende Sinnlichkeit

Das Neue an der Kantischen Erkenntnis war, daß sie in gewisser Hinsicht eine Vermittlung zwischen Sinnlichkeit und Verstand leistet. Kant schlichtete den zu seiner Zeit wütenden philosophischen Kampf um eine Vormachtstellung innerhalb der Erkenntnistheorie, der zwischen Empirismus und Rationalismus ausgefochten wurde, indem er den Anspruch beider Philosophien, einzige Quelle der Wahrheit zu sein, relativierte. Er nahm beiden Richtungen den absoluten, die andere Richtung ausschließenden Anspruch, indem er - wie Simmel formuliert - "den Empirismus als konstitutives, den Rationalismus als regulatives Prinzip des Erkennens anerkannt hat" (Simmel 1897, S. 425). Das heißt genauer - und das ist das Neue an der Kantischen Kritik - seine Erkenntnistheorie speist sich aus zwei Quellen statt wie bisher aus einer: aus der Sinnlichkeit *und* aus dem Verstand.

"Vermittelst der Sinnlichkeit werden uns Gegenstände gegeben (...) durch den Verstand aber werden sie gedacht"[1] formuliert Kant, oder anders: vermittelst

1 Kant B 33. Aus der Kritik der reinen Vernunft wird zitiert nach der 1. Auflage (1781 A) oder nach der zweiten von 1787 mit dem Zusatz B. Kant beginnt die transzendentale Logik mit folgenden Sätzen: "Unsere Erkenntnis entspringt aus zwei Grundquellen des Gemüts, deren die erstere ist, die Vorstellungen zu empfangen (die Rezeptivität der Eindrücke), die zweite das Vermögen, durch diese Vorstellungen einen Gegenstand zu erkennen (Spontaneität der Begriffe); durch die erstere wird uns ein Gegenstand gegeben, durch die zweite

der Sinnlichkeit wird uns der Stoff der Erkenntnis gegeben, der aber völlig ungeformt ist, ein roher Felsblock, dem erst noch die nötigen Konturen, die eine Erkenntnis ausmachenden Formen, für Kant die Urteile, aufgeprägt werden müssen. Der Sinnlichkeit kommt in diesem Verhältnis die Eigenschaft zu, eine rein passive Fähigkeit zu sein. Durch sie sind wir empfänglich für die Gegenstände außer uns. Kant nennt es auch unser Vermögen, Vorstellungen von den Gegenständen zu empfangen (Kant B 75).

Der Sinnlichkeit kommt dadurch so etwas zu wie eine Brückenfunktion zwischen Subjekt und Objekt, denn die Sinneseindrücke "führen in das Subjekt hinein, als dessen Stimmung und Gefühl, und zu dem Objekt hinaus, als Erkenntnis seiner" (Simmel 1983a, S. 484).

Nun ist diese rein passiv-aufnehmende Fähigkeit unserer Sinnlichkeit dennoch nicht ohne Einfluß auf den Gegenstand, nicht ohne formgebende Prägung. In kantischer Terminologie: die Sinnlichkeit geht nicht auf Dinge an sich selbst, sondern nur auf die Art "wie uns, vermöge unserer subjektiven Beschaffenheit, Dinge *erscheinen*" (Kant A 251).

Die subjektive Fähigkeit, in der Anschauung eine Vorstellung von den Dingen zu erlangen, ist eine Formung, durch die das Ding (an sich) zur Erscheinung, also zu der Form wird, die den Menschen von den Gegenständen der äußeren Welt allein zugängig ist. Kant unterscheidet zwischen der Form des äußeren Sinns, der uns die Gegenstände im Raum, *nebeneinander* wahrnehmen läßt, und der Form des inneren Sinns, der Zeit, denn wir können nicht anders, als die Gegenstände *nacheinander* anschauen. "Vermittelst des äußeren Sinnes stellen wir uns die Gegenstände außer uns, im Raume, vor; vermittelst des inneren Sinnes schaut das Gemüt sich selbst seinen inneren Zustand an" (Kant B 37).

Kant argumentiert folgendermaßen: ich kann mir alles am Gegenstand wegdenken, seine Farbe, seinen Geruch, wenn ich mir seine Gestalt, seine Ausdehnung wegdenke, ist auch der Gegenstand verschwunden. Denn: "man kann sich niemals eine Vorstellung davon machen, daß kein Raum sei" (Kant B 38). Selbst wenn ich mir alle Gegenstände wegdenke, die ich sehe, und auch die weitere Umgebung und zuletzt die Welt und das Weltall, so bleibt doch eine Vorstellung von einem leeren Raum übrig, den ich nicht mehr wegdenken kann. Ein solcher Raum ist somit kein empirischer Raum, sondern Raum überhaupt. Ihm kommt

---

wird dieser im Verhältnis auf jene Vorstellung (als bloße Bestimmung des Gemüts) gedacht. Anschauung und Begriffe machen also die Elemente aller unsrer Erkenntnis aus (...)" (Kant B 74).

damit der Stellenwert zu, apriori zu sein, d. h. er ist vor aller Erfahrung im Subjekt gegeben, in der Sinnlichkeit angelegt und damit ist er eine Bedingung der Existenz der Erscheinung (vgl. dazu: Kant XXV, B 33, B 50, B 74f, B 121ff.).

Das, was die Sinne dem erkenntnisbemühten Subjekt als Stoff, als Material für die Erkenntnis liefern, ist also bereits geformt, es ist der apriorischen Form des Raumes unterworfen. Trotzdem gilt es aber als noch nicht Erkanntes; denn die Sinne geben ja nur, wie Simmel schreibt, "das rohe Material, den isolirten, sinnlosen, vorüberfliegenden Eindruck, der erst durch jene verstandesmäßigen Kräfte zur giltigen, objektiven Erfahrung geformt werden muß" (Simmel 1990, S. 20). Das rohe Material ist eine chaotische Mannigfaltigkeit, die der aktiv-formenden Tätigkeit des Verstandes bedarf, denn dieser erst "verknüpft das Mannigfaltige der Erscheinungen durch Begriffe und bringt es unter empirische Gesetze" (Kant B 692). Der Verstand kommt - in dieser logischen, analytischen Trennung - erst nachträglich zum Ordnungschaffen. Der unmittelbare, direkte Bezug zur Welt ist der affektive.

Veränderungen der Sinneswahrnehmungen im 19. Jahrhundert

Kants Kritik der reinen Vernunft erschien 1781. Der Stoff der Erkenntnis war zwar chaotisch, die Formen des Verstandes brachten jedoch Ordnung hinein, sie waren konstant, apriori. Raum und Zeit und die Kategorien sollten ein sicheres Fundament bilden, auf dem idealistisch geordnet eine sinnvolle Welt sich aufbauen konnte. Die Kritik der reinen Vernunft wurde geschrieben in der besinnlich-beschaulichen Atmosphäre von Königsberg. Kant hat bekanntlich diesen Ort niemals um weiter als einen Tagesausflug verlassen.[2] Kaum vorstellbar, was er über eine Eisenbahnfahrt gesagt hätte. Im folgenden soll kurz auf die Veränderung der Wahrnehmungen angesichts der Entwicklung der Dampfkraft und der damit einhergehenden neuen Beförderungsmittel eingegangen werden, denn daran lassen sich signifikante Veränderungen benennen und eine wichtige These Benjamins belegen: "Innerhalb großer geschichtlicher Zeiträume verändert sich mit der gesamten Daseinsweise der historischen Kollektiva auch ihre Wahrnehmung" (Benjamin 1980, S. 439).

2 Und mit zunehmendem Alter und größer werdender Bequemlichkeit beschränkten sich die Ausflüge in die Umgebung auf solche Orte, die durch eine 20-minütige Kutschenfahrt erreichbar waren (vgl. De Quincey 1984, S. 53).

Die (25 km/h schnelle) Eisenbahn wurde im frühen 19. Jahrhundert als "Projektil" bezeichnet, daß durch eine Landschaft hindurchschießt (Schivelbusch 1989, S. 16). Die Eisenbahnfahrt stellte neue, bis dahin unbekannte Anforderungen an die Sinnesorgane. Durch die Geschwindigkeit galt die Reisezeit auf der Folie der bisherigen Reiseerfahrungen nicht mehr als sinnvoll zu nutzende Zeit, denn die Landschaft, die am Abteilfenster vorbeiflog, konnte anfänglich nur schwer noch genossen werden. Goethe hatte auf seinen Reisen alle Eindrücke notiert, die er wahrnahm, die durchquerte Landschaft, Gerüche, Geräusche, selbst die Pflastersteine der Straße fanden Beachtung und eingehende Beschreibung. Die Landschaft, die man durch das Abteilfenster wahrnimmt, so hatte man den Eindruck, fliegt vorbei: ein Hafen, eine Straße, ein Bahndamm, ein Bauernhof, ein Feld, ein Bahnhof, in schneller Folge, rastlos. Ohne Unterbrechung liefert die Eisenbahnfahrt ständig neue Eindrücke. Diese Bilder, diese Landschaften, können nicht mehr als ruhender, gar bleibender Eindruck empfunden werden, sie wechseln zu schnell. Der Mensch ist (oder war zumindest) nicht in der Lage, längere Zeit die vorbeifliegenden Bilder auf sich einwirken zu lassen, ohne zu ermüden.

Ebenso verhindert die Schnelligkeit des Bilderwechsels deren Beschreibung, läßt keine Zeit, sie zu reflektieren. Denn es gibt bei der Eisenbahnfahrt keine Sekunde des Stillstands der Bilder. Selbst wenn man entfernt liegende Gegenstände am Horizont betrachtet, ändert sich doch in jedem Augenblick der Blickwinkel auf den Gegenstand der Betrachtung.

Reisebeschreibungen der Goetheschen Art verschwinden mit dem Aufkommen der Eisenbahn, denn das Reisen hat von nun an eine veränderte Funktion: das Ankommen am Zielort wird entscheidend. Abfahrts- und Ankunftszeit der Reise werden zu den entscheidenden Informationen, das Dazwischen verschwindet gleichsam. Und so wurde im frühen 19. Jahrhundert (genauer: seit den 40iger Jahren) in England die Eroberung der neuen, entfernter gelegenen Räume mit Hilfe der Eisenbahn konsequenter-, aber auch paradoxerweise als Vernichtung von Raum und Zeit empfunden (annihilation of time and space) (dto). Denn durch die kürzeren Reisezeiten mit Hilfe der Eisenbahn wurde die Welt kleiner. Durch die Entwicklung der Dampfschiffahrt schrumpfte gleichsam auch der Atlantik zum Binnensee zusammen.

Die neue Erfahrung ist also zunächst eine des Verlustes: der Raum, so wie er bisher wahrnehmbar war, ist verschwunden, er ist für den Reisenden kein erfahrbarer Raum mehr. Er wird deshalb auch richtiger Weise angegeben in der metrischen Einheit der Reisekilometer, der Entfernung zum Zielort, und in Reisezeit, in Minuten und Stunden, die einen noch vom Ziel trennen. Und so wird die Zeit dazwischen auch anders genutzt als bisher. Es entstehen beispielsweise Leihbibliotheken in den Bahnhöfen der großen englischen Eisenbahngesellschaften, in denen man Reiselektüre ausleihen und am Zielbahnhof wieder abgeben kann.

Auch wird die Landschaft - wenn eine Eisenbahnlinie sie durchzieht - als verschandelt empfunden. Die schnurgeraden, kalten Berge durchbohrenden und Täler überquerenden Eisenbahngleise kümmern sich nicht um die Formen der Natur, um Täler oder Berge, sie prägen der Landschaft ihr Gesetz auf: geringe Reibung, kurze Strecken. "Die Eisenbahn hat nicht nur" - wie Sternberger W. Sombart zitiert - " 'Epoche gemacht', sie hat zugleich, wenn der Ausdruck erlaubt ist, 'Natur gemacht'" (Sternberger 1974, S. 33). Für den Reisenden hat diese Landschaft hinter dem Abteilfenster - mit einem Wort Benjamins - ihre **Aura** verloren. Auf die Frage: Was ist eigentlich Aura? antwortet Benjamin:

> "Ein sonderbares Gespinst aus Raum und Zeit: einmalige Erscheinung einer Ferne, so nah sie sein mag. An einem Sommernachmittag ruhend einem Gebirgszug am Horizont oder einem Zweig folgen, der seinen Schatten auf den Ruhenden wirft - das heißt die Aura dieser Berge, dieses Zweiges atmen" (Benjamin 1980, S. 44).

Benjamin spricht angesichts der technischen Reproduzierbarkeit der Kunstwerke vom Zerfall der Aura, von ihrer Zertrümmerung. Auch für den Reisenden scheint sich etwas vergleichbares zu ereignen, denn am Abteilfenster erfolgt sozusagen die ständige Reproduktion der Einmaligkeit der vorüberfliegenden Landschaften. Jede Perspektive, jede Landschaft ist einmalig, aber zugleich ist sie auch flüchtig, denn im nächsten Augenblick zieht bereits die nächste (einmalige) Landschaft vor dem Fenster vorbei. Und so geht es beständig weiter bis zum Zielort.[3]

Durch die Geschwindigkeit hat die Landschaft alle *subjektive Erlebnisqualität* verloren, und so kann sie getrost in und für die Eisenbahn reduziert werden auf die - nach Newton - "einzigen Eigenschaften, die objektiv an den Gegenständen auszumachen sind" auf "Größe, Form, Menge und Bewegung" (Schivelbusch 1989, S. 53). Solche 'Eigenschaften' sind nicht subjektiv wahrnehmbar, es sind objektive Meßgrößen. Das "subjektive" Hören und Sehen vergeht einem vielmehr bei einer Bahnfahrt, aber auch Riechen oder Synästhesien sind kaum mehr

---

3 Darüber hinaus verlieren die Zielorte natürlich auch durch den (Massen-) Tourismus ihre Exklusivität und ihre Aura. Die Badeorte des Adels konnten durch die neuen Verkehrsmittel bald auch von Bürgern besucht werden, so daß ersterer sich weiter entferntere, neue 'exklusive' Orte suchen mußte. Der Adel wich aus ins schottische Hochland. In diesem Jahrhundert ist die Eroberung (oder das Verfügbarmachen von Landschaften) durch den Charter-Flug-Tourismus in eine neue Dimension eingetreten, in der beides (die Eroberung und die Vernichtung von Raum und Zeit) immer noch in Gange sind (vgl. Schivelbusch 1989, S. 42, Anmerkung).

möglich. Die Eisenbahnfahrt ist extrem sinnesfeindlich, wenn man "ältere" Wahrnehmungsgewohnheiten vor Augen hat. Sie stellt hingegen Anforderungen ganz anderer Art an die Sinnesorgane. Denn die Flüchtigkeit der am Abteilfenster vorbeiziehenden Landschaften ist signifikant für das, was Anfang des 20. Jahrhunderts als Moderne bezeichnet wird und was als etwas völlig Neues begriffen wird. Die Eisenbahn, das Vorbeifliegen der Landschaftsbilder, das Nicht-Kommunizieren (im Abteil), das damit einhergehende "Übergewicht" des Gesichtssinnes über das Hören (vgl. Simmel 1983a, S. 486) und natürlich die Großstadt sind Bilder, Symbole des modernen Lebens. Die entscheidende Frage, die sich jetzt stellt, ist aber: wie läßt sich diese neue Erlebensweise der Flüchtigkeit anders als in flüchtigen (Landschafts-)Wahrnehmungen erfassen.

Das sichere Fundament der kantischen Transzendentalphilosophie liefert mit ihrer Ästhetik immer noch die Grundlage für die Erkenntnis. Auch Simmel sucht die Auseinandersetzung mit ihm in seiner Wissenschaftsfundierung in der großen Soziologie. Analog der Kritik der reinen Vernunft formuliert Simmel beispielsweise soziologische Aprioris (vgl. Simmel 1983a, S. 24ff.) und er betont an Kant den Gedanken, daß Erkenntnisse nicht fix und fertig verfügbar sind, sondern immer wieder neu geschaffen werden müssen:

> "Daß unsere Erkenntnisse nicht durch ein äußerliches Hinsehen auf die Dinge fertig in uns hineingeschüttet werden wie in ein leeres Gefäß; daß sie Prozesse in uns sind, die wir vornehmen; daß sie deshalb all den Gesetzen und Bedingungen, Voraussetzungen unterliegen, mit denen unser Geist an die Dinge herantritt - die Weite dieses Gedankens ist auch heute noch nicht ausgeschöpft" (Simmel 1990, S. 22).

Das Problem, daß Erkenntnisse immer wieder neu geschaffen werden müssen, stellt sich allerdings angesichts der Erfahrung der Moderne in völlig neuer Weise. Die eigentliche Schwierigkeit ist gerade darin zu sehen, daß die Flüchtigkeit, das genuin-neue Phänomen, sich der an Substanz orientierten Begrifflichkeit der Tradition entzieht. Und so steht Simmel als Wissenschaftler vor der paradoxen Anforderung, unvereinbar gewordene Gegensätze zusammenzubringen. Denn das in den 'flüchtigen' Wahrnehmungen Auftauchende läßt sich nicht adäquat begrifflich fixieren. So besteht Simmels ständiges Trachten darin, mit untauglichen Mitteln der überlieferten Tradition, etwas einzufangen, was sich eigentümlich immer wieder entzieht. Und so dient ihm beispielsweise das - bei Hegel noch produktiv vermittelbare - Verhältnis zwischen Subjekt und Objekt nur noch dazu, die in modernen Gesellschaften immer größer werdende Distanz zwischen beiden zu beschreiben. Simmel ist insofern unser Hauptreferent für dieses Thema, als er diese moderne Erfahrensweise reflektiert.

Die begrifflichen Schwierigkeiten mit der Flüchtigkeit hatte die Kunst nicht ihr gelang eine Vermittlung zwischen dem Ephemeren und der Ewigkeit in ihren Darstellungen. Und insofern bekam sie beispielsweise für Benjamin und Simmel Vorbildcharakter auch für die Erkenntnis. Das soll im Folgenden kurz angedeutet werden.

Die Neuheit der Gegenwart wird von Baudelaire, den Walter Benjamin als Prototypen eines Denkers der Moderne bezeichnet hat, bereits Mitte des 19. Jahrhunderts beschrieben als das Vorübergehende, das Entschwindende, das Zufällige. Baudelaire bestimmt die Aufgabe des Malers und der Kunst dahingehend, diese "flüchtige, kontingente Neuheit der Gegenwart" (zitiert nach Frisby 1984, S. 11) einzufangen. Diese macht jedoch nur die eine Seite der Kunst aus, deren "andere Hälfte ist das Ewige und Unabänderliche" (dto.), das es ebenso zu fassen gilt. Auch dieses scheint immer noch auf am flüchtigen und zufälligen Gegenstand. Die Aufgabe der Kunst sei es demzufolge, ein Phänomen im Kunstwerk so darzustellen, daß ihm damit eine Einheit gegeben ist, die den Bezug zum Nicht-Flüchtigen aufweist und gleichzeitig an die Tradition anschließt.

Wie für Benjamin Baudelaire, so hat für Simmel Rodin "das vollkommenste Bild dieses in der Leidenschaft und der Bewegtheit aufgehenden Lebens gezeichnet" (Simmel 1983, S. 165). Seine Kunst hält den Menschen im Fluß seines inneren Lebens fest, hält das flüchtige Wesen des innerseelischen Erlebens fest. Indem er uns dies wie in einem Spiegel entgegenhält, erlöst er uns auch, denn: "Indem er uns unser tiefstes Leben noch einmal in der Sphäre der Kunst erleben läßt, erlöst er uns von eben dem, wie wir es in der Sphäre der Wirklichkeit erleben" (dto.).

Das, was im Kunstwerk gelingt, soll für Simmel auch die Wissenschaft (der Soziologie) sich zur Aufgabe stellen. So wie der Künstler mag auch der Soziologe den Blick schweifen lassen und das Neue des modernen Lebens einfangen.

Für Simmel und für Benjamin sind die Großstadt und der Neurastheniker (der nervöse Mensch) die Prototypen der Moderne. Die Großstadt schafft - Simmel zufolge - die psychologischen Bedingungen der modernen, nervösen Persönlichkeit durch eine ständige Bombardierung der Sinne mit neuen und immer wechselnden Eindrücken (vgl. hierzu und zu folgendem: Simmel 1984, S. 194ff.). Und die neurasthenische Persönlichkeit ist schließlich der großen Anzahl der auf sie einstürzenden Eindrücke und Konfrontationen nicht mehr gewachsen. Das spezifische der Simmelschen Soziologie besteht nun gerade darin, diese Phänomene erstmal zu beschreiben, gleichsam einzufangen, um dann von dieser Oberfläche her ein Lot zu fällen (vgl. Simmel 1984, S. 195), um zu den wirklichen Bedeutsamkeiten zu gelangen. Simmel ist von seiner theoretischen Haltung her eigentlich ein Betrachter: er stellt den Gegenstand vor sich hin und beginnt, ihn zu beschreiben, für sich und für seinen Leser. Den modernen Menschen charakterisiert er in seiner "Soziologie der Sinne" beispielsweise so:

> "Der moderne Mensch wird von Unzähligem chokiert, Unzähliges erscheint ihm sinnlich unaushaltbar, was undifferenziertere, robustere Empfindungsweisen ohne irgendeine Reaktion dieser Art hinnehmen. Die Individualisierungstendenz des modernen Menschen, die größere Personalität und Wahlfreiheit seiner Bindungen muß damit zusammenhängen. Mit seiner teils unmittelbar sensuellen, teils ästhetischen Reaktionsweise kann er sich nicht mehr ohne weiteres in traditionelle Einungen, in enge Bindungen begeben, in denen nach seinem persönlichen Geschmack, nach seiner persönlichen Empfindlichkeit nicht gefragt wird" (Simmel 1983a, S. 489).

Das Lot zu den wirklichen Bedeutsamkeiten wirft er dann aus, wenn er nach dem Wesen der Moderne fragt, wenn er die neue Erfahrens- und Erlebnisweise der modernen Gesellschaft als das zu erfassen sucht, was sie ist:

> "Das Wesen der Moderne überhaupt ist Psychologismus, das Erleben und Deuten der Welt gemäß den Reaktionen unseres Innern und eigentlich als einer Innenwelt, die Auflösung der festen Inhalte in das flüssige Element der Seele, aus der alle Substanz herausgeläutert ist, und deren Formen nur Formen von Bewegung sind" (Simmel 1983, S. 164).

Simmel spürt den psychologischen Auswirkungen der Erfahrung der Moderne nach: der Großstädter leidet unter den Anforderungen, denen er ausgesetzt ist (vgl. dazu: Simmel 1984, S. 192ff.). Die Folge ist eine Steigerung seines Nervenlebens, die aus dem raschen und ununterbrochenen Wechsel äußerer und innerer Eindrücke hervorgeht. Daraus resultiert eine größere Distanz zu den Dingen und zu den Menschen. Zwei mögliche psychische Reaktionsweisen diskutiert Simmel daran: einerseits die *Berührungsangst*, also die Furcht, in allzu nahe Berührung mit den Objekten zu kommen; andererseits die *Blasiertheit*, denn ein maßloses Genußleben macht blasiert, "weil es die Nerven so lange zu ihren stärksten Reaktionen aufregt, bis sie schließlich überhaupt keine Reaktionen mehr hergeben" (dto. S. 196).

Durch die neuen Anforderungen ist ein neuer Persönlichkeitstypus in der Großstadt entstanden. Aus Selbstschutz vor der übergroßen Anzahl der auf ihn einwirkenden Eindrücke entwickelt der Großstädter eine soziale Distanz. Gleichzeitig braucht er aber auch die Wärme und Nähe in den Beziehungen. Die Schwierigkeit, ein neues, geeignetes Maß darin zu finden, drückt sich in den neurotischen Verhaltensweisen aus, die Simmel zufolge an einem Pendeln zwischen großer Nähe und übergroßer Distanz zu erkennen sind.

Exkurs: Auge / Ohr / Nase

Der moderne Mensch kann sich auf die sich ständig verändernden Situationen scheinbar nicht adäquat einstellen. In seiner "Soziologie der Sinne" entwickelt Simmel dazu eine These, die ich hier kurz referieren möchte:

Auge / Ohr / Nase sind die relevanten Sinnesorgane, die in Simmels "Soziologie der Sinne" eine Rolle spielen. Jedes Organ hat eine spezifische soziologische Bedeutung. Das Auge wird eindeutig präferiert, aus dem unübersehbar schlichten Grund, daß das "Wunder des 'Blickes'" (Simmel 1983a, S. 487) von sich aus Reziprozitäts- oder Wechselwirkungsbeziehungen kreiert, die Ohr und Nase nur nacheinander oder nur diffus leisten können.

> "Unter den einzelnen Sinnesorganen ist das Auge auf eine völlig einzigartige soziologische Leistung angelegt: auf die Verknüpfung und Wechselwirkung der Individuen, die in dem gegenseitigen Sich-Anblicken liegt. Vielleicht ist dies die unmittelbarste und reinste Wechselbeziehung, die überhaupt besteht. Ohr dagegen: ist das schlechthin egoistische Organ, das nur nimmt, ohne zugleich zu geben" (Simmel 1983a, S. 484).

Interessant ist übrigens die Ausblendung des Mundes, der nur einmal erwähnt wird, um die Unvollständigkeit des Ohres zu demonstrieren (Simmel 1983a, S. 487); aber Simmel verwendet das Sprechen noch einmal im Kontext des Hörens, wenn er nämlich die Wahrnehmung des 'Blinden' beschreibt. Die Sinnen-Soziologie des Blinden besagt, daß für ihn "der Andre eigentlich nur im Nacheinander da (ist), nur in der Zeitfolge seiner Äußerungen" (Simmel 1983a, S. 486). Sprechen/Hören ist beides an die zeitliche Sukzession gebunden, d.h. eine minderkomplexe Wahrnehmungsform, dem Sehen und dem Riechen allemal unterlegen.

Was der Geruchssinn an sozialer Differenzierung erreicht - er ist für Simmel der schlechthin "dissoziierende Sinn" (Simmel 1983a, S. 490) -, schafft der "Blick" oder Gesichtssinn an sozialer Vereinheitlichung. Demgegenüber bleibt der Hörsinn des Ohrs der "Fülle der divergenten Stimmungen des Einzelnen" verhaftet, dem "Fluß" und der momentanen "Aufgipfelung der Gedanken und Impulse", die die "ganze Polarität des subjektiven wie des objektiven Lebens" (Simmel 1983a, S. 488) repräsentieren.

Damit ist das Schema erfaßt, das Simmel verwendet. Alle drei Sinne sind soziologisch brisant, da sie verschiedene Zeitmodi sozialer Interaktion akzentuieren. Die Wahrnehmungsform des Hörens ist an eine Erlebnishaftigkeit des Andren gebunden, die im bloßen Sehen uninterpretiert bleibt. Die Vielheit dessen, was ein Gesicht offenbaren kann, schreibt Simmel, macht es rätselhaft, denn im allgemeinen wird das, was wir von einem Menschen sehen, durch das interpretiert, was wir von ihm hören (dto.). Hören wir aber nichts mehr, gehört der soziologische Primat des Sehens heute zu den Ursachen des "Gefühls der Unorientiertheit im Gesamtleben" (dto.), die für Simmel den modernen Menschen ausmachen. Als Beispiel dienen ihm die neuen Beförderungsmittel, die ein "unermeßliches Übergewicht des Sehens über das Hören" (Simmel 1983a, S. 486) bedeuten. Denn in der Kleinstadt kennt und redet man mit seinen Nachbarn, während einer Eisenbahnfahrt im Abteil ist man jedoch minuten- oder gar stundenlang mit Menschen zusammen, die man nicht kennt und mit denen man gemeinhin kein Wort wechselt.

... eingefangen im Netz komponierter Begrifflichkeiten

Wenn Simmel das *Wesen der Moderne* als psychologisches Problem faßt, so ist mit dem epistemischen Korrelat der Ausweg aus der contradiktorischen Formulierung angedeutet. Simmel geht es in der Tat nicht um erkenntnistheoretische Fragen der Moderne, wie etwa um deren Begründung oder Erörterung, selbst wenn er dies häufig fordert und analog kantischer Versuche auch für die Soziologie ausprobiert.[4] Für Simmel ist die Moderne in den Blick gekommen, d. h. aus einer Betrachterperspektive heraus versucht er in zahllosen Aufsätzen - wie

4 Vgl. dazu Simmel 1983a, S. 21 ff.: Exkurs über das Problem: Wie ist Gesellschaft möglich. Allerdings ist sein Anspruch sehr viel bescheidener als der von Kant, denn dieser war an Vollständigkeit orientiert. Simmel hingegen bemerkt im 1. Kapitel der Soziologie: "So sind also die Kapitel dieses Buches der Methode nach als Beispiele, dem Inhalte nach nur als Fragmente dessen gedacht, was ich für die Wissenschaft von der Gesellschaft halten muß. (...) <es kann> sich nur um Anfang und Wegweisung für einen unendlich langen Weg handeln, und jede systematisch abschließende Vollständigkeit wäre mindestens eine Selbsttäuschung. Vollständigkeit kann der Einzelne hier nur in dem subjektiven Sinne erreichen, daß er alles mitteilt, was ihm zu sehen gelungen ist." (Simmel 1983a, S. 13f. Anmerkung). Auch hier also begnügt Simmel sich mit dem Fragmentcharakter des Werkes und mit der innersubjektiven Vollständigkeit!

der Maler, wie der Künstler - den Blick schweifen zu lassen und etwas von der Flüchtigkeit der Moderne einzufangen: im Netz komponierter Begrifflichkeiten, aber indem er die Sache umkreist, sich immer wieder diskursiv ihr annähert, statt deduktiv ihr Wesen herzuleiten.

Diese "Ansichten" der Moderne werden anschließend auf ihre psychologischen Wirkungen hin untersucht (statt auf die logischen der Erkenntnis). Und so bleibt Simmel selbst in seinem Exkurs: 'Wie ist Gesellschaft möglich?' "bei der psychologischen Kategorie der Wechselwirkung als dem gesellschaftsbegründenden psychischen Fundamental-Tatbestand stehen" (Adler 1982, S. 184), anstatt nun - kantisch - die Bedingungen der Möglichkeit der Gegenstände der Erfahrung zu untersuchen - wie Adler konstatiert. Simmel verharrt bei der ungeheuren, unendlichen Mannigfaltigkeit, beim Stoff, bei der Fülle des Lebens, anstatt den dornigten Weg einer strengen Erkenntnistheorie zu versuchen. Das geht unter Berufung auf Kant, weil der Ort der Wahrnehmung einer ist, der vorbegrifflich genannt werden kann im kantischen Sinne: in der Wahrnehmung, in der Anschauung vom Gegenstand ist mir dieser gegeben als chaotische Mannigfaltigkeit, die - in dieser analytischen (logischen) Trennung - vor dem Ordnungszugriff der Kategorien liegt.

Nicht zu unterschätzen ist ein weiterer Aspekt, den Luhmann für die Wahrnehmung als Grundlage wissenschaftlichen Denkens betont: sie hat ein solides Fundament, nämlich organische Prozesse. Das Problem der Religion und der enorme Aufschwung, den die empirischen Wissenschaften genommen haben, sind darin begründet. Der Religion standen keine der Wahrnehmung zugänglichen organischen Substrate zur Verfügung. Das wurde zum Problem als der "gemeinsame Kult (...) nach Entritualisierung der Religion keine ausreichende Grund-lage mehr" darstellte (Luhmann 1974, S. 120).

Die soziale Wirklichkeit konnte in den verschiedenen historischen Gesellschaften verschieden behandelt und verschieden interpretiert werden, weil der Wahrnehmungsstoff offen ist für diese verschiedenen sozialen Strukturierungen. In der Neuzeit kommt es nach den Ausdifferenzierungen in der bürgerlichen Gesellschaft auch zu einer Neuordnung der symbiotischen Mechanismen. Wahrnehmungen werden für die Wissenschaft neu definiert, d. h. ihr Verhältnis zur Wahrheit wird ein anderes. Wissenschaftliche Wahrnehmungen unterliegen methodischen Operationen, durch die sie sich von den lebensweltlichen Wahrnehmungen unterscheiden. Sie sind strukturell durch Dispositionsbegriffe (Verifizierbarkeit, Falzifizierbarkeit, Operationalisierbarkeit) geordnet. Aber auch in dieser wissenschaftlichen Erkenntnis bleibt der Bezug zur organischen Ebene, zur Ebene des sinnlichen Wahrnehmens erhalten. Sie liefert die Sicherheit der Erkenntnis. Erkenntnis ist damit auf einer von ihr unabhängigen Ebene belegbar. Aber dadurch ändert sich natürlich die Funktion der Begriffe: "Ideen und Begriffe werden zur Technik der Ordnung des Zugangs zu spezifisch wissenschaftlich relevanten Wahrnehmungen" (Luhmann 1974, S. 114).

Simmel stellt den Gegenstand, den er erkennen will, zunächst vor sich hin und betrachtet ihn. In dieser vorbegrifflichen, *ästhetischen Perspektive* erscheinen die Dinge erstmal fragmentarisch. Die Befreiung des Dinges aus seiner Vereinzelung erfolgt im nächsten Schritt, entweder durch das Nachzeichnen der zwischen den sozialen Phänomenen bestehenden realen Beziehungen oder durch von Simmel geschaffenen Beziehungen, durch Analogien.

> "Die zarten, unscheinbaren Fäden, die sich zwischen Mensch und Mensch spinnen muß man untersuchen, (...) wenn man das Gewebe der Gesellschaft nach seinen erzeugenden, formgebenden Kräften begreifen will" (Simmel 1907, S. 1036).

Simmels Vorstellung von der Welt setzt einerseits voraus, daß wir alle Bruchstücke sind, und auch daß uns von der Vergangenheit nur Fragmente überliefert sind, so daß die Erkenntnis selbst notwendigerweise bruchstückhaft sein muß. Zugleich geht er aber aus von einer Wesenszusammengehörigkeit der verschiedensten Phänomene. Kracauer faßt das in seinem Simmelaufsatz treffend zusammen: "Alle Äußerungen des geistigen Lebens stehen in unnennbar vielen Beziehungen zueinander, keine ist herauslösbar aus den Zusammenhängen, in denen sie sich mit anderen befindet" (Kracauer 1920, S. 314).

Die ästhetische Perspektive liefert die fragmentarischen Bilder, die den Zugang bilden zur Totalität der sozialen Realität. In den Worten Simmels:

> "Das Wesen der ästhetischen Betrachtung und Darstellung liegt darin, daß in dem Einzelnen der Typus, in dem Zufälligen das Gesetz, in dem Äußerlichen und Flüchtigen das Wesen und die Bedeutung der Dinge hervortreten" (Simmel 1896, S. 206).

Es gibt keine vorgegebene Ordnung für diese Fragmente, jedes Fragment kann den ganzen Sinn des Weltganzen enthüllen. Denn - wie bereits erwähnt - es läßt sich "von jedem Punkt an der Oberfläche des Daseins (...) ein Senkblei in die Tiefe der Seelen schicken" (Simmel 1984, S. 195).

Durch den Ausgangspunkt, den die ästhetische Perspektive liefert, ist die Konsequenz gelegt: die Orientierungslosigkeit des modernen Menschen in der Großstadt. Mit Luhmann könnte man sagen: die Gesellschaft liefert die semantischen Potentiale für die individuelle Entscheidung des Subjekts, allein: auf diesem lastet der Druck, angesichts der neuen Situation, die Ordnung zu gestalten.

Entgrenzende Wahrnehmungen

Simmel bleibt in seiner Darstellung bei der Trennung von Wahrnehmung und wahrnehmendem Ich stehen, denn er hält am Anspruch des Subjekts fest, einheitsstiftendes Moment zu sein. Benjamin hingegen hat seine Kritik an Kant gerade an diesem Punkt festgemacht: er hält den Erfahrungsbegriff der Kritik der reinen Vernunft für beschränkt, weil er nur auf den Gegenstand bezogen, nur vom Intellekt gestaltet ist. Im Benjaminschen Wahrnehmungsbegriff sind wahrgenommener Gegenstand und wahrnehmendes Ich in eines gedacht und so wird die Wahrnehmung zum Medium, an dem sich etwas zeigen kann, was vorher abgeschnitten wurde. Dieser Gedanke läßt sich an der Benjaminschen Unterscheidung von Körper und Gestalt deutlich machen.

In den "Schemata zum psychophysischen Problem" (vgl. zu folgendem: Benjamin 1985, S. 78ff.) charakterisiert Benjamin mit den Begriffen Leib und Geist die traditionelle Position: sie sind identisch, die "Zone ihrer Identität bezeichnet der Terminus Gestalt" (Benjamin 1985, S. 78), und weiter:

> "Geistleiblich ist in jedem Stadium ihres Daseins die Gestalt des Geschichtlichen, ihre augenblickliche Erscheinung als vergänglich-unvergängliche. (...) Alles Reale ist Gestalt sofern es im historischen Prozeß in der Weise betrachtet wird, daß es sich sinnhaft auf das Ganze desselben in seinem "Nu", im Innersten seiner zeitlichen Gegenwart bezieht. Alle Gestalt derart vermag sich in zwei identischen Arten, die vielleicht in einem polaren Verhältnis stehen, zu manifestieren: als ingenium und als Leib" (dto.).

Für Geist und Leib besteht das Verhältnis zum geschichtlichen Prozeß in der Form von Beziehungen. Beziehungen stellen aber Begrenzungen dar und damit ist auch ihr Bereich begrenzt. Der Körper hingegen ist auf Dasein schlechthin gegründet, d.h. er ist diesen Begrenzungen nicht unterworfen. Nach dieser Unterscheidung gehört "alles, wovon der Mensch an sich selbst irgendwie Gestaltwahrnehmung hat, das ganze seiner Gestalt" (dto.), seine Glieder, seine Organe, alle Begrenzungen, die er sinnlich wahrnehmen kann, zu seiner Gestalt und damit in den begrenzten Horizont der bisherigen Tradition. Wie aber die Lust und der Schmerz den ganzen Körper durchströmen - ohne Begrenzung - so ist im Bereich des Bewußtseins die Wahrnehmung zentrifugal, insbesondere die Gesichtswahrnehmung. (Geschmacks- und Tastwahrnehmungen sind objektgebunden und damit eingeschränkt). Durch den zentrifugalen Charakter sind die Wahrnehmungen nicht an die begrenzte Gestalt gebunden, im Gegenteil, die Begrenzung der Wahrnehmung auf die Gestalt erfolgt durch das identitätsstiftende, Beziehungen setztende idealistische Subjekt, das sich und den Dingen nicht anders als begrenzend begegnen kann. Der Körper hingegen ist Substanz, formuliert Benjamin pointiert, der Leib kann nur Funktion sein; mit dem Leib gehört der Mensch der Menschheit, mit dem Körper Gott. Und so kann er sagen, daß der *Körper* auferstehen kann - zu seinen Wahrnehmungen. Ein unerhörter Gedanke: angesichts der bisherigen vergeblichen Hoffnungen und Versuche der Tradition, liegt für Benjamin der Ausgangsort einer möglichen Veränderung nicht mehr im Subjekt, sondern in den Wahrnehmungen, im Körper. Die Auflösung der Gestalt, der Verfall, gewinnt für Benjamin deshalb auch eine positive Bedeutung, denn sie stellt anschaulich eine Entgrenzung dar. Das zeigt sich am Kunstwerk. Erst wenn ein Kunstwerk, ein Bild zerfällt, werden seine Konturen blaß, unscharf, und dann zeigt sich, was das Bild sein könnte. Erst am Zerfall der Gestalt zeigt sich die Möglichkeit des Körpers, die Möglichkeit des Daseins schlechthin, zu *seinen* Wahrnehmungen auferstehen zu können (statt identitätsbegrenzend verkürzt zu werden).

Wende, postmodern

Mir scheint, daß Simmel unter dieser Benjaminschen Perspektive nicht - wie Frisby schreibt (Frisby 1984) - erster Theoretiker der Moderne genannt werden kann. Man könnte eher formulieren, daß die Moderne bei ihm nur in den Blick, d.h. in die Wahrnehmung gekommen ist und im Angesicht der Tradition zur Tragik erstarrt.[5] Das Potential, das in ihr liegt, hat Simmel nicht realisiert. Auch wenn er von der Freiheit spricht, die sich im Modernisierungsprozeß realisiert hat für den Einzelnen, bleibt Simmel als Kritiker der Moderne der traditionellen Philosophie verhaftet. Er mobilisiert die gesamte Philosophie (Platon, Kant, Hegel, etc) zur Beschreibung der Moderne, eine Analogie jagt die nächste, ein Vergleich, ein Exkurs, ein anschauliches Beispiel sollen den Rahmen umreißen. Simmels Weg ist eine Suche in der Vergangenheit, in der Tradition nach begrifflichen Möglichkeiten der Fixierung, die jedoch nur den Begriff der Tragik angemessen erscheinen läßt.

Wenn - wie Wolfgang Welsch (Welsch 1988, S. 5) schreibt - die Postmoderne als radikale Pluralität zu verstehen ist, die sich von der Moderne dadurch unterscheidet, daß dort dieselben Positionen bereits vereinzelt auftauchten, in der Postmoderne aber zur "allgemeinen Grundverfassung" geworden sind, dann er-

5 Vgl. dazu: Der Begriff und die Tragödie der Kultur, in Simmel 1983, insb. S. 215f.

scheinen Simmels theoretische Anstrengungen als hoffnungslos vormodern. Die "ästhetische Reaktionsweise", die der "von Unzähligem chokierte" "moderne Mensch" (Simmel 1983a S. 489) zeigt, ist das, was Welsch heute die "aisthetische Kompetenz" (Welsch 1988, S. 61ff.) nennt.

Welsch geht aus von einer "postmodernen Situation der Pluralität", in der die "aisthetische Kompetenz" eine "besondere Fähigkeit der Wahrnehmung von Unterschieden, der Aufmerksamkeit auf Heterogenes, des Gespürs für Abweichung und Dissens" ist (Welsch 1988, S. 62). Welsch rekonstituiert den Begriff der "aisthesis", um einen allgemeineren Wahrnehmungsbegriff zur Verfügung zu bekommen, der "Wahrnehmung im allgemeinen Sinn eines Gewahrwerdens der Unterschiede differenter Lebenskonzepte, Wissensformen, Rationalitätstypen etc." faßt (dto.).

Damit beschreibt Welsch eine Situation *post-simmelscher* Provenienz. Denn was Simmel als Desorientierung der Sinne des modernen Menschen darzustellen versuchte, war noch nicht in postmoderne Positivität gefaßt. Simmels Beschreibung der Pluralität verschiedener Einfügungen und Einstellungen der Individuen als "Unorientierheit des Gesamtlebens" steht Welschs Beschreibung der Kompetenz der Pluralität gegenüber: der Aufforderung, sich der Irritationen der modernen Gesellschaft dadurch zu entziehen, daß man sie annimmt und ihnen 'offen' begegnet.

Welsch repliziert dasselbe Thema, das Simmel in seinem "Exkurs" ('Soziologie der Sinne' in Simmel 1983a, S. 483ff.) bearbeitet hat. "Das Wahrnehmungsfeld des Sehens beispielsweise ist ganz anders strukturiert als das des Hörens" (Welsch 1990, S. 32) lesen wir Welsch in Wiederholung Simmels; doch dann hören wir es anders:

> "Während das visuelle Feld eines des Überblicks, der Überschau, der Beherrschung ist und eine prinzipiell homogene, isotrope und von einem Punkt aus beherrschbare Struktur aufweist, ist das Feld des Hörens zumindest bipolar verfaßt und überdies vektoriell und ereignishaft strukturiert" (dto.).

Die Dominanz des Sehens in der Neuzeit ist ein Topos, den die Philosophie herausgearbeitet hat:

> "Die visio perspectiva vermittelt nämlich als facon d'appercevoir ein bestimmtes Sehbild der Wirklichkeit. Sie ist die 'Anpassung der Objekte an das Auge des Betrachters', den sogen. 'Augpunkt', der als subjektiver Bezugspunkt das Sehbild entscheidend vor-bestimmt. Perspektive ist eine Wiedergabe der Objekte in Relation zum Subjekt, somit der Überwindung der Subjekt-Objekt-Spannung, insofern die - ihre Eigenständigkeit verlierenden - Gegenstände in der Orientierung auf das Subjekt hin für es werden. Die von Brunelleschi kon-

> struierte Zentralperspektive muß daher - lange vor Descartes und damit der Philosophie neuen Typs, die ja, (an Minervas Eule sei erinnert), meistens Nach-denken (: mithin Er-Innern) ist, - als Inbegriff jener Selbstbesinnung des Subjektes betrachtet werden, in der es sich die Welt aus seinem Gesichtspunkt heraus entwirft" (Söring 1976, S. 121; vgl. auch Schweitzer 1953).

Wenn demnach gilt, daß "Perspektive (...) sonach als eine Weise der Strukturierung aller Weltverhältnisse im Inne-werden des Subjekts" (Söring 1976, S. 126) erscheinen kann, kann das Sehen durchaus als eine prädominante Weise der Weltwahrnehmung der europäischen Neuzeit verstanden werden. Welsch faßt "die abendländische Bevorzugung des Sehens" als Fortsetzung "im Ideal der Theorie" auf, "die ja eben jenes 'Betrachten' ist, das ganz und gar auf Distanz und Überschau setzt - im Unterschied zum Betroffen und Involviertsein des Hörens" (Welsch 1990, S. 32).

In diesem Punkt steht Welsch in einem Dissens mit Simmel. Kehren wir zur Eisenbahn zurück. Welschs Position der "abendländischen Bevorzugung des Sehens" wurde von D. Sternberger bereits für die Frage der Eisenbahn-Wahrnehmung im 19. Jahrhundert konkretisiert:

> "Die Eisenbahn bildete die neu erfahrbare Welt der Länder und Meere selber zum Panorama aus. Sie verband nicht bloß zuvor entfernte Orte miteinander, indem sie den überwundenen Weg von allem Widerstand, Unterschied und Abenteuer befreite, sie wendete vielmehr die Blicke der Reisenden, da das Reisen selbst so bequem und allgemein wurde, nach außen und bot ihnen die reiche Nahrung wechselnder Bilder dar, welche während der Fahrt die einzige mögliche Erfahrung ausmachten" (Sternberger 1974, S. 46).

Daß die Eisenbahn ein Produktionsverfahren der Wahrnehmung von Landschaft als durchgängiges Panorama war, ist ebenso interessant wie an Sternbergers Begriff des Panoramas als Metapher des 19. Jahrhunderts schlechthin gebunden. Es fällt nur auf, daß die Erfahrung des 'Flüchtigen', die wir zuerst über das Eisenbahnfahren im 19. Jahrhundert referierten, hier sehr viel positiver als eine neue, gar "einzige mögliche Erfahrung" der "reichen Nahrung wechselnder Bilder" interpretiert wird. Sternbergers Votum ist 1938 geschrieben. Es gleicht eher Welschs Votum einer "postmodernen Situation der Pluralität". Neben der Dominanz des Sehens, die Simmels "Wunder des Blicks", der von Mensch zu Antlitz geht und, Interaktion stiftend, umgekehrt, außer Kraft setzt, ist vor allem die Position der Erfahrung eines neuen Sehens bemerkenswert. Was die beim Durchfahren flüchtiger werdende Landschaft an Dignität verliert, gewinnt sie an neuer Synthese zu einem Bild durchfahrener Landschaft als 'Panorama'.

Es gibt also Alternativen zur Simmelschen Betrachtungsart. Simmel selber hat die Erfahrung einer Eisenbahnfahrt beschrieben und - in der "Soziologie der Großstadt" - völlig anders akzentuiert, deshalb noch einmal ein längeres Zitat:

> "Der Verkehr in ihr (der Großstadt; E.P.), verglichen mit dem der Kleinstadt, zeigt ein unermeßliches Übergewicht des Sehens über das Hören Anderer, und zwar nicht nur, weil die Begegnungen auf der Straße in der kleinen Stadt eine relativ große Quote von Bekannten betreffen, mit denen man ein Wort wechselt oder deren Anblick uns die ganze, nicht nur die sichtbare Persönlichkeit reproduziert - sondern vor allem durch die öffentlichen Beförderungsmittel. Vor der Ausbildung der Omnibusse, Eisenbahnen und Straßenbahnen im 19. Jahrhundert waren Menschen überhaupt nicht in der Lage, sich minuten- bis stundenlang gegenseitig anblicken zu können oder zu müssen, ohne miteinander zu sprechen. Der moderne Verkehr gibt, was den weit überwiegenden Teil aller sinnlichen Relationen zwischen Mensch und Mensch betrifft, diese in noch immer wachsenden Maße dem bloßen Gesichtssinne anheim und muß damit die generellen soziologischen Gefühle auf ganz veränderte Voraussetzungen stellen" (Simmel 1983a, S. 486).

Das Sehen wird, gegen die tradierten "soziologischen Gefühle", negativ gewichtet: es ist bloßes Sehen, ohne 'menschliches Erkennen'. Im nächsten Satz zieht Simmel die Schlußfolgerungen: "Problematik des modernen Lebensgefühls", "Gefühl der Unorientiertheit im Gesamtleben", "Vereinsamung" etc.

Er reflektiert ausschließlich die Kommunikationsaspekte der Eisenbahn, nicht - wie Sternberger in Stellvertretung Welschs - die Erfahrung des neuen Sehens der vielen Eindrücke. Damit ist nicht gesagt, daß Simmel sie ausschließt, aber, daß er sie soziologisch für minder bedeutend hält. Für Simmel wird deshalb die Welt rätselhafter: es ist eine "größere Rätselhaftigkeit des nur gesehenen gegenüber dem gehörten Menschen" (dto.).

Was die Menschen in der Eisenbahn an 'objektivem' oder Panoramablick zugewinnen, ist für Simmel eher ein Zeichen des Verlustes an kommunikativer Unmittelbarkeit, was nicht auf das Sprechen eingeengt verstanden werden darf, sondern auch so etwas wie ein Innewerden des Anderen von Angesicht zu Angesicht meint. Die Pluralisierung der Welt im postmodernen Sinne Welschs wird für Simmel zur Entsinnlichung der Menschen voneinander.

Eigentümlich umgekehrt begegnen sich Welschs und Simmels Argumentation. Der soziologische Blick Simmels auf das Sehen sieht gerade dort die 'Bipolarität', die Welsch allein dem Hören zuweist. Im Prinzip ist das Hören bei beiden - Simmel wie Welsch - ähnlich passiv aufgefaßt, auch ähnlich 'ereignishaft'. Doch wenn Welsch das "Feld des Hörens bipolar verfaßt" sieht, meint er die notwendige Komplementarität von Hören und Sprechen, die eine Interaktion voraussetzt, während das Sehen in dieser zentralperspektivierten Überwachungsherrschaftsform eine einseitige Aktion ist, der die Simmelsche Bedeutung des "Wunders des 'Blicks'" entgeht. Das Sehen ist bei Welsch ein politischer oder Herrschaftstopos; allein das Hören hat intersubjektive Qualitäten, die allerdings nicht zum Tragen kommen. Hier geht es - postmodern - um die Macht des Blicks, nicht um das Gewahrwerden eines menschlichen Antlitzes, wie bei Simmel.

Welschs Darstellung dient dazu, die Macht des Blicks und die Ohnmacht des Hörens als zwei Modi anzuzeigen, die zwei damit ausgeschlossene Alternativen verdecken, deren Geltung wiederzugewinnen sei.

Wahrnehmung (aisthesis) und (durch die Wahrnehmung selektierte) Nicht-Wahrnehmung (anaisthesis) (Welsch 1990, S. 30ff.) sind die Komponenten der Kompetenz, die ein postmodernes Handlungssubjekt erwerben muß. Damit ist die Frage der Orientierung, die Simmel zu seinem Exkurs über die Soziologie der Sinne so bewegen konnte, zu einer Frage des Kontingenzbewußtseins moderner Wahrnehmung geworden: daß sie nicht weiß, was sie ausblendet, um sich Geltung zu verschaffen.

Die Evidenz der Wahrnehmung erhöht sich durch Kontingenzerhöhung des ausgeblendeten Wahrnehmungsumfeldes. Damit ist nicht mehr die Art der Wahrnehmung für die sozialen Beziehungen entscheidend, sondern die den post-modernen Handlungssubjekten zugesprochene "aisthetische Kompetenz" macht es ihnen möglich, jede soziale Beziehung herzustellen oder wahrzunehmen: allerdings heute selbstverständlicher als noch für Simmel - kurzsinnig & kurzfristig.

Was Simmel als 'flüchtig', sich 'verflüchtigend' erschien, wird in der Postmoderne zur Kompetenz aufgewertet, nämlich gerade das auszuhalten und zu können, was sich als Verlust geriert - die "Ambiguitäten zu ertragen" (Rorty 1988, S. 62). Eben dies meint Birgitta Nedelmann an Simmel stark machen zu können.[6] Deutet sich hier vielleicht ein Interpretationsumschwung an von Frisbys These über Simmel als Protagonisten der Moderne in einen postmodernen Simmel?

In seinem Versuch, die modernen Veränderungen der Sinnlichkeiten soziologisch zu verstehen, blieb Simmel in Aporien und Paradoxien stecken, die ihn zur geeigenten Ressource des postmodernen Blicks auf die Gesellschaft küren. Das ist das Geheimnis seiner Renaissance, an der wir uns gerade beteiligt haben.

---

6 In ihrem Vortrag in der Universität Hamburg am 7.2.1990

Literatur

Adler, Max: Soziologie und Erkenntniskritik. In: Volker Meja, Nico Stehr (Hrsg.): Der Streit um die Wissenssoziologie, Frankfurt 1982, S. 158 - 191.

Benjamin, Walter: Gesammelte Schriften I, Frankfurt 1980.

-: Gesammelte Schriften VI, Frankfurt 1985.

DeQuincey, Thomas: Die letzten Tage des Immanual Kant, München 1984.

Frisby, David P.: Georg Simmels Theorie der Moderne. In: H. J. Dahme (Hrsg.): Georg Simmel und die Moderne, Frankfurt 1984.

-: Fragmente der Moderne. Georg Simmel. Siegfried Kracauer. Walter Benjamin, Rheda 1989.

Kant, Immanuel: Kritik der reinen Vernunft, Frankfurt 1977.

Kracauer, Sigfried: Georg Simmel. In: Logos 9, 1920.

Luhmann, Niklas: Symbiotische Mechanismen. In: Klaus Horn u. a. (Hrsg.): Gewaltverhältnisse und die Ohnmacht der Kritik, Frankfurt 1974.

Rorty, Richard: Solidarität oder Objektivität? Stuttgart 1988.

Schivelbusch, Wolfgang: Geschichte der Eisenbahnreise, Frankfurt 1989.

Schweizer, B.: Vom Sinn der Perspektive, Tübingen 1953.

Simmel, Georg: Soziologische Aesthetik. In: Die Zukunft, 1896.

-: Über den Unterschied der Wahrnehmungs- und Erfahrungsurteile. In: Kantstudien 1, 1897, S. 416-425.

-: Soziologie der Sinne. In: Die neue Rundschau, 1907.

-: Philosophische Kultur, Berlin 1983.

-: Soziologie. Untersuchungen über die Formen der Vergesellschaftung, Berlin 1983a.

-: Das Individuum und die Freiheit, Berlin 1984.

-: Philosophie des Geldes, Frankfurt 1989a.

-: Aufsätze 1887 bis 1890. Über sociale Differenzierung. Die Probleme der Geschichtsphilosophie, GA Bd. 2, Frankfurt 1989b.

-: Vom Wesen der Moderne. Essays zur Philosophie und Ästhetik, Hamburg 1990.

Söring, Jürgen: Literaturgeschichte und Theorie, Stuttgart 1976.

Sternberger, Dorf: Panorama oder Ansichten vom 19. Jahrhundert, Frankfurt 1974.

Welsch, Wolfgang: Unsere postmoderne Moderne, Weinheim 1988.

-: Ästhetisches Denken, Stuttgart 1990.

Sinnliche Perzeptionen: Fundamente der Vergesellschaftung in modernen Gesellschaften?

Eine Rekonstruktion der "Soziologie der Sinne" von Georg Simmel

Nicola Ebers

"Sinnlichkeit" und "Ästhetik" - Begriffe, die hier nicht mit dem einzelnen Menschen assoziiert, sondern als grundlegende Kategorien im Verhältnis zwischen Menschen verstanden werden sollen. Obwohl Sinnlichkeit im gegenwärtigen Alltagssprachgebrauch häufig Assoziationen mit Anziehung, Erotik und Sexualität hervorruft, soll hier einem anderen Verständnis dieses Terminus nachgegangen werden: der Wahrnehmung der Welt, der Herstellung eines Ich-Welt-Bezuges über die Sinnesorgane des Menschen. Wie eng hiermit die Ästhetik nicht nur im Sinne der Lehre vom Schönen und Guten, sondern auch als Lehre von den sinnlichen Wahrnehmungen und den durch sie gewonnenen Erkenntnissen zusammenhängt, wird spätestens deutlich, wenn es um die Frage der Bewertung von Sinneseindrücken geht. Ästhetik kann aber auch eine mögliche Perspektive für die soziologisch geleitete Wahrnehmung der gesellschaftlichen Realität eröffnen, wie sie von einigen Autoren z.B. in den Werken Georg Simmels identifiziert wird. Dieser habe - z.B. nach Hübner-Funk (1976, 1984), Frisby (1984), Böhringer/Gründer (1976) und Böhringer (1984) - eine ästhetische Perspektive auf die soziale Wirklichkeit entwickelt. Simmel hat sich in einigen Abhandlungen auch explizit mit verschiedenen Fragen der Ästhetik befaßt (z.B. Simmel 1957, 1984). Dazu gehört u.a. die Beschäftigung mit den Sinnen als Basis für gesellschaftliche Wechselwirkungen[1] - eine der Zentralkategorien der Simmelschen Soziologie -, wobei es ihm zunächst nicht um das geht, was die gegenwärtige Soziologie und die Sozialpsychologie als nonverbale Kommunikation bezeichnen, sondern um die Frage nach den Perzeptionsleistungen der einzelnen Sinne und der Formung der Vergesellschaftungsformen durch diese.

Simmel beschäftigt sich v.a. erkenntnis- bzw. wahrnehmungstheoretisch mit einer solchen Fragestellung. Er fragt nach den Bedingungen der Möglichkeit,

---

1 Wechselwirkungen existieren für Simmel dort, wo Wirkungen auf andere ausgeübt und Wirkungen von anderen empfangen werden. Der Mensch tritt "in ein Zusammensein, ein Füreinander-, Miteinander-, Gegeneinander-Handeln, in eine Korrelation der Zustände mit andern" (Simmel 1908, S. 5).

miteinander in gesellschaftliche Wechselwirkungen zu treten, nach den Bedingungen der Möglichkeit der Vergesellschaftung von Menschen.[2] Er konzentriert sich in seiner primär phänomenologisch ausgerichteten Analyse einer "Soziologie der Sinne" auf die Ebene der Wahrnehmung von Gesellschaft, d.h. bei Simmel der gegenseitigen Wahrnehmung der miteinander in Vergesellschaftung tretenden Individuen.

Kennzeichnend für Untersuchungen, die sich dagegen vorrangig mit nonverbaler Kommunikation befassen, ist, daß dort die Frage nach der Bedeutung von Kommunikationssignalen - i.S. der En- und Dekodierung von Zeichen - in Interaktionen häufig im Mittelpunkt des Interesses steht. Oft schließt sich daran die Analyse ihrer Funktionen in sozialen Beziehungen an, wobei als relevante Dimensionen für die Strukturierung der Beziehungen Faktoren wie Alter, Geschlecht, Status, Kultur usw. identifiziert werden (vgl. u.a. Scherer/Wallbott 1979, Henley 1989[2]).

Vernachlässigt wird dabei m.E. ein Aspekt, der gerade auf der Ebene der Wahrnehmung anzusiedeln ist: die wechselseitige Perzeption durch die menschlichen Sinne. Diese meint hierbei nicht nur die Reizaufnahme über die Sinnesorgane, sondern auch - in philosophischer Tradition - die sinnliche Wahrnehmung als erste Stufe der Erkenntnis (vgl. Duden 1982[4]). Über die Sinne erfolgt der Zugang zur Welt, sie stellen die Beziehung vom Ich zur Welt her:

> "Durch die Sinne stehen wir in Kommunikation mit der Welt. Dabei bilden die verschiedenen Sinnesgebiete je verschiedene Modalitäten dieses einen Ich-Welt-Verhältnisses (...)" (Merkert 1970, S. 116).

In welcher Weise beeinflussen die sinnlichen Perzeptionen die Vergesellschaftungsformen[3] der Menschen? Eine Antwort auf diese Frage soll hier anhand des

2 Die Frage nach den Bedingungen der Möglichkeit von Vergesellschaftung verfolgt Simmel auf einer anderen Ebene auch in seinen soziologischen Apriori, in seiner "Erkenntnistheorie der Gesellschaft" (1908). Vergesellschaftung vollzieht sich für Simmel in den interagierenden Individuen selbst, ist sozusagen der Bewußtseinszustand, überhaupt vergesellschaftet zu sein. Die apriorischen Bedingungen für dieses Bewußtsein der einzelnen Gesellschaftselemente interessieren ihn in seiner soziologischen Erkenntnistheorie. Mit Gerhardt (1971) lassen sich diese kurz als Rollen-, Individualitäts- und Struktur-Apriori bezeichnen. Den Aspekt der sinnlichen Perzeptionen als mögliche, den soziologischen Apriori noch vorgelagerte Dimension berücksichtigt Simmel in diesem Zusammenhang allerdings nicht.

3 Die Formen der Vergesellschaftung i.S. der sich in den verschiedensten Arten verwirklichenden Formen, in denen die Individuen zu einer gesellschaftlichen Einheit zusammenwachsen, sind die eigentlichen Objekte der >reinen< bzw. >formalen< Soziologie Simmels (vgl. Simmel 1908). Die Gesellschaft als Gegenstandsbereich der Soziologie ist die Summe der Beziehungsformen, durch die aus den Individuen gesellschaftliche Einheit gebildet

oben genannten modernen Klassikers der Soziologie, Georg Simmel, versucht werden. Neben seinen Bemühungen um die Konstituierung der Soziologie als Einzelwissenschaft und seiner differenzierten makrosoziologischen Analyse der modernen Gesellschaft haben sich vor allem seine mikrosoziologischen Analysen von Phänomenen der Vergesellschaftung als fruchtbar und anregend erwiesen.

In seinem "Exkurs über die Soziologie der Sinne" (Simmel 1908) geht Simmel in der ihm typischen dualistischen Perspektive davon aus, daß dem Zusammenwirken zweier von ihm identifizierter Richtungen der sinnlichen Wahrnehmung von Mitmenschen eine fundamentale soziologische Bedeutung zukomme. Er unterscheidet bei den grundlegenden Richtungen der Sinneseindrücke zum einen die in das Subjekt hineinwirkende Wahrnehmung, die in ihm Gefühle von Lust und/oder Unlust auslöst, d.h. eine solche Wahrnehmung, die nur im wahrnehmenden Subjekt selbst eine emotional getönte Reaktion hervorruft. Zum anderen stellt der Sinneseindruck eine Brücke vom Subjekt zum Objekt her, indem er "zum Mittel der Erkenntnis des Andern" (a.a.O., S. 646) wird. Die Wahrnehmung z.B. eines Sprachlautes und seiner Bedeutung erzeugt sowohl eine unmittelbar emotional gefärbte Reaktion, eine Empfindung, einen subjektiven Gefühlswert, als auch eine Kenntnis vom Sein des anderen. Sinneseindrücke "führen in das Subjekt hinein, als dessen Stimmung und Gefühl, und zu dem Objekt hinaus, als Erkenntnis seiner" (ebd.). Während Simmel in der sinnlichen Wahrnehmung von nichtmenschlichen Dingen diese beiden Wahrnehmungsrichtungen nicht zu einer Einheit verwoben sieht, ist dieses Zusammenwirken gerade in den Perzeptionen von Menschen der Fall. Ihr Zusammenwirken, gleichzeitig als Gefühlswert und als Erkenntnismittel, wird zur Grundlage der Beziehung zum anderen.

Die Wahrnehmungsleistungen der einzelnen Sinnesorgane

Simmel unterscheidet die Wahrnehmungsleistung der einzelnen Sinnesorgane - beschränkt auf Auge, Ohr und Nase - und entfaltet diesen Aspekt auf der Basis einer seiner soziologischen Zentralkategorien - dem Begriff der Wechselwirkung. So konstatiert er für die Leistung des *Auges* die vielleicht "unmittelbarste und reinste Wechselbeziehung" (a.a.O, S. 647), die als wechselseitige Verknüpfung im gegenseitigen Sich-Anblicken liegt. Dessen einheitsstiftende Wirkung objekti-

---

wird. Diese ist eigentlich etwas Funktionelles, da ihre Einheit Effekt von Relationen ist. Daher spricht Simmel nicht von Gesellschaft, sondern von Vergesellschaftung.

viert sich nicht in einem auskristallisierten Gebilde, sondern bleibt unmittelbar im Geschehen verhaftet und wird getragen von der geraden Linie zwischen den sich anblickenden Augen. Das Besondere an der Wahrnehmung mit den Augen ist nun gerade, daß das Mittel zur Erkenntnis vom anderen diesem nun gleichzeitig ebenso das Erkennen des Gegenüber ermöglicht, da der Blick selbst wiederum ausdrucksvoll ist.

> "In dem Blick, der den andern in sich aufnimmt, offenbart man sich selbst; mit demselben Akt, in dem das Subjekt sein Objekt zu erkennen sucht, gibt es sich hier dem Objekte preis. Man kann nicht durch das Auge nehmen, ohne zugleich zu geben" (a.a.O., S. 648).

Aus dieser Tatsache schlußfolgert Simmel, daß hier die "vollkommenste Gegenseitigkeit" (ebd.) in den zwischenmenschlichen Beziehungen hergestellt werde.[4] Besonders deutlich werde diese bei dem gesenkten Blick, der sich häufig bei Beschämung, Peinlichkeit und daraus resultierender Verwirrung beobachten ließe. Damit entziehe man sich soweit wie möglich dem Erkannt- und Festgestellt-Werden durch den Interaktionspartner.[5]

> "Die >Vogel-Strauß-Politik< hat in dieser unmittelbar sinnlich-soziologischen Beziehung eine tatsächliche Zweckmäßigkeit: wer den Andern nicht ansieht, entzieht sich wirklich in gewissem Maße dem Gesehenwerden. Der Mensch ist für den Andern keineswegs schon ganz da, wenn dieser ihn ansieht, sondern erst, wenn er auch jenen ansieht" (ebd.).[6]

Soziologisch bedeutsam wird diese gleichzeitige Leistung und Wirkung des Auges im Zusammenhang mit der Ausdrucksbedeutung des *Antlitzes*, dem ersten Objekt der Wahrnehmung von und zwischen den Menschen. Für Simmel "erzählt" das Gesicht vom Sein des Menschen, in ihm sind die Erfahrungen, die Lebensgeschichte abgelagert; die Erlebnisaufschichtung schlägt sich manifest in den beharrenden Zügen des Antlitzes nieder. Damit vermittelt die sinnliche

---

4 Auch Lersch betont die soziale Funktion des Auges: "(...) es spielt eine Rolle im zwischenmenschlichen Bezug. (...) wenn wir uns einem Menschen zuwenden als einem Wesen mit einer Innenwelt, dann sehen wir ihm ins Auge. Und umgekehrt: wenn es dem anderen gelingt, mit seiner Blickrichtung direkt in unsere zu treffen, so daß beide ineinander verlaufen und die Konstellation Pupille-in-Pupille geschaffen ist, dann haben wir das Gefühl eines Aufgedecktseins, einer inneren Berührung, so als sähe der andere in unser Inneres (...)" (Lersch 1957, S. 411; zit. nach: Wallbott 1979, S. 59).

5 Bestätigt wird diese Aussage durch experimentelle Untersuchungen zur selbstenthüllenden Funktion des Auges: "Personen, die nichts zu verbergen haben, tendieren (.) dazu, einem Gesprächspartner in die Augen zu sehen" (Exline u.a. 1979, S. 87).

6 Hierin wird eine wichtige Unterscheidung deutlich: die zwischen dem "Blickkontakt" (eye contact) i.S. des gegenseitigen Sich-Anblickens - nur hier hat das Auge Erkenntnisfunktion - und dem reinen "Anblicken" (gaze) bzw. Ansehen, das nur einseitig, unerwidert erfolgen kann (vgl. Wallbott 1979, S. 59).

Wahrnehmung des Gesichts Kenntnis vom Gegenüber, ohne daß für diese Erkenntnis ein Handeln des Objektes erfolgen müßte. Das die Lebensgeschichte erzählende Gesicht des zu erkennenden Menschen ermöglicht auf den ersten Blick "das unmittelbare Ergreifen seiner Individualität" (a.a.O., S. 650) - eine Perzeption, die durch das Auge erfolgt, das als wesentliches Objekt des zwischenmenschlichen Sehens das Gesicht des anderen und damit dessen individuelle Besonderheit erfaßt. Das über die Augen Wahrgenommene offenbart also ganz überwiegend das Beharrende, das "Einheitlich-Feste", den "Dauer-Charakter der durch ihn erkannten Person" (ebd.). Es läßt die diachrone Aufschichtung des Lebens synchron, im Zugleich, erblicken.

Gleichzeitig vermittelt das Gesicht jedoch auch situative Stimmungen, das "Fließend-Mannigfaltige unserer Seele" (ebd.).[7] Simmel meint allerdings, daß das Erkennen der Augenblicksstimmung hauptsächlich durch die Wahrnehmung mit dem *Ohr* erfolgt: "Was wir hören, ist sein (des Objektes; N.E.) Momentanes, ist der Fluß seines Wesens" (a.a.O., S. 652).

Während das Auge die Reziprozität par excellence darstellt, bezeichnet Simmel das Ohr als "das schlechthin egoistische Organ" (a.a.O., S. 653), das nur nimmt, aber nicht gibt. Es kann sich dabei gegenüber Wahrnehmungen nicht verschließen, sondern muß alles aufnehmen, was es an Lauten vernimmt. Erst zusammen mit dem Mund, d.h. den sprachlichen Äußerungen, erzeugt das Ohr eine Reziprozität des Gebens und Nehmens - allerdings der Tendenz nach eher im zeitlich abwechselnden Nacheinander.

Diese Leistungsdifferenz der Sinne Auge und Ohr wird für Simmel kompensiert durch unterschiedliche Fähigkeiten zur Erinnerung des Gesehenen und des Gehörten; für das Gehörte bestehe eine sehr viel stärkere Merkfähigkeit als für das Gesehene - eine Aussage, die, wenn überhaupt, wohl höchstens sehr eingeschränkt durch moderne Untersuchungsergebnisse (z.B. der Hirnforschung) aufrechterhalten werden kann.

Insgesamt geht Simmel aus von einer Arbeitsteilung zwischen den Sinnen - hier zunächst weiterhin nur Auge und Ohr in ihren Wahrnehmungs- und Erkenntnisleistungen meinend -, wobei das Auge in der sinnlichen Wahrnehmung des zu erkennenden Objekts im Gesicht das Dauernde und Beharrende - das *Sein* - auf-

---

7 Diese Aussage wird gestützt durch Ekman (1980 nach: Dreitzel 1983, S. 193), der nachweisen konnte, daß jedem Grundgefühl ein bestimmter Gesichtsausdruck zugeordnet ist, das Gesicht also der Träger des emotionalen Ausdrucks ist - ein Ausdruck, der situative und momentane Befindlichkeiten offenbart. Vgl. ebenfalls zu den im Gesicht erkennbaren Grundgefühlen: Ekman u.a. (1974, S. 48ff).

nimmt, während das Ohr das Momentane und Fließende - das *Werden* - erfaßt, so daß im Zusammenwirken dieser Sinne eine relativ umfassende Erkenntnis des anderen möglich ist. Im Ganzen sind für Simmel diese Sinne

> "auf die gegenseitige Ergänzung angelegt, auf die Feststellung des bleibend-plastischen Wesens des Menschen durch das Auge, auf die seiner auftauchenden und versinkenden Äußerungen durch das Ohr" (ebd.).

Als letzter Sinn, mit dem Simmel sich beschäftigt, sei hier noch die Perzeptionsleistung des *Geruchs* angeführt. Simmel betrachtet diesen gegenüber Auge und Ohr als einen niederen Sinn, bei dem die Entwicklungsrichtung der Auslösung von Lust- und Unlustgefühlen überwiege gegenüber der Erkenntnis des anderen.[8] Der Geruch bleibt im Subjekt befangen und ist in seiner Wahrnehmung kaum präzise verbalisierbar. Simmel konstatiert eine zivilisatorische Entwicklung der Sinne, in der die "eigentliche Wahrnehmungsschärfe aller Sinne sinkt, dagegen ihre Lust- und Unlustbetonung steigt" (a.a.O., S. 657). Das bedeutet, daß sich die Wahrnehmungssensibilität aller Sinne steigert, auch des Geruchssinns, wobei deren Fernwirkung sich abschwächt, während deren Nahwirkung sich verstärkt:

> "(...) wir werden nicht nur kurzsichtig, sondern überhaupt kurzsinnig; aber auf diese kürzeren Distanzen hin werden wir um so sensibler" (a.a.O., S. 658).

Auf dem Hintergrund dieser gestiegenen Sensibilität v.a. in der Geruchswahrnehmung bei gleichzeitiger stärkerer emotionaler Färbung derselben kennzeichnet Simmel den Geruch - im Gegensatz zu den vorwiegend assoziierenden Sinnen Auge und Ohr - als einen dissoziierenden Sinn, da die Verfeinerung und gestiegene affektive Betonung eher repulsive Reaktionen fördere.[9] Deutlich wird in der vorangehenden Analyse der Wahrnehmungs- und Erkenntnisleistungen des visuellen, akustischen und "nasalen" bzw. olfaktorischen Sinnes, daß Simmel diese für die Formen der menschlichen Vergesellschaftung als grundlegend relevante Perzeptionen betrachtet, die aufgrund ihrer je spezifischen Struktur und Qualität die "ganze Art des menschlichen Verkehrs" (a.a.O., S. 651) tragen und spezifisch prägen.

---

8 Merkert (1970, S. 119) ordnet den Geruch eher der Wahrnehmung von Zuständen zu; er rufe v.a. Empfindungen, d.h. also subjektive Gefühlswerte, hervor, diene somit weniger der gegenständlichen Wahrnehmung - eine Parallele zu Simmels Behauptung von der starken Lust-/Unlustbetonung der Geruchswahrnehmungen.

9 Ebenso wie Simmel konstatiert auch Corbin in seiner Kulturgeschichte des Geruchs (1984) eine gestiegene Sensibilität des Geruchssinns, vor allem i.S. einer zunehmenden Empfindsamkeit gegen Gerüche, wobei er differenziert zwischen dem privaten und dem öffentlichen Raum. Besonders hervorgehoben wird in Corbins Analyse der Aspekt der Funktion der Geruchssensibilisierung im Gefüge der sozialen Stratifikation.

Die sinnliche Perzeption als Träger der Formen der Vergesellschaftung

Wiederholt führt Simmel Beispiele dafür an, in welcher Weise die sinnlichen Perzeptionen Grundlage für spezifische Formen der Vergesellschaftung sind. Besonders herausgestellt werden dabei solche Vergesellschaftungsformen, die typisch sind für die moderne Gesellschaft, so wie Simmel sie charakterisiert. Nach ihm hat sich die Moderne entwickelt durch in Wechselwirkungen sich vollziehende Prozesse der sozialen Differenzierung, die zur Objektivierung, Abstrahierung, Rationalisierung und Individualisierung der sozialen Beziehungen und ebenso zu psychischen Ausdifferenzierungen in den Individuen selbst geführt haben. Hervorzuheben ist hierbei, daß Simmel diese Prozesse als einander wechselseitig bedingend, als komplementär erfolgende Entwicklungen herausstellt, die vor allem durch die sich entfaltende Geldwirtschaft getragen werden.

In welcher Weise prägen nun die Wahrnehmungs- und Erkenntnisleistungen der Sinne die modernen Vergesellschaftungsformen? Besonders anschaulich illustriert wird dies in der Analyse der Arbeitsteilung zwischen Auge und Ohr und ihrer Folgen für die zwischenmenschlichen Beziehungen. So geht Simmel davon aus, daß der Blinde und der Taube - als Beispiele für die ausgeprägteste Perzeptionsfähigkeit nur mittels eines Sinnes - sich aufgrund ihrer unterschiedlichen Fähigkeiten zur sinnlichen Wahrnehmung auch in unterschiedlichen "soziologischen Stimmungen" befänden. Der Blinde könne sein Gegenüber über das Ohr nur im zeitlichen Nacheinander der Sprachäußerungen wahrnehmen - eine mögliche Ursache für die von Simmel behauptete ruhige und ausgeglichene Stimmung des Sehunfähigen.

> "Das unruhige, beunruhigende Zugleich aller Wesenszüge, der Spuren aller Vergangenheiten, wie es in dem Gesicht der Menschen ausgebreitet liegt, entgeht dem Blinden (...)" (a.a.O., S. 650).

Der Taube dagegen kann nur das Antlitz des Gegenüber wahrnehmen, das für Simmel in seiner Vielfalt des Abgelagerten und Offenbarten rätselhaft ist, ohne das über das Auge Perzipierte durch das gesprochene Wort interpretieren zu können. Dieses "Defizit" bildet die Grundlage für die behauptete beunruhigtere Stimmung des Gehörlosen:

> "(...) der, der sieht, ohne zu hören, [ist; N.E.] sehr viel verworrener, ratloser, beunruhigter, als der, der hört, ohne zu sehen" (ebd.).[10]

---

10 Inwieweit diese Behauptung von unterschiedlichen Befindlichkeiten bei Blinden und Tauben zutrifft, sollte allerdings m.E. empirisch überprüft werden.

Simmel betrachtet nun diese aus unterschiedlichen Wahrnehmungs- und damit auch Erkenntnismöglichkeiten resultierende soziologische Stimmung als relevant für eine spezifisch moderne Form der Vergesellschaftung: das großstädtische Leben. Vor allem durch und in den sich massenhaft ausgebreiteten öffentlichen Verkehrsmitteln überwiegt in der modernen Großstadt die visuelle Wahrnehmung über die akustische, so daß der Augensinn mit seiner größeren Rätselhaftigkeit in der Wahrnehmung dominiert - für Simmel die Basis für das Gefühl der Unorientiertheit und Vereinsamung im großstädtischen Leben.[11]

Exkurs:

Das Konzept des Erlebens und die moderne Großstadt

Baecker (1985) stellt fest, daß Simmel in seiner "Soziologie der Sinne" einen für diesen wesentlichen soziologischen Begriff - den des Erlebens - entfaltet. Dieser könne sehr genau darüber Auskunft geben, wie das Individuum die Gesellschaft zuallererst erfährt (Baecker 1985). Dahme und Rammstedt meinen hierzu, daß Simmel den Erlebensbegriff als "mögliche Gegenkategorie zum Handlungsbegriff" einführe, "weil er zu erfassen erlaubt, wie sich Gesellschaft im Individuum ausdrückt" (Dahme/Rammstedt 1984, S. 473). Hervorzuheben ist, daß Simmel makrosoziologisch-strukturelle Perspektiven auf Gesellschaft dabei nicht als irrelevant und durch das Konzept des Erlebens zu ersetzen betrachtet, sondern daß er die Analyse "unter der Kategorie des Einzellebens" (Simmel 1908, S. 28) als eine mögliche und fruchtbare Blickrichtung auf Phänomene der Vergesellschaftung begreift. Inwieweit der Erlebensbegriff sich als soziologisch fruchtbar erweisen kann, wird in Simmels Analyse der Großstadt deutlich. Er identifiziert als psychologische Grundlage des modernen großstädtischen Lebens die Steigerung des Nervenlebens, die Resultat des raschen und ununterbrochenen Wechsels der äußeren und inneren Eindrücke beim Großstadtmenschen ist. Schon "in den sinnlichen Fundamenten des Seelenlebens" (Simmel 1984, S. 193) werden die psychologischen Bedingungen für Unterschiede im Bewußtsein zum gleichmäßigeren,

---

11 Differenzierter in der Herleitung und umfassender in der Analyse der Moderne gelangt auch Kleinspehn (1989) zu dem Ergebnis, daß in der Neuzeit die visuelle Wahrnehmung über die anderen Sinneskanäle dominiere. Er kennzeichnet die Wahrnehmungsqualität des Auges als den "flüchtigen Blick".

weniger mannigfaltigen Kleinstadtleben gelegt. Während letzteres v.a. auf gefühlsmäßigen Beziehungen beruhe, sei die Großstadt v.a. intellektualistischen Charakters. Der Großstädter reagiert mit dem Verstand und nicht mit dem Gemüt auf die rasch und häufig wechselnden Bedingungen in seiner Umgebung - ein Schutzmechanismus gegen drohende Entwurzelung.

> "Damit ist die Reaktion auf jene Erscheinungen auf das am wenigsten empfindliche, von den Tiefen der Persönlichkeit am weitesten abstehende Organ verlegt" (ebd.).

Diese Verstandesmäßigkeit ist für Simmel ebenso Kennzeichen des großstädtischen Lebens wie die Sachlichkeit und Rechenhaftigkeit der sozialen Beziehungen - Ausprägungen der Verstandesherrschaft, die eng in Zusammenhang mit der entwickelten Geldwirtschaft stehen, deren Zentrum die Großstadt häufig ist. Als typische seelische Erscheinungen bzw. soziale Haltungen des Großstadtbewohners identifiziert Simmel u.a. die Blasiertheit und Reserviertheit, d.h. zum einen die Abstumpfung gegen Unterschiede bzw. die Unfähigkeit, auf neue Reize reagieren zu können, und zum anderen eine Gleichgültigkeit bis hin zur Aversion in den sozialen Beziehungen zueinander. Diese gelten Simmel als Schutz- bzw. Selbsterhaltungsmechanismen des Menschen in der Großstadt:

> "Das Bedürfnis nach Selbsterhaltung beeinflußt auch die Art und Weise der zwischenmenschlichen Beziehungen in der Großstadt" (Frisby 1984, S. 39).

Die zunehmende soziale Ausdifferenzierung und die damit einhergehende Vervielfältigung der Sinneseindrücke und Interaktionen in der Großstadt führt zur Notwendigkeit von Selbstschutzmechanismen in den Formen der Intellektualisierung bzw. Vorherrschaft des Verstandes, der Blasiertheit und Reserviertheit, um in dem Tempo und der Mannigfaltigkeit des Daseins bestehen zu können.[12] Die Individuen bauen Schutzmechanismen auf, die subjektive Reflexe darstellen auf die strukturellen Lebensbedingungen.

> "Die Moderne [hier verkörpert durch die Großstadt; N.E.] ist somit eine bestimmte Erfahrens- und Erlebensweise in der modernen Gesellschaft, welche sich nicht nur auf innerseelische Reaktionen beschränkt, sondern die Moderne auch zum Bestandteil des menschlichen Innenlebens macht" (Frisby 1984, S. 19).[13]

---

12 Ein Aspekt, dem nachzugehen sich lohnen würde, ist das Phänomen der selektiven Wahrnehmung, das im Zusammenhang der Mannigfaltigkeit der Sinneseindrücke in der modernen Großstadt als ein Mechanismus zur Reduktion von Komplexität gewertet werden könnte.

13 Eine in diesem Zusammenhang zu berücksichtigende, gerade die Dominanz des Auges sinnbildlich machende, moderne Sozialfigur ist die des Voyeurs.

Künstliches Parfüm und Stilisierung in der individualisierten Moderne

Die Entwicklung des Geruchssinns charakterisiert Simmel als im kulturellen Verfeinerungsprozeß zunehmende Sensibilität, die bei gleichzeitig ausgeprägterer emotionaler Färbung zu einer verstärkten Repulsion zwischen den Individuen führe. "Der moderne Mensch wird von Unzähligem chokiert, Unzähliges erscheint ihm sinnlich unaushaltbar (...)" (Simmel 1908, S. 657). Es wird bei Abnahme der Fern- und gleichzeitiger Zunahme der Nahwirkung sensibler, heftiger und repulsiver auf Geruchseindrücke, die zudem in der Massengesellschaft zunehmen, reagiert, was zu einer größeren Isolierung und schärferen Abgrenzung führen kann. Im Zusammenspiel mit der zunehmenden Individualisierung des modernen Menschen - i.S. einer Lösung aus traditionellen Bindungen, damit auch größerer Wahlfreiheit in sozialen Beziehungen sowie einer stärkeren Ausbildung der persönlichen Individualität des Einzelnen - bildet die repulsive Tendenz des Geruchssinns eine Basis für "die soziologische Reserve des modernen Individuums" (a.a.O., S. 658) - kulturelle Verfeinerung führt also zu stärkerer individueller Abgrenzung. Ein Phänomen, das in seiner stilisierten Form pointierter zum Ausdruck kommt in der Funktion und Wirkung einer kulturellen Überformung des natürlichen Geruchs, dem *künstlichen Parfüm*.

> "Es fügt der Persönlichkeit etwas völlig Unpersönliches, von außen Bezogenes hinzu, das nun aber doch so mit ihr zusammengeht, daß es von ihr auszugehen scheint. Es vergrößert die Sphäre der Person (...)" (a.a.O., S. 659).

Etwas Äußeres, das personenunabhängig gefallen, das gleichzeitig als eigene Ausstrahlung wirken und dem Subjekt zugeschrieben werden soll, wird der Persönlichkeit hinzugefügt, ja deckt diese zu. Für Simmel ist diese Art der Aufmerksamkeitserregung durch Überdeckung der persönlichen Sphäre mit etwas Äußerlich-Objektiven eine typische Stilisierung des modernen, individualisierten Menschen.[14]

---

14 Ausgehend von diesem Stilisierungsphänomen ließe sich die Frage aufwerfen, wie sich der zunehmende Gebrauch von "Duftwässern" bei Männern, der heute zu beobachten ist, in der Simmelschen Argumentationskette erklären läßt. Ausgangspunkt ist die gegenwärtig sich im Wandel befindliche Männerrolle. Einen wichtigen Faktor stellen hierbei u.a. veränderte Rollenerwartungen dar, die durch die Frauen als relevanter Bezugsgruppe an die Rolleninhaber herangetragen werden. Es wird mehr Emotionalität und Beteiligung an Beziehungsarbeit gefordert, damit auch eine stärkere "Offenbarung" von affektiven Momenten der Persönlichkeit - Anforderungen, die an die klassische, instrumentell definierte Männerrolle nicht herangetragen wurden. In einem engen Zusammenhang mit dieser traditionellen Rolle steht auch ein Aspekt, der in Untersuchungen zur nonverbalen Kommunikation - vor allem solchen, die geschlechtsspezifische Aspekte einbeziehen - wiederholt hervorgehoben worden ist: die spezifisch männliche Körpersprache. Raumgreifende Kör-

Gesellschaftliche Integration durch visuelle und akustische Perzeptionen

Nicht nur für die Individualisierungstendenz, aus der heraus solche Stilisierungen erfolgen können, sondern auch für die Objektivierung der sozialen Beziehungen in der modernen Gesellschaft stellt Simmel sinnliche Perzeptionen als bedeutsame Grundlagen heraus. Insbesondere Auge und Ohr fördern auf je unterschiedliche Weise Assoziationen, sie entfalten vergemeinsamende bzw. vergesellschaftende soziologische Wirkungen, bewirken gesellschaftliche Integration.

Der oben angesprochene "formale Egoismus" des Ohres - nur zu nehmen, ohne zu geben - begründet gleichzeitig seinen Charakter als überindividualistischen Sinn. In einem gemeinsamen Raum hören alle Anwesenden prinzipiell dasselbe. Gerade aus diesem überindividualistischen Charakter des hörbar Geäußerten resultiert auch die vereinheitlichende, zusammenfügende, integrierende Wirkung des akustischen Sinnes.

> "Daher stammt auch die besondere seelische Betonung, die ein Gesprochenes hat, wenn es dennoch ausschließlich für einen Einzigen bestimmt ist" (a.a.O., S. 654).

Das mündlich übermittelte, da über Blicke kaum mitteilbare Geheimnis widerspricht so eigentlich dem formalen Charakter des Ohres. Der Ausschluß aller anderen von potentiell von allen hörbaren Sprachäußerungen läßt solch exklusiver Mitteilung eine besondere Bedeutung zukommen.

---

perhaltungen z.B. sind als typisch männliche Dominanzgesten herausgestellt worden (vgl. u.a. Henley 1989[2]). Daran anschließend läßt sich die Hypothese aufstellen, daß solche körpersprachlichen Signale zumindest nicht mehr nur den Männern vorbehalten geblieben sind, seit sie u.a. auch im Berufsleben in Konkurrenz mit Frauen treten. Zudem mag sich die Legitimität solcher eher unbewußt bleibender, nach wie vor überwiegend männlicher Körpersignale verringert haben. Als Folge dieses umfassenden Wandels der Männerrolle zumindest auf der Erwartungs- und Einstellungsebene, zum Teil mit Auswirkungen auf eher unbewußt bleibende, wenn auch funktional einsetzbare Ausdrucksphänomene wie Körpersprache, wird häufig eine Verunsicherung der Männer bezüglich der Ausfüllung ihrer Rolle bezogen auf ihr Verhalten Frauen gegenüber - in Partnerschaftsbeziehungen, in der Familie insgesamt, aber auch gesamtgesellschaftlich - konstatiert (vgl. z.B. Postler 1985). Mit Simmel kann nun argumentiert werden, daß dem Gebrauch künstlichen Parfüms gerade in dieser Situation eine spezifische Funktion zukommt: zum einen Aufmerksamkeitserregung, wenn diese nicht mehr durch herkömmliche körpersprachliche Signale erreicht werden kann - also eine Erweiterung der Körpersphäre durch die "Duftwässer"; zum anderen eine Überdeckung der persönlichen Sphäre, deren "Offenbarung" nun doch eigentlich eingefordert, aber von den Männern weiterhin ungern eingelöst wird. Dieser scheinbare Widerspruch läßt sich mit Simmel dahingehend auflösen, daß durch die Ersetzung von etwas Persönlichem durch etwas Objektives der erwünschte Effekt - scheinbare "Offenbarung" der Persönlichkeit bei gleichzeitiger Verdeckung dieser als Abwehr gegen die neuen Rollenanmutungen - erreicht werden kann. Scheinbar erfolgt die Erfüllung der herangetragenen Rollenerwartungen, da der vom Menschen ausgehende Duft ja nach Simmel der Persönlichkeit selbst zugeschrieben wird.

Denselben visuellen Eindruck von etwas zu gewinnen, ist weitaus ungewöhnlicher, als denselben Höreindruck zu haben.

> "Man vergleiche ein Museumspublikum mit einem Konzertpublikum; die Bestimmung des Gehöreindrucks, sich einheitlich und gleichmäßig einer Menschenmenge mitzuteilen, - eine keineswegs nur äußerlich-quantitative, sondern mit seinem innersten Wesen tief verbundene Bestimmung - schließt soziologisch ein Konzertpublikum in eine unvergleichlich engere Einheit und Stimmungsgemeinsamkeit zusammen, als die Besucher eines Museums" (ebd.).

Das Ohr erzeugt also durch seine Eigenschaft der Nicht-Exklusivität per se schon eine vereinheitlichende Wirkung.

Auch der visuelle Sinn kann unter bestimmten Umständen eine zusammenschließende Wirkung entfalten. Sofern - entgegen sonst vorherrschender Differenzen in der Perspektive auf ein Objekt - viele Menschen die gleichen visuellen Eindrücke gewinnen, kann dies Grundlage für die Entstehung einer Einheit werden: So kann nach Simmel eine allen gemeinsame Wahrnehmung des Himmels oder von Himmelskörpern wie der Sonne, die zum Anbetungsobjekt emporsteigen, zum Ausgangspunkt einer Transzendierung aus der "Enge und Besonderheit des Subjekts" (a.a.O., S. 655) in einer Religion werden. Auch i.S. einer abstrahierenden Erkenntnis einer grundlegenden Gemeinsamkeit, sofern akustische Sinnesäußerungen und -wahrnehmungen nicht erfolgen können, kann das Auge eine vereinheitlichende Wirkung erzielen.

> "Das Auge zeigt, neben dem Individuellen des Menschen, das in seiner Erscheinung investiert ist, in höherem Maße auch das G l e i c h e aller, als das Ohr es tut" (ebd.).

Durch vor allem visuelle Perzeption kann also das Allgemeine, das Übergreifend-Gleiche zwischen den Menschen erkannt werden, eine Abstraktionsleistung, die z.B. für die Herausbildung einer Vorstellung von dem Begriff des modernen Arbeiters grundlegend sein kann. In der großen Fabrik mit Massencharakter, in der wenig akustischer Austausch möglich ist, dafür visuelle Eindrücke von anderen dominieren, kann sich eine solche Abstraktion vom Individuell-Spezifischen zum Allgemeinen-Gemeinsamen vollziehen.

> "Die unmittelbare Herstellung sehr abstrakter, unspezifischer Sozialgebilde [die nach Simmel für die moderne Gesellschaft charakteristisch sind; N.E.] wird deshalb, soweit die Technik der Sinne wirkt, durch die Sehnähe, bei mangelnder Gesprächsnähe, am meisten begünstigt" (a.a.O., S. 656).

An anderer Stelle leitet Simmel die Entstehung der Vorstellung vom modernen Lohnarbeiter strukturell aus v.a. geldwirtschaftlich getragenen sozialen Differenzierungsprozessen her, die in einer Entpersönlichung und Objektivierung der Sozialbeziehungen münden (vgl. Simmel 1989). Da hier jedoch die Sinnesleistungen im Mittelpunkt stehen, soll auf eine Darstellung dieser strukturellen Analyse verzichtet werden.

Simmel fundiert also spezifische Aspekte, die er als charakteristisch und typisch für die moderne Gesellschaft herausstellt - vor allem die Objektivierung und gleichzeitige Individualisierung der sozialen Wechselwirkungen im Prozeß der zunehmenden Vergesellschaftung -, in den Wahrnehmungs- und Erkenntnisleistungen der menschlichen Sinne. Seine "Soziologie der Sinne" läßt sich relativ nahtlos einfügen in seine Analyse der ausdifferenzierten Moderne. Dabei wird deutlich, daß über der Behandlung des Menschen als gesellschaftshistorischem Wesen seine physiologische, sich phylo- und ontogenetisch entwickelte sinnesphysiologische Ausstattung nicht völlig vernachlässigt werden sollte.

Demnach könnte folgender Zusammenhang formuliert werden: die phylo- und ontogenetische Entwicklung des Menschen als Gattungswesen mündet in einer spezifischen Wahrnehmungsapparatur, bei der die einzelnen Sinne je spezifische Reize aufnehmen können. Mit dieser Wahrnehmungsfähigkeit der Sinne ist ihre Erkenntnisleistung eng verknüpft. Die jeweilige Funktionsleistung der Sinne wiederum ermöglicht dem Menschen die Aufnahme sozialer Beziehungen. Diese sind in ihrer Struktur zumindest zum Teil durch die Sinnesleistungen geprägt.

Veränderte Wahrnehmungsqualitäten in der modernen Gegenwartsgesellschaft

Im Anschluß an die Simmelschen Ausführungen stellt sich die Frage, inwieweit sich die strukturellen Bedingungen für sinnliche Perzeptionen seit der Jahrhundertwende bis in die Gegenwart hinein verändert haben. In diesem Zusammenhang sollen hier zwei Aspekte besonders herausgegriffen werden, die m.E. auf eine strukturelle Veränderung von Erlebnisweisen und Wahrnehmungsqualitäten hindeuten: bezüglich der Beförderungsmittel die massenhafte Ausbreitung des Individualverkehrs, bezüglich der Kommunikationsstrukturen die Zunahme medial vermittelter Interaktion.

Simmel führt aus, daß es durch die Ausbreitung der öffentlichen Verkehrsmittel zu einer Dominanz der visuellen Wahrnehmung gekommen sei. Ein Phänomen, das für die heutigen Strukturen der Großstadt schon allein räumlich mindestens ebenso charakteristisch ist, ist die verbreitete individuelle Nutzung des Autos. Besonders in den Stoßzeiten des Berufsverkehrs ist häufig zu beobachten, daß sich in den massenhaft vertretenen Kraftfahrzeugen nur je ein Insasse befindet. Die Nutzung des Autos kann u.a. als rasche, wenn auch heute oft durch Staus verlangsamte Überwindung eines Raumes zwischen zwei räumlich auseinanderliegenden Orten betrachtet werden - oft zwischen Arbeitsplatz und Wohnort, deren Trennung als eine zwischen Privatheit und Öffentlichkeit sich mit der bürgerlichen Gesellschaft herausgebildet hat. Die Kraftfahrzeugnutzung ist also - mit Einschränkungen - eine zweck- und zielgerichtete Handlung.

Welche Arten der sinnlichen Wahrnehmungen sind mit ihr verbunden? Kennzeichnend für das Auto ist seine räumliche Abgeschlossenheit gegen außen, die dazu führt, daß keine olfaktorischen und nur bedingt akustische Wahrnehmungen erfolgen können - sieht man hier einmal von der Nutzung des Autoradios und v.a. vom ansteigenden Gebrauch des Autotelefons ab. Es dominiert die durch Fenster ermöglichte und für das Verhalten im Verkehr erforderliche visuelle Wahrnehmung. Das heißt, daß die heute massenhaft ausgebreiteten Individual-Verkehrsmittel Perzeptionen nur auf einen Sinneskanal, die Augen, beschränken und dabei - soweit die Nutzung alleine erfolgt - zunächst keine Kommunikation mit anderen stattfindet. Die Raumdurchquerung erfordert keine eigene körperliche Energie des Sich-Bewegenden, sondern stellt unter Zuhilfenahme technischer Medien den Körper ruhig.

> "Die allgemeine Motorisierung der Fortbewegung durch das Automobil oder ähnliche Transportmittel hat dazu geführt, daß der Modus des Sich-Bewegens durch den Raum sich in den entwickelten Industriegesellschaften in Hinblick auf Dauer, Reichweite und Art gewandelt hat" (Bette 1989, S. 89).

Für die Raumwahrnehmung zieht Bette hieraus den Schluß, daß der schnell durchquerte, weite Entfernungen umspannende Raum für den Wahrnehmenden zu einer "amorphen, diffus vorbeihuschenden Masse, in der das eine sich mit dem anderen vermischt" (a.a.O., S. 90), wird. Der Blick muß ständig reorganisiert werden, um kohärent wahrnehmen zu können; eine sich fortlaufend neu zu konstituierende, "mitfahrende Perspektive" (ebd.) ergibt sich. Diese Entwicklung läßt sich nicht nur als Entsinnlichung werten, sondern ebenso als eine Verschiebung der räumlichen Wahrnehmungsdifferenzierung vom Nahbereich zum Fernhorizont (vgl. a.a.O., S. 90/91). Im Gegensatz zu Simmels Feststellung einer zunehmenden Kurzsinnigkeit meint Bette zumindest hinsichtlich der Wahrnehmung in Bewegung, daß das Auge nur im Fernbereich noch feste Konturen ausmachen kann. Hinzu kommt m.E. die oben schon genannte Begrenzung der sinnlichen Wahrnehmung auf den visuellen Kanal. Gerüche und Geräusche werden durch das Auto "verschluckt", es entsteht nur ein äußerst beschränkter Zugang zur umgebenden Welt.

Jedoch kann festgestellt werden, daß die individuelle Nutzung von Personenbeförderungsmitteln nicht jegliche Kommunikation mit den Mitmenschen unterbindet. Dieser interaktive Aspekt, auf den Simmel seine Analyse der sinnlichen Perzeptionen konzentriert, tritt auch im Individualverkehr auf. Mreschar zitiert unter dem ebenso aussagekräftigen wie paradoxen Titel "Wie Autofahrer miteinander reden" (1983) Untersuchungen, die sich mit den Regeln der Kommunikation zwischen Autofahrern beschäftigt haben. Das angewandte Zeichensystem ist ein gestisches, dessen Signale die Fahrweise selbst, Arm- und Handbewegungen sowie technische Hilfsmittel am Fahrzeug wie Hupe, Lichthupe usw. darstellen. "Alle Zeichen haben eine sogenannte >Äußerungsbedeutung< neben ihrer Eigenbedeutung" (Mreschar 1983, S. 143). Die Verstehbarkeit der Zeichen resultiere aus den ihnen zugrundeliegenden Regeln in der Verwendung.

Unter Rückbezug auf Simmel ließe sich also schließen, daß zwar eine eingeschränkte sinnliche Wahrnehmung z.B. bezüglich des durchquerten Raumes im Individualverkehr erfolgt, dabei eine Dominanz des Auges vorliegt. Dies heißt jedoch nicht, daß gar keine Kommunikation mit den Mitmenschen entsteht. Allerdings beschränkt sich diese auf körpersprachliche und vermittels von Technik ausgesandte Signale, die wiederum fast nur über den visuellen Sinneskanal wahrgenommen werden können. Daher kann zwar von sinnlicher Wahrnehmung gesprochen werden, die zudem funktional ist für die Bewältigung einer gegebenen Situation - hier: des Straßenverkehrs -, aber daß damit auch Perzeptionsleistungen i.S. der Erkenntnis vom anderen verbunden sind, erscheint doch sehr zweifelhaft. Dies läßt sich sicher dadurch erklären, daß keine direkten "face-to-face"-Situationen vorliegen, auf die Simmel sich konzentriert, sondern Kommunikation zwischen gegeneinander deutlich abgegrenzten, nur Ein-Kanal-Interaktion ermöglichenden "Blechkisten". Zudem sind diese Interaktionen nur sehr flüchtige Begegnungen. Dies ist m.E. ein sinnfälliges Bild für die Vereinzelung und Anonymisierung der sozialen Beziehungen in der modernen Großstadt. Alleine schon räumlich voneinander abgekapselte Monaden treten im Straßenverkehr gestisch in Kommunikation, die jedoch eher funktionales Erfordernis, denn wechselseitige Erkenntnis, d.h. auch persönliche Kenntnis vom anderen in seiner Individualität, darstellt. Gestiegene Vereinzelung bei gleichzeitiger Dominanz der Visualität und sinkender Intensität der Raumerfahrung aufgrund von Tempo und weitgehender Abgeschlossenheit gegen andere mag eine mögliche Erklärung für den seit einigen Jahren beobachtbaren Fahrradboom bieten. Verlangsamung des Tempos der Raumdurchquerung, sinnliche Wahrnehmung auch von Gerüchen und Geräuschen, damit auch eine Intensivierung der Raumerfahrung, sowie die Suche nach Naturnähe als Gegensatz zur technisierten Großstadt mögen als Faktoren im Bedingungsgeflecht eines solchen Trends wirksam sein.[15]

Die Kennzeichnung der Kommunikation als anonymisierte, nur noch Reize wahrnehmende, aber nicht mehr den Anderen erkennende, trifft zum Teil auch auf diejenigen Arten von Kommunikation zu, die die Massenkommunikationsforschung untersucht. Kommunikation erfolgt immer weniger von "Angesicht zu Angesicht", sie wird zunehmend über Medien vermittelt. Die in der gegenwärtigen Diskussion sogenannten "alten Medien" wie Telefon, Fernschreiber, Radio usw. funktionieren über nur einen Sinneskanal: das Telefon und das Radio über das Ohr, der Fernschreiber über das Auge, das das geschriebene Wort liest, auch der Fernseher dominant über das Auge und unterstützend auch über das Ohr. Letztgenanntes Medium ist Einweg-Kommunikation vermittels des visuellen und des akustischen Sinnes. Es "sendet" nur, ohne daß eine Rückmeldung des TV-Zuschauers erfolgen kann. Im Gegensatz hierzu ermöglichen die sogenannten "neuen Medien" wie Btx, Telefax, Datex usw. eine Zweiweg-Kommunikation mit Feedback. Das "Neue" an ihnen ist die Vernetzung unterschiedlicher Medien, die damit auch zu einer Integration mehrerer Sinneskanäle führen kann.

Prototypisch ist hierfür die Videokonferenz, bei der sich über Telefonkabel, Videobildschirme und Fax-Geräte die Übermittlung akustischer, visueller und geschriebener Signale gleichzeitig vollzieht. Die sinnliche Wahrnehmungsbeschränkung der "alten Medien" wird weitgehend aufgehoben. Im Gegensatz zu den von Simmel vorrangig beleuchteten personalen Interaktionssituationen mit körperlicher Anwesenheit erfordern Videokonferenzen zwar auch persönliche und zeitlich koordinierte Anwesenheit der beteiligten Personen; sie können aber z.B. trotz unterschiedlicher Zeitzonen in der Welt komplikationslos zustandekommen, soweit die Organisation funktioniert, da die persönliche Anwesenheit nicht mehr in dem Sinne ortsgebunden ist, daß alle gleichzeitig an demselben Platz anwesend sein müssen. In diesem Rahmen kann dann die sinnliche Wahrnehmung der anderen auf mehreren Sinneskanälen gleichzeitig erfolgen.

Während jedoch in der Kommunikation bei physischer Anwesenheit die Übertragung einer Fülle von Informationen gewährleistet ist, kann medial vermittelte Kommunikation bezüglich der Quantität an Informationen Vergleichbares nicht leisten.

---

15 Zu ähnlichen Phänomenen, die für Versuche einer körperbezogenen "Rückeroberung" des Raumes sprechen, vgl. Bette (1989).

"Der Körper als Medium der Kommunikation ist (...) der Resonanzboden und die Darstellungsbühne unserer Beziehungen untereinander" (Dreitzel 1983, S. 180).

Die nonverbalen Signale, die der Körper aussendet, explizieren und präzisieren im Kommunikationskontext die Beziehungsebene der Interagierenden. Die Ausdruckskraft, die Expressivität des Körpers kommentiert und verdeutlicht die Beziehung, wobei diese sich besonders an Gesicht und Händen festmacht (vgl. a.a.O., S. 181). Diese für den Beziehungsaspekt relevanten nonverbalen Signale können m.E. bei der medial vermittelten Übertragung kaum noch zur Geltung kommen, so daß sich die Kommunikation weitgehend auf den Austausch von Sachinformationen beschränkt. Auch hier bleibt also festzustellen, daß der Aspekt der sinnlichen Perzeptionen nur noch eingegrenzt greift, da die Erkenntnisleistungen in medial vermittelter Kommunikation nur noch sehr beschränkt sind.

Ergänzend sei angemerkt, daß auch die "alten Medien" zu einem veränderten Bezug des Individuums zur Welt führen. Das in diesem Zusammenhang relevante Schlagwort lautet "Mediatisierung der Erfahrung" oder auch "Erfahrungen aus zweiter Hand". Zunehmend mehr Informationen über die komplexe Welt werden über die Massenmedien gewonnen. Berichte aus aller Welt, Reportagen über die entferntesten Ereignisse, Nachrichten über diverse Geschehnisse vermitteln eine solche Informationsfülle, daß kaum noch eine individuelle Bewältigung dieses "Wissensvorrates" möglich erscheint. Relevant ist, daß diese Informationen nicht in der Form von Primärerfahrungen, damit auch primären sinnlichen Perzeptionen, gewonnen werden, sondern als Sekundärerfahrungen nur noch medial vermittelt werden. Zudem funktionieren diese Medien wie TV und Radio nur auf wenigen Sinneskanälen, so daß eine sinnlich beschränkte Wahrnehmung erfolgt. Dies hat - wie Forschungen zur Massenkommunikation zeigen - Auswirkungen auf den Zugang zur Welt, auf die sozialen Beziehungen und damit auch auf die Erkenntnismöglichkeiten vom Mitmenschen.

Anhand dieser ausgewählten Beispiele zu veränderten Erlebnis- und Wahrnehmungsqualitäten in der modernen Gegenwartsgesellschaft ist wohl deutlich geworden, daß es auch für die heutige Soziologie anregend sein kann, an Simmels Ausführungen zu den Perzeptionsleistungen der Sinne anzuknüpfen. Nicht nur die strukturellen Wandlungen der Gesellschaft, auch die sinnesphysiologischen und damit wahrnehmungs- und erkenntnisrelevanten Grundlagen derselben können sinnvoll in eine Analyse der modernen Gesellschaft einbezogen werden, gerade dann, wenn das Erleben sozialer Beziehungen durch die Gesellschaftsmitglieder selbst berücksichtigt werden soll.

Literatur

Baecker, Dirk: Die ungemütliche Freiheit. Zur Wiederentdeckung der Soziologie Georg Simmels. In: Frankfurter Allgemeine Zeitung Nr. 76 vom 30.3.1985.

Bette, Karl-Heinrich: Körperspuren. Zur Semantik und Paradoxie moderner Körperlichkeit, Berlin/New York 1989.

Böhringer, Hannes/Karlfried Gründer (Hrsg.): Ästhetik und Soziologie um die Jahrhundertwende: Georg Simmel, Frankfurt/M. 1976.

Böhringer, Hannes: Die >Philosophie des Geldes< als ästhetische Theorie. Stichworte zur Aktualität Georg Simmels für die moderne bildende Kunst. In: Dahme/Rammstedt 1984, S. 178-182.

Corbin, Alain: Pesthauch und Blütenduft. Eine Geschichte des Geruchs, Berlin 1984.

Dahme, Heinz-Jürgen/Otthein Rammstedt (Hrsg.): Georg Simmel und die Moderne. Neue Interpretationen und Materialien, Frankfurt/M. 1984.

Dahme, Heinz-Jürgen/Otthein Rammstedt: Die zeitlose Modernität der soziologischen Klassiker. Überlegungen zur Theoriekonstruktion von Emile Durkheim, Ferdinand Tönnies, Max Weber und besonders Georg Simmel. In: Dahme/Rammstedt 1984, S. 449-478.

Dreitzel, Hans Peter: Der Körper als Medium der Kommunikation. In: Imhof 1983, S. 179-196.

Duden: Fremdwörterbuch (Dudenbd. 5), 4., neu bearbeitete und erweiterte Auflage, Mannheim/Wien/Zürich 1982.

Ekman, Paul/Wallace V. Friesen/Phoebe Ellsworth: Gesichtssprache. Wege zur Objektivierung menschlicher Emotionen, Wien/Köln/Graz 1974.

Exline, Ralph V./John Thibaut/Carole B. Hickey/Peter Gumpert: Machiavellismus, unethisches Verhalten und visuelle Interaktion. In: Scherer/Wallbott 1979, S. 86-102.

Frisby, David P.: Georg Simmels Theorie der Moderne. In: Dahme/Rammstedt 1984, S. 9-79.

Gerhardt, Uta: Rollenanalyse als kritische Soziologie, Neuwied 1971.

Henley, Nancy M.: Körperstrategien. Geschlecht, Macht und nonverbale Kommunikation, Frankfurt/M. 1989[2].

Hübner-Funk, Sibylle: Ästhetizismus und Soziologie bei Georg Simmel. In: Böhringer/ Gründer 1976, S. 44-70.

Hübner-Funk, Sibylle: Die ästhetische Konstituierung gesellschaftlicher Erkenntnis am Beispiel der >Philosophie des Geldes<. In: Dahme/Rammstedt 1984, S. 183-201.

Imhof, Arthur E. (Hrsg.): Der Mensch und sein Körper. Von der Antike bis heute, München 1983.

Kleinspehn, Thomas: Der flüchtige Blick. Sehen und Identität in der Kultur der Neuzeit, Reinbek bei Hamburg 1989.

Merkert, Paul Rainald: Die Sinne des Menschen im Dienst des geistigen Welterwerbs. Ein Beitrag zur Grundlegung der pädagogischen Anthropologie, Wuppertal/Elberfeld/ Kastellaun/Ratingen 1970.

Mreschar, Renate I.: Wie Autofahrer miteinander reden. In: Mreschar 1983, S. 141-145.

Mreschar, Renate I. (Hrsg.): Wie der Mensch die Menschen sieht. Psychologie im Alltag, Bonn 1983.

Postler, Jürgen (Hrsg.): Traditionalismus, Verunsicherung, Veränderung. Männerrolle im Wandel?, Bielefeld 1985.

Scherer, Klaus R./Harald G. Wallbott (Hrsg.): Nonverbale Kommunikation: Forschungsberichte zum Interaktionsverhalten, Weinheim/Basel 1979.

Simmel, Georg: Soziologie. Untersuchungen über die Formen der Vergesellschaftung, Leipzig 1908.

Simmel, Georg: Exkurs über die Soziologie der Sinne. In: Simmel 1908, S. 646-665.

Simmel, Georg: Brücke und Tür. Essays des Philosophen zur Geschichte, Religion, Kunst und Gesellschaft, hrsg. von Margarete Susman und Michael Landmann, Stuttgart 1957.

Simmel, Georg: Das Individuum und die Freiheit, Berlin 1984.

Simmel, Georg: Die Großstädte und das Geistesleben. In: Simmel 1984, S. 192-204.

Simmel, Georg: Gesamtausgabe, Bd. 6: Philosophie des Geldes, hrsg. von David P. Frisby und Klaus Christian Köhnke, Frankfurt/M. 1989.

Sehen und Nichtgesehenwerden

Soziologische Blickwinkel

Anton Sterbling

Bei einem Thema, das sich der Bedeutung des Sehens, Gesehenwerdens, Gesehenseinwollens und Nichtgesehenwerdens in sozialen Interaktionsprozessen zuwendet, sollte der Betrachtung ein angemessener Stellenwert zukommen. Betrachten heißt zunächst, sich des Gegenstandes, um den es geht, zu vergewissern. Im wiederholten Versuch, das soziale Phänomen möglichst genau zu fixieren, das den Gegenstand dieser Betrachtungen ausmacht, stellte sich indes immer deutlicher heraus, daß dessen Konturen nahezu wie in einem Vexierbild changieren und daß die Überschrift, die gleichsam umschreibt, welche Vorgänge zur Betrachtung anstehen, mehr als einer falschen Erwartung Vorschub leisten könnte. Demnach erscheint es geraten, zunächst aus dem Blickfeld zu räumen, was den Blick verstellen oder die Aufmerksamkeit möglicherweise in verkehrte Richtungen lenken könnte. Damit ist allerdings nur ein erster Schritt getan.

Betrachtungen sind stets, manchmal von weitschweifigen und wechselhaften, manchmal von ganz eng begrenzten und eindeutig definierten Interessen und Selektionsvorgängen bestimmt. Mehr noch gilt dies für soziologische Betrachtungen, die zumindest implizit von spezifischen Erkenntnisanliegen, Konzepten und theoretischen Ideen geleitet werden. Sehen und Nichtgesehenwerden sind in soziologischer Sicht, selbst wenn man dabei einfachste soziale Figurationen in den Blick nimmt - etwa den Bettler, der vom Passanten übersehen wird -, alles andere als elementare Vorgänge oder Phänomene, müssen doch stets - dies entspricht der Eigenart der soziologischen Betrachtungsweise - situations- und konstellationsübergreifende Zusammenhänge erkannt und eine Vielzahl historischer und kultureller Variationsmöglichkeiten beachtet werden.

Der Betrachtungsgegenstand steht damit nicht schon von sich aus fest. Er ist erst in einer schrittweisen Annäherung, bei der sich der Blick für jene subtilen Zusammenhänge schärft, die letztlich im Brennpunkt stehen, einzuholen. Die Schärfung des Blicks, durch die der Betrachtungsgegenstand gleichsam immer deutlichere Konturen gewinnt, hat dabei, wie in allen wissenschaftlichen Unterfangen, kaum allein mit einfachem Sehen und reiner Beobachtung zu tun. Die Erschließung und Entfaltung des Betrachtungsgegenstandes ist vielmehr auch - und wohl in erster Linie - Ausdruck der Entwicklung und Präzisierung theoretischer

Gedanken, die sich in metatheoretisch oder "paradigmatisch" weitgehend festgelegten Bahnen vollziehen (Feyerabend 1976; Kuhn 1978; Sterbling 1990a, S. 35ff.).

Im Vorgriff auf die später folgenden Ausführungen sei hier zunächst angedeutet, daß es vor allem vier Konzepte oder theoretische Ideen sind, die als Leitgesichtspunkte der soziologischen Betrachtung von Sehen, Gesehenwerden und Nichtgesehenwerden fungieren: soziale Kontrolle, Sozialprestige, Wandel der Autoritätsbedürfnisse und soziale Distanzierung. Übergeordnet ist dem die Vorstellung, daß Sehen, Gesehenwerden und eben auch Nichtgesehenwerden einen wichtigen, nicht selten konventionell festgelegten Stellenwert in sozialen Interaktionsprozessen haben; daß sie im Vorfeld oder als Begleiterscheinungen sprachlicher Kommunikationsvorgänge einen eigenen "sozialen Code" bilden und mithin wesentliche Bestandteile sozialer Erwartungen und Ausdrucksformen sozialer Beziehungen sind. Diese Sichtweise schließt nicht aus, sondern schließt die Vorstellung geradezu notwendig ein, daß Sehen und Gesehenwerden genuine Erscheinungen des natürlichen menschlichen Ausdrucksverhaltens sind, wenngleich das Hauptaugenmerk der weiteren Ausführungen nicht auf diesen Aspekt gerichtet sein wird (Vowinckel 1979; Vowinckel 1983).

Bevor sich im Zuge einer schrittweisen Annäherung zu erkennen geben wird, welche Phänomene und welche Aspekte derselben den eigentlichen Schwerpunkt der Betrachtungen bilden, sei zunächst zumindest kurz erwähnt, worum es nicht - oder jedenfalls nicht ausführlich - gehen soll.

Unarten des Sehens - oder worum es nicht gehen soll

Der Beitrag wird nicht von Spionen oder Agenten handeln, also von jenen finsteren Gestalten des Zeitgeschehens, die selbst - häufig mit Videokameras, Ferngläsern oder sonstigen technischen Hilfsmitteln hochwertig ausgerüstet - systematisch observieren, deren wahre Identität zugleich aber für alle, in deren Gesichtskreis sie sich bewegen und deren Aufmerksamkeit sie mitunter gezielt erwecken wollen, völlig dunkel und unsichtbar bleibt. Zweifellos wäre eine eingehende soziologische Analyse der "Sozialgestalt" des Agenten oder gar des Doppelagenten, die vor allem das Spannungsverhältnis zwischen inneren Motiven und äußeren Handlungsweisen, einschließlich dem sichtbaren expressiven Verhalten, zu beleuchten hätte, durchaus erkenntnisfördernd und ergiebig. Ermöglichte sie doch, gewissermaßen anhand eines Grenzfalles betrachtet, eine kritische Auseinandersetzung mit rollentheoretischen Vorstellungen, mit normativen Fragen, mit Konzepten der sozialen Identität oder mit spezifischen Formen der strategischen Interaktion (Mead 1968; Goffman 1981).[1]

Auch geht es nicht um den "Voyeur", um jenen zwielichtigen Typ, der laut Fremdwörterbuch des Dudens "als heimlicher Zuschauer dem Liebesspiel od. Geschlechtsakt anderer beiwohnt u. sich auf diese Weise eine abartige Lustbefriedigung verschafft (Psychol., Med.)" (Duden 1971, S. 756). Dies, obgleich freimütig eingeräumt werden könnte, daß der Voyeurismus als eine in den verschiedenen Epochen und Kulturen anzutreffende Erscheinung, dessen wohl primitivste Spielart die heutigen Live- und Peep-Shows sind, nicht nur - wie der Duden dies insinuiert - ein psychologisches oder medizinisches Phänomen darstellt, sondern auch - gleich anderen "Metamorphosen der Sinnlichkeit" - ein durchaus seriöses historisches oder soziologisches Thema wäre (Ariès 1986; Solé 1979).

Der Beitrag wird auch nicht vom Fernsehen handeln, von jener heute weit verbreiteten Form des Sehens, die manchen Kulturkritikern als nicht minder abartig als der Voyeurismus gilt; bringt Fernsehen den Zuschauer doch - so zumindest in der Sichtweise der hellsichtigsten Kritiker - in eine völlig passive Rolle und liefert ihn - dazu auch noch unter der Bedingung völliger Freiwilligkeit - einer nahezu rückkopplungslosen Bild- und Informationsflut aus, so daß dem Untergang des kritischen Geistes und der elaborierten Kommunikationskultur, einschließlich des kritischen Perzeptionsvermögens, kaum noch etwas entgegenzustehen scheint (McLuhan 1968; McLuhan 1971; Postman 1983; Postman 1985; Eco 1984; Fröhlich 1988).

Auch auf die diversen marktgängigen Kombinationen von beidem, von Voyeurismus und Fernsehen, wie sie im heutigen mikroelektronisch revolutionierten Marktangebot der käuflichen Sexualität vorzufinden sind, will sich der Beitrag nicht näher einlassen, wenngleich auch diesem Betrachtungsgegenstand soziologische Reize sicherlich nicht abzusprechen sind und "Kulturkritikern" - als die

---

1 Im Hinblick auf die Umwälzungen in Osteuropa ließe sich gerade auch am Beispiel der Agenten, informellen Mitarbeiter und ähnlicher Gestalten fragen, welche Rollen- und Normenkonflikte und welche sozialen Identitätsprobleme der Niedergang identitätsstützender Herrschaftsinstitutionen und identitätsstiftender Überzeugungssysteme nach sich zieht. Und, etwas allgemeiner, welche Phänomene des Auftauchens und Abtauchens von Personen und sozialen Gruppen, der Selbststilisierung oder der Identitätsverdunkelung sich dabei erkennen lassen. Politische und soziale Umwälzungsprozesse sind, so ist zu vermuten, nicht nur mit der Neudefinierung einer Vielzahl von sozialen Positionen und mit sozialen Replazierungsvorgängen verbunden, sondern auch mit sichtbaren Veränderungen der das öffentliche Bild bestimmenden Personen- und Gruppenkonfigurationen und nicht zuletzt mit Veränderungen des dominanten Habitus.

sich zeitgenössische Soziologen nur allzu gern gerieren - ein solches Thema beste Chancen zur radikalsten Kritik an den medialisierten und kommerzialisierten interpersonalen Tauschbeziehungen böte.

Das Thema dieses Beitrages ist indes frei von solcher kulturkritischen Intention. Es versagt sich einer Variation jener grundsätzlichen Kritik an der Moderne, die von Marcuse oder Adorno so virtuos vorgetragen, in Medien und intellektuellen Milieus immer noch ihren deutlichen Nachklang hat und unmittelbare Resonanz und leichtfertigen Applaus findet (Marcuse 1970; Adorno 1975; Sterbling 1991a). Sehen, Gesehenwerden und Nichtgesehenwerden sollen, wenngleich bestimmte Verhaltensdilemmata, die sich aus den modernen sozialen Umgangs- und Verkehrsformen ergeben, durchaus gesehen werden, möglichst sachlich als wichtige Aspekte, Ausdrucksformen und Mechanismen des gesellschaftlichen Lebens und Zusammenlebens begriffen werden, die es als "soziologische Tatbestände" zunächst zu verstehen, nicht zu kritisieren gilt (Durkheim 1984; Weber 1988a).

Arten des Sehens, Gesehenwerdens, Nichtgesehenwerdens und ihr Platz im sozialen Schauspiel

Selbst wenn man entscheidende Zweifel an der Gültigkeit der allenfalls wissenschaftsgeschichtlich noch interessanten Sapir-Whorf-Hypothese hat und der Behauptung einer weitgehenden kulturellen Relativität von Kategorisierungs- und Wahrnehmungsprozessen aufgrund ihrer sprachlichen Determination nicht bis in extreme Positionen folgen mag, läßt sich doch nicht abstreiten, daß das Sehen im Wahrnehmungsvorgang stets von kognitiven und normativen, von kultur- und gesellschaftsabhängigen Selektionsprozessen begleitet und mitbestimmt ist (Sapir 1961; Whorf 1978). Dies gilt zumindest in gleichem Maße auch für die Personenwahrnehmung (Sterbling 1981; Irle 1975, S. 118 ff.) - und wohl auch für das Sehen und Gesehenwerden als Gesten- und Mienenspiel, wenngleich deren Verankerung im natürlichen Verhaltensrepertoire keineswegs bestritten werden soll (Vowinckel 1990). Was an Personen und wie wahrgenommen, was gesehen und was übersehen wird, was Aufmerksamkeit erregt oder völlig indifferent erscheint, welche Rückschlüsse von dem Gesehenen auf die wahrgenommene Person, ihre Persönlichkeitsmerkmale oder ihren sozialen Status erfolgen, in welche Sympathiewerte und Wertschätzungen oder soziale Distanz und Geringschätzungen sich dies umsetzt, all dies und vieles mehr ist - neben anderen Faktoren -

vom kulturellen Universum und dem sozialen Standort des Wahrnehmenden und Wahrgenommenen abhängig. Dabei läßt sich - bei allen sonstigen Variationen - in einem ganz elementaren Sinne feststellen, daß die Aufmerksamkeit, die einer Person zuteil wird, und die Empathie und das Differenzierungsvermögen, die den Wahrnehmungsvorgang begleiten, nicht zuletzt in der Art der möglichen oder tatsächlichen sozialen Beziehung zwischen Sehendem und Gesehenem begründet sind. Das heißt: Sehen und - komplementär dazu - Gesehenwerden, auch Gesehenwerdenwollen und Nichtgesehenwerden, drücken als spezifische Verhaltensmuster und Erwartungshaltungen mithin den Grad der Verbundenheit oder Abhängigkeit zwischen Personen aus, wobei die Beziehungen und Interessen, die Personen miteinander verbinden und einseitig oder wechselseitig zum Gegenstand intensiven Sehens und Beobachtens machen - das Beispiel des Agenten mag dies schlagartig beleuchten -, sehr vielfältig und gelegentlich auch höchst dubiös sein können.

Die Arten des Sehens und Gesehenwerdens, wie sie in sozialen Interaktionsprozessen in Erscheinung treten, sind nicht nur Ausdruck, sie sind auch - und dieser Sachverhalt sei besonders hervorgehoben - Konstitutions- oder Konsolidierungsmomente der zwischen den Akteuren angestrebten oder bestehenden sozialen Beziehungen. Sie bringen zunächst soziale Nähe oder Fremdheit zum Ausdruck, auf deren elementare soziale Bedeutung Simmel nachdrücklich hingewiesen hat (Simmel 1968). Sehen und Gesehenwerden sind aber auch unmittelbar in Prozesse der sozialen Kontrolle eingebunden, sie sind Entäußerungsformen von Sozialprestige und sonstigen sozialen Geltungsansprüchen des Individuums und tragen als solche zugleich zur Reproduktion struktureller Aspekte sozialer Beziehungen bei. Darauf wird noch näher einzugehen sein.

Gesehenwerdenwollen ist vor allem - diesem Gesichtspunkt soll jedenfalls das Hauptaugenmerk gelten - durch spezifische Geltungs- und Autoritätsbedürfnisse im Rahmen feststehender oder angestrebter sozialer Beziehungen motiviert. Es hat in der zumeist mit Frustrationen verbundenen sozialen Erfahrung des Nichtgesehenwerdens, im intentionalen Übersehenwerden durch den anderen, von dem man gesehen werden könnte und möchte, aber übersehen wird, eine gegenläufige "strategische" Verhaltensfigur. Diese zielt nicht zuletzt auf die Aufrechterhaltung von sozialer Distanz ab.

Sehen, Gesehenwerdenwollen und Nichtgesehenwerden, die in ihrer Einbindung in Interaktionsprozesse oftmals weitgehend konventionalisiert sind, tragen generell zur Aufrechterhaltung von sozialen Beziehungen und im Besonderen zur Aktualisierung von Autoritätsbindungen bei. Ihre Erscheinungsformen sind vielfältig und nuancenreich. Sie sind nicht nur situations- und konstellationsspezifisch, sondern auch historisch und gesellschaftsstrukturell, sozialmilieu- und kulturspezifisch variabel. Diese Variabilität steht im Zusammenhang mit dem Wandel der Vergemeinschaftungs- und Vergesellschaftungsformen, der sozialen Interaktionskreise, Interessenlagen und Machtbeziehungen, der kulturell überformten Verhaltensmuster und Lebensweisen, und sie ergibt sich insbesondere aus der Veränderung der Autoritätsbedürfnisse und den Notwendigkeiten und Formen der sozialen Distanzierung (Popitz 1987; Mannheim 1932; Elias 1976; Messelken 1989).[2]

Das letztlich im Mittelpunkt der Betrachtungen stehende Sehen und Nichtgesehenwerden als spezifisches Zusammenspiel von Erwartungen, expressivem Verhalten und intentional unterlassenen Reaktionen in sozialen Interaktionsprozessen ist ein Phänomen, das in der modernen Gegenwartsgesellschaft häufiger als in traditionalen Gesellschaften aufzutreten scheint. Betrachtet man dieses asymmetrische Interaktionsmuster allerdings unter dem Blickwinkel des Wandels der Autoritätsbedürfnisse und der Erfordernisse und Strategien der sozialen Distanzierung, so relativiert sich die heute ausgesprochen modische Interpretation, darin gleich eine pathologische Erscheinungsform der Moderne zu sehen, als deren Grundzüge - aus kritischer Sicht - Anonymität und Flüchtigkeit, die Verdrängung der Lebenswelt durch Systemhaftigkeit oder die Auflösung der Öffentlichkeit durch übertriebene Intimitätsanforderungen in den sozialen Beziehungen gelten (Habermas 1981; Habermas 1985; Sennett 1986). Denn auch unter modernen Gegebenheiten finden soziale Geltungs- und Autoritätsbedürfnisse, die im Gesehenwerdenwollen eine elementare Ausdrucksform haben, in der Regel ganz selbstverständlich ihre Erwiderung durch andere Menschen, an die sich entsprechende Ansinnen richten. Es wird in diesem Prozeß der sozialen Selbstvergewisserung allerdings auch deutlich, daß vom modernen Menschen weitaus mehr Verhaltenselastizität und Empathie als vom traditionalen Menschen erwartet wird (Lerner 1958; Sterbling 1987, S. 247ff.). Unter den Bedingungen moderner Gesellschaften sind die Autoritätsbedürfnisse des Menschen differenzierter, sie kennen überaus unterschiedliche Geltungsdimensionen, Autoritätsinstanzen und

---

2 Auf die tiefgründigen Zusammenhänge, die etwa zwischen Machtrelationen und "Sehweisen" - im unmittelbaren wie im übertragenen Sinn des Wortes - bestehen, hat Messelken sehr anschaulich anhand elementarer Konfigurationen hingewiesen. Wie sich mit dem Auftreten des dritten Darstellers im antiken Schauspiel ein ganz neues dramatisches Spiel und damit auch eine gewandelte "Sehweise" und Rolle des Publikums ergibt, ergeben sich analoge Verschiebungen in den Machtrelationen beim Übergang vom Zwei-Rollen-Spiel zum Drei-Rollen-Spiel (Messelken 1989).

Schauplätze, zwischen denen eine gewisse Austauschbarkeit und Wählbarkeit besteht. Dies wirkt sich zunächst entlastend aus. Es ist aber auch insofern belastend, als es vielfach zu Entscheidungen zwischen Wahlmöglichkeiten zwingt und einen flexiblen, einen geradezu opportunistischen Umgang mit Strategien der sozialen Distanzierung, zu denen nicht zuletzt das Übersehen - natürlich auch das Verkraften des Nichtgesehenwerdens - zählt, erforderlich macht. Denn soziale Nähe und Distanz erscheinen weniger denn je im voraus festgelegt.

Sehen, Gesehenwerden, Nichtgesehenwerden und soziale Kontrolle

Sehen und Gesehenwerden sind - auch ganz unabhängig von weitergehenden Handlungen oder Kommunikationsvorgängen - ein wichtiges Medium der sozialen Kontrolle. Dies klingt schon im Wort "Aufsicht" an, das vielfach nichts anderes als durch Sehen ausgeübte Handlungskontrollen meint. Sehen und Gesehenwerden sind natürlich in verschiedenster Weise in die Prozesse der sozialen Kontrolle einbezogen, kennt das Phänomen der sozialen Kontrolle doch schon für sich genommen eine große historische und soziale Variabilität.

Dies gilt vor allem, wenn man den Begriff der "sozialen Kontrolle" nicht auf den Aspekt der Konformitätserzwingung verengt, sondern ihn in seinem ursprünglichen Sinn, in dem soziale Kontrolle "einen Grundbegriff für die Analyse des sozialen Wandels und der Entwicklung der modernen Gesellschaft" darstellte, aufnimmt (Janowitz 1973, S. 499). Als solcher bezieht er sich "auf die Fähigkeit einer Gesellschaft, sich nach den erwünschten Prinzipien und Werten selbst zu regulieren" (Janowitz 1973, S. 500), wobei es Aufgabe der soziologischen Analyse ist, im einzelnen herauszuarbeiten, welche äußeren Zwänge oder Formen der Selbstkontrolle, welche Institutionen oder sozialen Bindungen, welche Kontrollmedien oder Überzeugungssysteme die Handlungskoordinationen und die Selbstregulierung einer Gesellschaft leisten. Tönnies' Begriffspaar "Gemeinschaft und Gesellschaft", Durkheims "mechanische und organische Solidarität" oder Cooleys "Primär- und Sekundärgruppen" sind ganz allgemeine Konzepte, unterschiedliche Koordinations- und Regulationsprinzipien sozialer Beziehungen vornehmlich unter dem Gesichtspunkt der vorherrschenden Art der sozialen Kontrolle zu erfassen (Tönnies 1972; Durkheim 1977; Cooley 1909).

Diese oder ähnliche Dichotomien, die sich selbst teilweise ausdrücklich als idealtypische Konstruktionen verstehen, enthalten sicherlich wichtige Hinweise auf die historische und soziale Variabilität der Erscheinungsformen sozialer Kontrolle. Zu Recht ist allerdings betont worden, daß sie nicht als geschlossene und einander ausschließende Systeme aufgefaßt werden dürfen (Bendix 1968; Sterbling 1989a; Janowitz 1973, S. 500f.). Ebenso muß ihre evolutionistische Interpretation im Sinne einer sukzessiven Verdrängung oder Ablösung rudimentärer durch subtilere Formen der sozialen Kontrolle, direkter durch indirekte, emotionaler durch rationale oder repressiver durch weniger repressive zurückgewiesen werden. Gerade wenn man die Rolle des Sehens und Gesehenwerdens im Prozeß der sozialen Kontrolle betrachtet, wird deutlich, daß die für die abendländische Entwicklung sicherlich sehr wichtigen Prozesse zunehmender Selbstkontrolle und bürokratischer Rationalisierung bloß Teilaspekte gesamtgesellschaftlicher Transformationen sind (Elias 1976; Weber 1976; Weber 1988b). Sie bringen weder elementare und ursprüngliche Formen der sozialen Kontrolle, noch entsprechende soziale Bindungen und Autoritätsbedürfnisse völlig zum Verschwinden, sondern relativieren und modifizieren diese oftmals lediglich durch neu hinzutretende Elemente. Somit ist stets eine differenzierte Analyse der spezifischen Ausprägungsformen der sozialen Kontrolle im Zusammenhang mit den strukturbestimmenden Vergemeinschaftungs- und Vergesellschaftungsformen und den politischen Herrschaftsstrukturen geboten (Sterbling 1992).

Der Wachtturm, dessen betongegossene monströse zeitgenössische Erscheinungsform an der ehemaligen innerdeutschen Grenze heute da und dort zu besichtigen ist, war hier noch vor kurzer Zeit, wie an vielen anderen Orten früher und heute, ein Bestandteil bedrückendster sozialer Kontrolle. Einer sozialen Kontrolle, die in der Hauptsache durch Sehen, durch systematische Beobachtung, ausgeübt, in einem ganz unmittelbaren, physischen Sinne für die Aufrechterhaltung der eingeschränkten Bewegungsfreiheit von Menschen sorgte.[3] Natürlich ist es nicht das Gesehenwerdenkönnen an sich, sondern die Gefahr der möglicherweise tödlichen Anschlußhandlungen, die dem Sehen und Gesehenwerden in solchen Fällen einen so repressiven Charakter verleiht. Die unmittelbare Gefahr und Angst geht aber vom Gesehenwerdenkönnen aus. Es ist keineswegs zufällig, daß Fluchtversuche in der Regel nachts, in der Tarnung der Dunkelheit, oder in anderen Situationen, in denen man mit einer nachlassenden Aufmerksamkeit der Bewacher rechnet, durchgeführt werden. Denn man kann sich solcher sozialen Kontrolle, die die physische Bewegungsfreiheit einschränkt, überhaupt nur entziehen, wenn man sich dem Gesehenwerden entziehen kann. Welche psychische Wir-

3 Wachttürme haben natürlich auch die Funktion der Beobachtung und Abwehr äußerer Gefahren.

kung und handlungsbestimmende Macht allein schon in der Gefahr des Gesehenwerdenkönnens liegt, läßt sich daran ermessen, daß unter bestimmten Umständen schon die Existenz von Wachttürmen selbst, auch wenn man nicht genau weiß, ob sie überhaupt besetzt sind oder nicht, nahezu pathologisch vorsichtiges Verhalten erzwingen kann.[4]

Selbstverständlich sind Sehen und Gesehenwerden nicht nur in so repressiver Form in die Prozesse der sozialen Kontrolle einbezogen, sondern auch in ganz alltäglicher und nahezu völlig unauffälliger Weise. So wird in einer mitteleuropäischen katholischen Dorfgemeinschaft vor einigen Jahrzehnten, mancherorts sicherlich auch heute noch, der sonntägliche Kirchgang auch für religiös wenig glaubensfeste Menschen ebenso selbstverständlich gewesen sein wie die alters- oder standesgemäße Sonntagsbekleidung oder die Vermeidung von Sonntagsarbeit vor den Augen des Nachbarn. Dies hat sicherlich mit dem hohen Stellenwert des Sehens und Gesehenwerdens als Stabilisierungsmoment der Gemeinschaftsbindungen und als subtile Form der sozialen Kontrolle zu tun.

Gerade dort, wo räumliche Überschaubarkeit, wo enge und regelmäßige soziale Beziehungen oder starke Gemeinschaftsbindungen das Sehen und Gesehenwerden zum Medium einer dichten sozialen Kontrolle mit hohen äußerlichen Konformitätsanforderungen werden lassen, erscheint das Individuum paradoxerweise existentiell geschützter als dort, wo es stärker auf sich allein gestellt ist (Durkheim 1967). Auch hat es den Anschein, als ob dort, wo Sehen und Gesehenwerden, fest in die Lebensgewohnheiten eingebunden, den Prozeß der sozialen Kontrolle maßgeblich bestimmen, der Einsatz oder die Notwendigkeit des Einsatzes extrem repressiver Sanktionsmittel geringer wäre. Hierzu ergeben sich sicherlich viele Anschlußfragen, die hier allerdings nur angedeutet werden können. So ist zu fragen, welche Rolle Sehen und Gesehenwerden, einschließlich der heute möglichen elektronischen Überwachung, im Prozeß der sozialen Kontrolle in den verschiedenen "totalen Institutionen" spielen. Oder es kann gefragt werden, welche Zusammenhänge zwischen der Lockerung der auf unmittelbarer sozialer Beteiligung - und nicht zuletzt auf Sehen und Gesehenwerden - beruhenden sozialen Kontrolle, der Herausbildung der vor fremden Blicken gewissermaßen

4 Viele Grenzflüchtlinge aus den ehemals mit Minenfeldern und Stacheldraht und unter Schußwaffengebrauch bewachten Ländern Osteuropas, in denen in vielen Fällen noch vor kurzem sehr restriktive Ausreisebestimmungen galten, bestätigen - und so findet sich dies auch in literarischen Arbeiten eindrucksvoll dargestellt -, daß Grenzanlagen bei ihnen, selbst wenn sie schon lange im Westen leben, einen geradezu traumatischen Eindruck erwecken (Schlesak 1970; Wagner 1990; Sterbling 1991e).

geschützten familienzentrierten Privatsphäre und der Ausbreitung der "Sozialisationsorganisationen", der Anstalten zur planmäßigen und systematischen Konformitätserzeugung und Konformitätserzwingung, bestehen (Plake 1981; Ariès 1979). Im engen Zusammenhang damit steht die Frage, welche Bedeutung Sehen, Nachahmen des Gesehenen und Gesehenwerden bei Nachahmen des Gesehenen bzw. Abschottung und Internierung im Sozialisationsprozeß zukommt.

Das Gesagte und die daran anschließenden Fragen könnten möglicherweise den ungewollten Eindruck erwecken, daß hier, statt der moderner erscheinenden gesellschaftsutopischen Vorstellung eines konsensschaffenden "kommunikativen Handelns" (Habermas 1981; Weiß 1983), nur der älteren sozialromantischen Utopie von einer sanfteren sozialen Kontrolle unter überschaubaren sozialen Verhältnissen das Wort geredet würde. Um diesem Eindruck zu entgegnen, sei nur darauf hingewiesen, wie schwierig es unter den Bedingungen einer durch permanentes Sehen und Gesehenwerden integrierten Gesellschaft erscheint, individuellen Bedürfnissen und Neigungen zu folgen. Ganz zutreffend hat Simmel herausgearbeitet, daß eine Vielzahl von Gruppenmitgliedschaften, wie sie in der modernen Gesellschaft möglich und gefordert ist, keineswegs den Verlust von Individualität bedeutet, sondern diese erst ermöglicht (Simmel 1968, S. 305ff.; Janowitz 1973, S. 504). Denn durch verschiedene Gruppenmitgliedschaften werden erst unterschiedliche Seiten des Individuums sichtbar und wird der Zwang zur Unterwerfung unter die Konformitätserwartungen und die Kontrolle einer einzigen Gruppe gebrochen.

Gesehenwerden und Sozialprestige

Sehen und Gesehenwerden sind nicht nur als Medien der sozialen Kontrolle in die sozialen Interaktionsprozesse einbezogen, sie sind auch wichtigen Äußerungs- und Darstellungsformen des Sozialprestiges unmittelbar verbunden. Das Gesehenwerden bietet Chancen, sich selbst und die soziale Bedeutung, die man hat oder zu haben glaubt - oder die zu haben man die anderen glauben machen möchte -, nach außen hin darzustellen, um die Aufmerksamkeit, den Respekt oder die Ehrerbietung, die diese erwarten läßt, als Bestätigung und Selbstbestätigung zu erfahren. In einem noch elementareren Sinn ist das Gesehenwerden eine wichtige Möglichkeit, sich seiner Zugehörigkeit zu einer Gruppe oder sich seiner sozialen Stellung zu vergewissern.

So haben die Landestracht oder die Berufskleidung, in denen man den Anderen, auch den Fremden, entgegentritt, nicht zuletzt die Funktion zu signalisieren, wo man herkommt und wer man ist. Gottfried Kellers "Kleider machen Leute" verdeutlicht, wie bedeutsam die Rückschlüsse und wie weitreichend die Handlungsfolgen eines bestimmten Gesehenwerdens sein können. Und wenn sich Erich Kästner darüber lustig macht - oder war es gar Tucholsky -, mit welchem Respekt dem Erscheinen einer Uniform, und sei es nur die des Schaffners, im preußischen Deutschland begegnet wurde, zeigt auch dies, wie wichtig schon allein die Kleidung im sozialen Prozeß des Gesehenwerdens ist. Die Kleidung, in der man in Erscheinung tritt, natürlich auch das mehr oder weniger manipulierte Aussehen, von der Frisur über Tätowierungen bis zu den Fingernägeln, selbstverständlich auch die Accessoires, von der Maus im Ärmel über die Kreditkartensammlung im Portemonnaie bis zum Porsche, fungieren als Kommunikationshilfen zur raschen sozialen Identifikation und Assoziation (Sennett 1983; Bovenschen 1986; Plake 1992). Sie können schnell, vor allem im Umgang mit Fremden, zu folgenreichen Weichenstellungen im Hinblick auf Sympathieneigungen oder Wertschätzungen führen.[5] Die schicksalhafte Bedeutung des ersten Eindrucks ist nicht nur aus der Liebe und modernen Liebesehe - oder zumindest aus herzergreifenden Liebesfilmen - bekannt. Mittlerweile weiß fast schon jeder Bewerber um eine Arbeitsstelle - sei es um die eines Models oder die eines Nachtwächters -, daß man auf die Kleidung und das Aussehen tunlichst zu achten habe.

Sehen und Gesehenwerden spielen durchaus auch eine tief in die Gesellschaftsstrukturen hineinwirkende Rolle im sozialen Schauspiel: Sie tragen - in ihrem engen Zusammenhang mit spezifischen Formen der Lebensführung und des Güterkonsums (Weber 1976, S. 531ff.) - zur Verfestigung von gesellschaftlichen Schranken und Prestigegrenzen bei. Mit großem Scharfsinn und beißender Ironie hat beispielsweise Veblen geschildert, in wie vielen grotesken Formen und in welch unbequemen Konsumnormen sich der zur Schau gestellte Müßiggang und die "demonstrative Verschwendung" der "feinen Leute" seiner Zeit äußerten (Veblen 1986). Dabei kommt dem demonstrativen Müßiggang und dem verschwenderischen Konsum der "leisure class" vor allem die Funktion zu, die pri-

---

5 Es wäre eine eigene Studie wert, die Rolle von Aufschriften, Firmenemblemen und Markenzeichen auf Kleidern und Gebrauchsgegenständen jeglicher Art, wie auch die "kommunikative" Bedeutung von Aufklebern, zu untersuchen. Sind - letztere zumal - doch Botschaftsträger, die, von Parteizuneigungen bis zu Freizeithobbys, von lokalpatriotischen Gefühlen bis zu pazifistischen Überzeugungen, von religiösen Glaubensbekenntnissen bis zu sexuellen Frivolitäten, nahezu jede noch so persönliche Konfession für jeden sichtbar kundtun.

vilegierte Lebenssituation und den Reichtum dieser Klasse nach außen hin sichtbar zu machen. Die Funktion also, Besitz sichtbar zur Geltung zu bringen, um eine entsprechende soziale Anerkennung zu finden. Eine ähnliche Rolle spielen natürlich auch heutige Statussymbole. Statussymbole wirken trivialerweise aber nur als solche, wenn sie zur Schau gestellt werden, wenn sie in den Prozeß des Sehens und Gesehenwerdens eingebunden sind.

Im Gegensatz zu der Wirkung, die durch demonstrativen Konsum oder Statussymbole angestrebt wird, erscheint es unter bestimmten politischen Umständen oder in gewissen sozialen Situationen - etwa wenn egalitäre Ideologien vorherrschen oder aggressiver Sozialneid zu erwarten ist - allerdings durchaus opportun, den Wohlstand und die Privilegien, über die man tatsächlich verfügt, gerade nicht zu zeigen, sondern diese in der Öffentlichkeit tunlichst hinter einer Fassade betont uniformer Bescheidenheit zu verbergen. Der Proletkult, hinter dem sich die Besitz- und Konsumprivilegien der kommunistischen Funktionäre vor den Blicken der "Arbeiterklasse" versteckten, ist dafür ein beredtes Beispiel (Sterbling 1989b; Sterbling 1989c; Sterbling 1989d; Strebling 1991b).

Macht Veblen insbesondere die eigentlich nur grob umstilisierten und dem Zeitgeschmack anverwandelten "archaischen Züge" im demonstrativen Konsumverhalten seiner wohlhabenden Zeitgenossen sichtbar, so lenkt Bourdieu den Blick vor allem auf die diskreten, die "feinen Unterschiede", die dem "Habitus" eine so zentrale Bedeutung im sozialen Leben, vornehmlich in den Prozessen der sozialen Differenzierung und Distanzierung, geben (Bourdieu 1982). Das Exklusivität und soziale Distanz erzeugende Raffinement der feinen Unterschiede liegt nicht zuletzt darin, daß diese sehr subtil geäußert, oftmals nur für diejenigen erkennbar sind, die auch dazugehören. Nicht nur die habituelle Beherrschung, sondern auch das Entschlüsselungsvermögen des diskreten habituellen Codes wird so zu einem entscheidenden Selektionskriterium der Dazugehörigkeit.

Dem selbstverständlichen Dazugehören- und sich zugleich doch auch Unterscheidenwollen kommt in der Mode, dem modernen Epiphänomen des Sehens und Gesehenwerdens, offenbar eine zentrale Bedeutung zu. Die Mode bringt "den Egalisierungs- und den Individualisierungstrieb, den Reiz der Nachahmung und den der Auszeichnung zugleich zum Ausdruck" (Simmel 1986, S. 193) und folgt damit den sozialen Tendenzen, die die Moderne schlechthin bestimmen. "Die Mode ist auch nur eine der Formen, durch die die Menschen, indem sie das Äußere der Versklavung durch die Allgemeinheit preisgeben, die innere Freiheit um so vollständiger retten wollen" (Simmel 1986, S. 198). Das Sehen und Gesehenwerden, das sich in der Mode äußert, spiegelt zwei wesentliche Tendenzen der Vergesellschaftung in der Moderne: die Tendenz zur Egalisierung und Nivellierung im Zuge eines fortschreitenden Prozesses der Fundamentaldemokratisierung und die Tendenz zur Individualisierung, die mit den Werten der Selbstentfaltung, Selbstverwirklichung und Selbstdarstellung unmittelbar verbunden ist (Beck 1983).

Gesehenwerdenwollen und der Wandel der Autoritätsbedürfnisse

Wenn Simmel im Hinblick auf das Phänomen der Mode, bei dem sich Sehen, Gesehenwerden und Gesehenwerdenwollen in einer ganz eigentümlichen Weise äußern, feststellt:

> "Wo von den beiden sozialen Tendenzen, die zur Bildung der Mode zusammenkommen müssen, nämlich dem Bedürfnis des Zusammenschlusses einerseits und dem Bedürfnis der Absonderung andererseits, auch nur eines fehlt, wird die Bildung der Mode ausbleiben, wird ihr Reich enden" (Simmel 1986, S. 185).

läßt sich dies zu der allgemeineren Frage nach den "sozialen Tendenzen" und "Bedürfnissen", die das Gesehenwerdenwollen überhaupt begründen, erweitern. Daran schließt die Frage unmittelbar an, ob es sich hierbei um gleichbleibende oder sich wandelnde Bedürfnisse handelt. Die folgende Antwort auf diese Fragen zielt darauf ab, "Autoritätsbedürfnisse", Anerkennungsbedürfnisse, soziale Geltungsbedürfnisse und deren Wandel als zentrale Beweggründe des sozialen Gesehenwerdenwollens herauszuarbeiten. Dies soll vor allem in Anlehnung an entsprechende Ausführungen von Popitz geschehen, in denen sich die Problematik der "Autoritätsbedürfnisse" in systematischer Weise behandelt findet (Popitz 1987; Popitz 1986).

Ebenso wie es sich beim Sehen und Gesehenwerden im Rahmen einer sozialen Beziehung in der Regel um einen reflexiven Vorgang handelt - über die Ausnahme des Sehens und Nichtgesehenwerdens wird noch zu sprechen sein -, bedeutet auch Autorität stets eine "doppelte Anerkennung": die Anerkennung und Wertschätzung des Autoritätsinhabers, aber auch die Achtung und Anerkennung der Autoritätsabhängigen durch diesen. In Autoritätsbeziehungen ist das Streben nach Achtung durch die Autoritätsinstanz, die man in ihrer allgemeinen oder besonderen Überlegenheit anerkennt, ein zentrales Unterordnungsmotiv, das in der sozialen Natur des Menschen selbst verankert erscheint.

> "Selbstwertgefühl, Selbstanerkennung - ein zwingend mit dem menschlichen Selbstbewußtsein verknüpftes Problem - braucht soziale Validierung, braucht einen Außenhalt, braucht

Bestätigung durch andere. (...) Unser Selbstgefühl ist gefesselt an ihre Anerkennung und Anerkennungsentzüge" (Popitz 1987, S. 633).

In traditionalen Gesellschaften ist die "positionsgebundene Autorität", die den Wechsel einzelner Personen als Positionsinhaber schadlos überdauert, vorherrschend. Ihre Quellen sind religiöser oder "generativer" Natur und haben die Erfahrung "menschlicher Ohnmacht" angesichts "göttlicher Allmacht" und die "unermeßliche Überlegenheit der Eltern über das Kind" als Grundlage (Popitz 1987, S. 634f.). Unter modernen Gegebenheiten, unter denen persönliche Beziehungen "relativ frei wählbar und relativ frei kündbar sind", hat die "persönliche Autorität" ein weit stärkeres Gewicht (Popitz 1987, S. 636). Sie hat die Anerkennung der Überlegenheit einer Person, der besondere Qualitäten oder Fähigkeiten zugerechnet werden, und die Bindung an diese zur Grundlage, wobei diese "Gebundenheit eines Menschen an das, was ein anderer tut oder unterläßt" (Popitz 1986, S. 11), nicht zuletzt darauf abzielt, durch diese Anerkennung eigene Achtung und soziale Geltung zu erfahren. Das Anerkennungsstreben muß allerdings nicht notwendigerweise oder ausschließlich auf eine Person oder Position gerichtet sein. Es kann sich ebenso auf Kollektive oder kollektive Akteure beziehen, wobei die so zustandekommende Anerkennung der Überlegenheit der Gruppe oder des Publikums, von der sich das Einzelindividuum seine eigene Anerkennung verspricht und ableitet, die Grundlage von "Gruppenautorität" oder "Publikumsautorität" bildet (Popitz 1987, S. 636).

Die verschiedenen "Anerkennungsbedürfnisse" lassen sich nach Popitz zu unterschiedlichen Typen, die er "Typen *sozialer Subjektivität*" nennt, zusammenfassen.

> "Der Begriff bezeichnet die typische Verknüpfung, die dem Autoritätsphänomen zugrunde liegt, die Verknüpfung des "Subjektiven" und des "Sozialen", der Subjekthaftigkeit jedes sozialen Akteurs - seine Bezogenheit auf die Singularität seiner Existenz - und der konstitutiven Angewiesenheit seiner Subjektivität auf den Außenhalt sozialer Bestätigung" (Popitz 1987, S. 637).

Das Bedürfnis der Anerkennung "als *Zugehöriger* zu einer Gruppe" oder zu einem Kollektiv, sei dieses eine Horde, eine Sippe, ein Stamm, ein Staat oder eine Kirche, liegt dem *ersten Typus* sozialer Subjektivität zu Grunde. "Anerkanntsein zielt hier auf ein Sein wie andere, ein Gleichsein als Mit-Gliedsein, als Mit-Drinsein" (Popitz 1987 S. 637f.). Die Anerkennung solcher Zugehörigkeit wird in manchen Fällen von einzelnen, hervorgehobenen oder zufälligen Repräsentanten des Kollektivs, in anderen Fällen von allen Gruppenmitgliedern erwartet und vermittelt. In Gruppen, in denen die Geltung des einzelnen Gruppenmitglieds von der Anerkennung und fortlaufenden Bestätigung durch alle anderen Gruppenmitglieder abhängt, "die im Zeichen solcher Gruppenautorität stehen, ist die soziale Kontrolle allgegenwärtig" (Popitz 1987, S. 638). In solchen sozialen Bindungen und Vergemeinschaftungsformen kommt dem Sehen und Gesehenwerden als Medium der sozialen Kontrolle oftmals eine zentrale Bedeutung zu.

Die "Anerkennung in einer *zugeschriebenen Rolle*", etwa des Alters, des Geschlechts, der Abstammung oder des sozialen Ranges, wird als *zweiter Typus* sozialer Subjektivität betrachtet (Popitz 1987, S. 639). Die mit der Anerkennung in einer zugeschriebenen Rolle verbundenen sozialen Geltungsbedürfnisse haben im Hinblick auf die Vorgänge des Sehens und Gesehenwerdens ihren deutlich sichtbaren Ausdruck, wenngleich festzustellen ist, daß die ausdrückliche Betonung askriptiver Rollenmerkmale, zumindest tendenziell, abzunehmen scheint. Werden Geschlechtszugehörigkeit, Altersphasen, Familienstatus, Abstammung und sozialer Rang in traditionalen Gesellschaften signifikant durch Haartracht, Kleidung und äußere Insignien angezeigt - und finden als solche Äußerlichkeiten schon eine entsprechende Anerkennung und den konventionell geforderten Respekt -, so ist unserer Zeit eigen, geschlechtsspezifische, aber auch altersbedingte Unterschiede durch Angleichungen in Haarschnitt und Kleidung, Lebensweise und Selbstdarstellung möglichst unscheinbar werden zu lassen. So haben Frauen oftmals nicht nur Hosen und betont männliche Kleidungsstücke an, sondern tragen das Haar mitunter auch gleich dem der Männer. Andererseits ist schon länger - und sicherlich nicht einmalig in der Geschichte - auch eine Feminisierung der Männermode im Gange, die bis hin zu Accessoires und zum Schminken geht (Bovenschen 1986). Auch das ergraute Haar, das ehedem als Würde des Alters galt, wird heute zwecks Erreichung von optischen Verjüngerungseffekten häufig manipuliert. Zugleich wird es keineswegs als seltsam oder anstößig empfunden, wenn gerade über das Pubertätsalter gekommene Teenager sich partout graue Strähnen einfärben oder als greisenhaft wirkende Glatzköpfe auftreten. Und wenn der Adel heute sich selbst und seine Insignien zur Schau stellt, ist dies in erster Linie ein Spektakel der oder für die Massenmedien. Der Anerkennungseffekt, der damit erreicht wird, ist zumindest ironisch gebrochen, was nicht selten antizipiert oder geradezu gewollt wird (Girtler 1989).

Mit dem Emanzipationsprozeß, mit der tendenziellen Entstrukturierung der Phasen des Lebensalters (Mayer 1990) und dem Bedeutungsrückgang des Senioritätsprinzips, mit der abnehmenden Relevanz der sozialen Herkunft, mit dem mancherorts vollständigen, andernorts eher zögerlichen Abgang des Adels von der politischen Bühne verlieren askriptive Rollen nicht nur in ihrer sozialen Bedeutung an Gewicht. Es schwinden offenbar auch ihre äußerlich sichtbaren, konventionellen Anzeichen. Aber, wie die Rückkehr des Schleiers in vielen islamischen Ländern, der keineswegs vereinzelte Ruf nach der Wiederherstellung der Monarchie in den ehemals sozialistischen Staaten Osteuropas, auch die zunehmende Bedeutung von ethnischen und sozialen Herkunftsindizien auf unseren Wohnungs- und Arbeitsmärkten zeigen, handelt es sich dabei keineswegs um einen irreversiblen Prozeß. Mit Tendenzen der Retraditionalisierung, mit erneuten Verschiebungen im Verhältnis von erworbenen und zugeschriebenen Rollen, die zu einer stärkeren Aufwertung letzterer führen, sollte zumindest gerechnet werden (Esser 1988; Sterbling 1991c; Sterbling 1991d).

Wie auch immer sich die Dinge im einzelnen darstellen und entwickeln werden, eines läßt sich im Sinne der hier angestellten Überlegungen zum Sehen und Gesehenwerden wohl mit einiger Sicherheit sagen: Die relative Zu- oder Abnahme der sozialen Bedeutung askriptiver Rollen oder Rollenmerkmale findet auch und gerade im Prozeß des Sehens und Gesehenwerdens seinen offenkundigen Niederschlag. Daher können optische Betonungen oder Verwischungen von askriptiven Rollenmerkmalen, ganz unabhängig, ob es solche des Geschlechts, des Alters, der regionalen Herkunft, der Rasse oder der ethnischen Zugehörigkeit sind, als keineswegs eindeutige, aber doch jedenfalls sehr hinweisreiche Indikatoren sozialer Selbstverständnisse und struktureller Entwicklungsprozesse interpretiert werden.

Den *dritten Typus* sozialer Subjektivität bildet nach Popitz das "Streben nach Anerkennung in einer *erworbenen Rolle*, vor allem einer erworbenen "Berufs"-Rolle" (Popitz 1987, S. 639). Im industriellen Zeitalter kommt es nicht nur zu einer starken Zentrierung des Gesellschaftslebens um die Arbeit und zur Dominanz des berufsbestimmten Persönlichkeitstypus (Sterbling 1990b, S. 24). Auch die berufs- und leistungsbezogenen Autoritätsbedürfnisse haben hier - zumindest unter marktwirtschaftlichen Verhältnissen - eine unvergleichbare Bedeutung. Die Bestätigung beruflicher Qualifikationen und Leistungen spielt im Streben nach sozialer Geltung und Anerkennung des Individuums, im Prozeß der Statuszuweisung sowie in nahezu allen sozialen Verteilungsprozessen, eine hervorragende Rolle (Lepsius 1979). Wenngleich die Bestrebungen nach Anerkennung in den erworbenen Berufsrollen sich vor allem auf Kommunikations- und Entscheidungsprozesse konzentrieren, haben doch auch vorwiegend symbolische und visuelle Ausdrucksformen des Berufs- und Hierarchiestatus, wie etwa hierarchisch zugeteilte Parkplatznutzungsrechte oder Telephonnummern oder die keineswegs nach dem Zufallsprinzip vergebenen besonderen Autonummern, einen nicht völlig zu übersehenden - und in seiner Relevanz auch sehr wohl gesehenen und beachteten - Stellenwert.

Die Berufskleidung, an der man den Schornsteinfeger, Schaffner oder Briefträger sofort mit Leichtigkeit erkennt, vermittelt dem Fremden ohne umständliche Erklärungen die Information, daß es sich um eine in der Berufsausübung begriffene Person handelt, an die man sich wenden kann, die man aber auch in ihren besonderen Befugnissen anzuerkennen hat. Daß die Berufskleidung oftmals auch eine eindeutige Identifikation der Berufszugehörigkeit ermöglicht, geht nicht nur auf eine weit in die zünftische Vergangenheit zurückreichende Tradition zurück. Solche unmittelbaren Identifikationsmöglichkeiten verbinden sich nicht zuletzt mit der Erwartung und dem Appell, entsprechende Tätigkeitsvollzüge störungsfrei walten zu lassen oder kooperativ zu unterstützen. Die Berufskleidung kann auch - denkt man an ihre unterschiedlichen Farben und Zuschnitte in den Werkhallen oder an die den Uniformen applizierten Rangabzeichen - den Beschäftigungsstatus oder die Stellung in der Hierarchie signalisieren. In all diesen symbolisch aufgeladenen Erscheinungsformen ist die Berufskleidung und sind andere Hinweise auf den Berufsstatus - hier sei nur an das unvermeidliche Köfferchen des BWL-Studenten im zweiten Studiensemester als Ausdruck seiner Statusaspirationen erinnert - unmittelbar in den Prozeß des Sehens und Gesehenwerdens einbezogen. Sie kommen dem Bedürfnis entgegen, in der beruflichen Rolle auf Anhieb identifiziert und anerkannt zu werden. Einen ähnlichen Zweck verfolgt der Ausweis von Berufsbezeichnungen oder akademischen Abschlüssen und Titeln auf Visitenkarten, in Telephonbüchern, selbst in Todesanzeigen. Solche Hinweise auf erworbene Rollen sollen eine rasche Identifikation und gesellschaftliche Anerkennung, vor allem in der flüchtigen Begegnung mit Fremden, ermöglichen, mit denen der Austausch oftmals nur auf den Vorgang des Sehens und Gesehenwerdens - und sei es nur des Sehens und Gesehenwerdens des für das Individuum stehenden Namens - beschränkt bleibt.

Als *vierter Typus* sozialer Subjektivität ist das "Anerkennungsstreben in einer *öffentlichen Rolle*" zu betrachten (Popitz 1987, S. 641). Sind erworbene Rollen, insbesondere Berufsrollen, das Ergebnis zunehmender Spezialisierung im fortschreitenden Prozeß der Arbeitsteilung, so stellen öffentliche Rollen vor allem das Resultat der Ausbildung einer eigenen Sphäre des Politischen dar. Die Entstehung politischer Herrschaftsbeziehungen geht indes mit der Notwendigkeit der Legitimierung von politischer Herrschaft, mit einem spezifischen Bedarf an Rechtfertigung, Anerkennung und Bestätigung der Herrschenden in ihren Herrschaftspositionen, einher. Mit den Herrschaftstypen wechseln natürlich auch die

Erwartungen und die daran ausgerichteten Selbstdarstellungsformen im Ringen um Anerkennung, Bestätigung und Gefolgschaft.

Geht man von Webers Herrschaftstypologie aus, erscheint unmittelbar einsichtig, daß es jeweils andere Autoritäts- und Anerkennungsbedürfnisse und andere Fügungsmotive sind, die dem Legitimitätsglauben im Falle der "charismatischen Herrschaft", der "traditionalen Herrschaft" und der "legalen Herrschaft" zu Grunde liegen (Weber 1976, S. 122ff., 541ff.). Entsprechend unterschiedlich sind die typischen Rollenerwartungen an die Positionsinhaber, denen diese in ihrer öffentlichen Darstellung zu folgen haben. Auch die "politischen Tugenden" oder Prinzipien, die Montesquieu den verschiedenen Regierungsformen zurechnet, enthalten Hinweise auf die "menschlichen Leidenschaften, welche ihre Bewegung bestimmen" (Montesquieu 1951, S. 33ff.). So hat die "Demokratie" "Tugend" und die zweite Ausprägung der "republikanischen Regierungsform", die "Aristokratie" "Mäßigung", die "Monarchie" das Streben nach "Ehre" und die "Despotie" "Furcht" zum Herrschaftsprinzip. Je nach Regierungsform oder Herrschaftstyp spielen andere Autoritätsbedürfnisse und Anerkennungsmotive eine Schlüsselrolle, als gemeinsamer Nenner politischer Herrschaft erscheint indes, daß ihre Dauerhaftigkeit nicht nur an erfolgreiche Machtakkumulation, sondern auch an den Erfolg im Anerkennungsstreben der Inhaber "öffentlicher Rollen" gebunden ist.

Vor allem unter den Bedingungen moderner Konkurrenzdemokratie im Zeitalter der Massenmedien trifft folgende Feststellung zu:

> "Aus dieser Angewiesenheit auf die Akklamation eines Publikums ergeben sich für den Akteur öffentlicher Rollen eigentümliche Spannungen. Einerseits ist die Anerkennung, die er erstrebt und erreichen kann, noch enger, noch empfindlicher als alle bisher besprochenen Anerkennungen auf seine Persönlichkeit bezogen, seine besondere Ausstrahlung, die Eigenart seiner Rede, die Faszination seines Mutes. Sein Selbstwertgefühl wird daher auch besonders prekär von akklamierender Bestätigung abhängen. Andererseits ist das Publikum als Autorität eine vage Größe. Die Menschen, deren Anerkennung der öffentliche Rollenspieler sucht, sind für ihn häufig nicht viel mehr als das Substrat kollektiver Stimmungen" (Popitz 1987, S. 641).

Der Erfolg in der "öffentlichen Rolle" hängt demnach maßgeblich von der Fähigkeit ab, vorherrschende Stimmungen zu erkennen und ihnen in der Selbstdarstellung Rechnung zu tragen, um auf diesem Wege möglichst breite Zustimmungen zu erreichen. Erfolgreich sind also mithin jene Akteure, denen es gelingt, "demagogische" Fähigkeiten mit persönlicher Geltungs- und Überzeugungskraft zu verbinden (Weber 1988c). Gerade in der modernen Wahlkampfführung, die stark auf audiovisuelle Massenmedien konzentriert ist und sich längst schon der raffiniertesten Techniken der kommerziellen Werbung bedient, ist dies hinreichend bekannt (Bethscheider 1987; Messelken 1990). Der Wahlkampf wird von programmatischen Auseinandersetzungen hin zu vornehmlich visuellen, personzentrierten Präsentationen der Spitzenkandidaten verschoben. Diese werden im öffentlichen wie im privaten Raum, als Politiker wie als ganz gewöhnliche Menschen, mit politischen Weltgrößen wie im Kreis der Familie und nicht zuletzt als Musiker, als Fußballfans oder Biertrinker ins Bild gesetzt, um überlegene Kompetenz und Distanz einerseits und Bürgernähe, persönliche Vertrautheit, Individualität andererseits zu suggerieren. Dabei ist in der Botschaft der Bilder die Gefahr weitaus geringer, daß Inkonsistenzen, die sich aus der Ausrichtung an den Erwartungen unterschiedlicher Adressatengruppen nahezu notwendig ergeben, offenkundig werden.

Wenngleich es sicherlich übertrieben ist, daß in der "Mediendemokratie" derjenige die Wahlen gewinnt, der im Fernsehen die bessere Figur macht oder über das attraktivere Aussehen verfügt, sollte die subtile Bedeutung des Sehens und Gesehenwerdens in der erfolgreichen Ausführung "öffentlicher Rollen" doch nicht unterschätzt werden. Dabei sind folgende Entwicklungstendenzen, die gerade für die gegenwärtige Situation hoch relevant erscheinen, zu beachten: Die zunehmende Abhängigkeit vieler Rollenzuschnitte von einer wie auch immer gearteten "Publikumsautorität" infolge der Demokratisierung nahezu aller Lebensbereiche, die Zunahme "öffentlicher Rollen", auch außerhalb des Kernbereichs der Politik und die Forderung nach Transparenz - im übertragenen wie im wörtlichen Sinne.

Der *fünfte Typus* sozialer Subjektivität schließlich bezieht sich auf das "Streben nach sozialer Anerkennung der *eigenen Individualität*".

> "Diese soziale Subjektivität zielt nicht auf die Anerkennung eines Gleichseins als Auch-Dazugehören und nicht nur auf die Anerkennung eines Besondersseins als Akteur sozialer Rollen, sie insistiert auf der sozialen Bestätigung einer Existenz im Singular. Das Anders-Sein, das Sein wie kein anderer soll gesellschaftliche Bestätigung erhalten" (Popitz 1987, S. 642).

Ähnlich wie Simmel, der in der Tendenz zur Individualisierung und im "Bedürfnis der Absonderung" einen wesentlichen Grundzug der Moderne sieht (Simmel 1968; Simmel 1986, S. 185), hebt auch Popitz hervor, daß das uns geläufige "Konzept der Individualität" eigentlich "ein Entwurf der bürgerlichen Emanzipation" sei (Popitz 1987, S. 642).

Das Anerkennungsbedürfnis der über das Gleichsein und die spezifische Rollenhaftigkeit hinausgehenden, unverwechselbaren und einmaligen Individualität kennt im Hinblick auf das Sehen und Gesehenwerden eine Vielzahl von nach außen - und oftmals nur nach außen - gerichteten Formen der Selbstdarstellung und Selbstinszenierung. Sie reichen von im ausdrücklichen Gegensatz zur Mode stehenden Extravaganzen der Kleidung, Bemühungen um ein exzentrisches Aussehen, von exklusiven oder vermeintlich identitätsgebundenen Accessoires bis hin zur Inszenierung individueller Marotten, und sei es nur die Inszenierung des eigenen, unverwechselbaren Krankheitsbildes oder der eigenen, einmaligen Krankheitsgeschichte. In der expressiven Darstellung des für ganz einmalig gehaltenen Liebesleides, mit dem gelegentlich traurigen Ende des Selbstmordes, besitzt die individuelle Selbstinszenierung übrigens eine gewissermaßen klassische Verhaltensfigur.

Aus Künstlerkreisen, in denen die Person offenbar unter besonderen Originalitäts- und Authentizitätszwängen steht, in denen man aber auch - oftmals schon berufshalber - die Techniken der Selbstinszenierung virtuos beherrscht, sind uns die ausgefallensten Formen der Selbstdarstellung bekannt. Indes, egozentrische Happenings und öffentliche Ego-Trips sind - nicht zuletzt durch die Diffusion der Massenmedien weitläufig popularisiert - durchaus keine Exklusivitäten der Künstlermilieus. Sie sind zu nahezu banalen Verhaltensfiguren der Alltagskultur geworden. Einer Alltagskultur, die überhaupt von einer mächtigen Ideologie der Selbstentfaltung und Selbstverwirklichung beherrscht zu sein scheint (Klages 1984; Inglehart 1989).

Popitz stellt im Hinblick auf die fünf Typen sozialer Subjektivität, in denen sich verschiedene soziale Geltungs- und Anerkennungsbedürfnisse zusammengefaßt finden, mehrere wichtige Dinge fest. Unter historischem Blickwinkel betrachtet, fällt auf, "daß die jeweils späteren Typen die früheren nicht verdrängen", vielmehr treten zu dem Bedürfnis nach "Zugehörigkeits-Gewißheit" die Bedürfnisse nach Anerkennung in zugeschriebenen, erworbenen und öffentlichen Rollen sowie das Streben nach Bestätigung der eigenen Individualität sukzessive hinzu. Damit wird die Konstellation der Autoritätsbedürfnisse immer komplizierter: "Die *Pluralität sozialer Subjektivitäten* ist heute nahezu selbstverständlich geworden" (Popitz 1987, S. 642). Auch die Dimensionen und Adressaten sozialer Geltungsbedürfnisse vermehren sich. Wie nicht zuletzt unter dem Gesichtspunkt und im Hinblick auf die Motive des Gesehenwerdenwollens gezeigt wurde, ist die gegenwärtige soziale Lebenswirklichkeit von allen fünf Typen sozialer Subjektivität durchdrungen, wiewohl sich die verschiedenen Anerkennungsbedürfnisse auch wechselseitig relativieren. Mit der Pluralisierung geht nach Popitz auch die "sukzessive *Individualisierung sozialer Subjektivität*" einher (Popitz 1987, S. 643). Mit der Individualisierung sozialer Autoritäts- und Geltungsbedürfnisse wandelt sich indes auch die Relevanz der unterschiedlichen Autoritätsinstanzen und die Art der Autoritätsbeziehungen. Dabei schieben sich "Autoritätsbeziehungen auf Gegenseitigkeit" in den Vordergrund, denn diese allein versprechen zumindest, das Bedürfnis nach intimer, intensiver, authentischer Identitätsanerkennung zu erfüllen (Popitz 1987, S. 645). Durch den hohen Authentizitätsanspruch oder durch die Tatsache, daß die Virtuosität der Selbstinszenierung längerfristig nicht mit dem Tempo und Grad ihrer Durchschaubarkeit schritthält, auch durch Desillusionierungs- und Enttäuschungsrisiken angesichts ihres herrschafts- und kontrollfreien Selbstanspruchs, erscheinen die auf Gegenseitigkeit beruhenden Autoritätsbeziehungen allerdings oftmals tendenziell überfordert und prinzipiell labil (Sennett 1983).

Sehen und Nichtgesehenwerden: Phänomene sozialer Distanzierung

Sehen und Gesehenwerden sind als Auftakte oder Begleiterscheinungen sprachlicher Kommunikationsprozesse - oftmals aber auch für sich genommen - in zwischenmenschliche Interaktionsprozesse, in das gesellschaftliche Leben einbezogen. Sie spielen dabei, wie ausführlich dargelegt, in Prozessen der sozialen Kontrolle wie auch in Vorgängen der sozialen Selbstvergewisserung und Selbstbestätigung mithin eine wichtige Rolle. Das Gesehenwerdenwollen hat im Streben nach Bestätigung der sozialen Zugehörigkeit, im Streben nach Anerkennung der sozialen Position, der zugeschriebenen, erworbenen oder öffentlichen Rollen wie auch im Streben nach sozialer Geltung als Individuum wichtige Beweggründe. Mit den verschiedenen sozialen Anerkennungsbedürfnissen eng verbunden, führt das Gesehenwerdenwollen aber keineswegs immer zu dem gewünschten Ergebnis. Oft gelingt die Herstellung der damit bezweckten sozialen Kontakte nicht. Oft läßt sich die Absicht nicht realisieren, im Rahmen mehr oder weniger feststehender sozialer Beziehungen durch das Gesehenwerden eine weitergehende Kommunikation zu initiieren. Das Gesehenwerdenwollen bleibt nicht selten vom anderen, sichtbar mit Absicht, unerwidert. Die mal relativ diffus, mal ganz explizit erwartete soziale Bestätigung bleibt mithin versagt.

Dieses asymmetrische Interaktionsmuster des Sehens, Gesehenseinwollens und intentionalen Übersehenwerdens soll nunmehr etwas näher betrachtet werden. Dabei gilt es zu zeigen, daß das absichtliche Übersehen nicht selten Bestandteil einer strategischen Verhaltensfigur ist, die der sozialen Distanzierung dient. Ebenso wie die verschiedenen Formen der Vergemeinschaftung und Vergesellschaftung gehören auch verschiedene Akte der sozialen Distanzierung notwendigerweise zum sozialen Leben. Mannheim stellt in diesem Sinne fest:

> "So kann - um ein konkretes Beispiel zu bringen - die Distanzierung als ein solcher ganz grundlegender Modus, als eine fundamentale gesellschaftsbildende Kraft angesprochen werden, die immer, wenn auch stets in verschiedenen Konkretisierungsformen, da ist und auf den Aufbau einwirkt, so daß man es unternehmen könnte, die verschiedenen Gesellschaftsformen auf die Verschiedenheit der jeweiligen Distanzierungsakte zurückzuführen" (Mannheim 1932, S. 8).

Soziale Distanzierung ist nicht nur als ein wichtiger Mechanismus im sozialen Interaktionsprozeß zu betrachten, der das Individuum vor Überforderungen schützt und der - als Regulator der sozialen Nähe oder Entfernung zu anderen - auch soziale Beziehungen und Standorte mitdefiniert. In den unterschiedlichen Ausprägungsformen der sozialen Distanz und Distanzierung spiegeln sich nicht zuletzt auch gesellschaftsstrukturelle und zivilisatorische Entwicklungsprozesse wider (von Wiese 1966; Mannheim 1932; Elias 1976).

Zunächst aber, zur Illustration des Phänomens des Sehens und Nichtgesehenwerdens selbst, einige der Anschaulichkeit halber mit Absicht etwas überzeichnete und stilisierte Beispiele. Nahezu jede Kultur kennt ihre Variante des reizvollen, manchmal glücklich, manchmal tragisch endenden Spiels der Liebeswerbung, bei dem sich der Verehrer geradezu obsessiv im Umkreis seiner Angehimmelten bewegt - um diese zu sehen und natürlich auch, um von ihr gesehen zu werden -, wohingegen die Umworbene - und dies gehört nicht selten ganz konventionell zum Spiel dazu - den Verehrer (zunächst) keines Blickes würdigt und ihn - mitunter eingeübt stolz oder eingeübt schüchtern - geradezu demonstrativ übersieht. Das Nichtgesehenwerden bereitet dem Betroffenen vielfach Liebeskummer und Schmerz - es steigert, so mag man es selbst erlebt oder gelesen haben, auch die Leidenschaft - und nicht erst, seit Goethes vom Liebesschmerz in den Selbstmord getriebener Werther so viele romantische Nachahmer fand, weiß man, wohin solches letztlich führen kann.

Auch der Bettler, der sich in das Blickfeld der Passanten plaziert, erlebt das demonstrative Übersehenwerden und die völlige Ignorierung als typische Verhaltensreaktion. Dabei macht die Symptomwirkung seiner oftmals erbärmlichen körperlichen Erscheinung, die seine gesellschaftliche Außenseiterrolle offenkundig werden läßt, die fragwürdige Spannung zwischen dem menschlichen Wesen schlechthin und der gesellschaftlichen Zugehörigkeit sichtbar, auf deren Überbrückung der Solidaritätsappell des Bettlers gerichtet ist. Er strebt durch die Zuwendungen der anderen auch die solidarische Bestätigung seiner gesellschaftlichen Dazugehörigkeit an. Gerade aber, wenn ein primärer und ganz allgemeiner Status, wie der der Mitgliedschaft in der Gesellschaft selbst, fragwürdig erscheint und sozial bestätigt werden soll, fallen soziale Distanzierungsakte offenbar sehr entschieden und unverbindlich aus.

Schließlich noch ein anderes, dem Leserkreis dieses Beitrages vermutlich nicht ganz unvertrautes Beispiel des Sehens und Nichtgesehenwerdens aus dem immer wieder erlebbaren Randgeschehen heutiger Kongresse. Auf solchen Veranstaltungen, die, oft zu Massenversammlungen ausgeartet, durch Teilnehmerlisten und Namensschilder nur wenig an Übersichtlichkeit gewinnen, läßt sich unschwer und regelmäßig beobachten, daß die Koryphäen und Protagonisten, daß die in der einen oder anderen Hinsicht mehr oder weniger wichtigen Figuren sichtlich darum bemüht sind, die vielen anderen, die sich schüchtern oder impertinent in ihren Gesichtskreis drängen - die gesehen, wenn möglich auch angesprochen sein wollen - möglichst souverän zu übersehen. Die demonstrative Vertiefung in ein gerade geführtes Gespräch, Geschäftigkeit, mehr oder weniger eindeutige Gesten und Mienen der sozialen Distanz und Unnahbarkeit sind typische Verhaltensweisen, die eine fehlende Bereitschaft des Sehens signalisieren, zugleich aber die Intentionalität des Übersehens zu verdecken und dessen Wirkung abzumildern suchen.

Worin aber liegt der soziologisch interessante Kern dieser mehr oder weniger zufällig zur Illustration herangezogenen Konstellationen asymmetrischer Verhaltensmuster? Im Gesehenwerdenwollen kommen stets auch - so ist dargelegt worden - spezifische soziale Anerkennungs- und Geltungsbedürfnisse zum Ausdruck, deren Prätention und soziale Reichweite - ganz unabhängig, ob es sich um extrovertierte oder introvertierte Menschen handelt - kaum von vornherein feststehen. Sehen und Gesehenwerden sind vielmehr, wenngleich durch Konventionen in bestimmte Grenzen verwiesen, ein relativ unverbindliches "Testgelände" für soziale Ausstrahlung, soziale Geltung, soziale Annäherung u.ä., zumal im Vorgang des Sehens und Gesehenwerdens soziale Distanzen vergleichsweise einfach zu überschreiten sind.

Gesehenwerdenwollen ist zwar eine mehr oder weniger durch Konventionen geregelte und restringierte Attitüde, sie hat in der "offenen Gesellschaft" allerdings sehr weitläufige Grenzen, die normalerweise weit jenseits der sonst gebotenen sozialen Distanz angesiedelt sind. Dies führt tendenziell zu einem Inflationseffekt des Gesehenwerdenwollens, der sich in bestimmten sozialen Situationen, wie Massenversammlungen, und unter bestimmten Konstellationen, beispielsweise solchen der Konkurrenz, extrem steigern kann. Jedenfalls kann bei weitem nicht zu jeder Zeit allen mit dem Gesehenseinwollen verbundenen Anerkennungsbedürfnissen entsprochen werden. Ein erheblicher Teil der überschüssigen Anerkennungsbedürfnisse treffen im sozialen Verkehr auf Indifferenz oder intentionales Übersehenwerden. Absichtliches Übersehen stellt neben anderen Formen der sozialen Distanzierung eine Verhaltensfigur dar, die ermöglicht, zu anspruchsvolle oder eine zu große Zahl von Anerkennungserwartungen, die sich unter Umständen auf eine "Autoritätsperson" beziehen, schon im Vorfeld abzufiltern. Zusammen mit anderen Formen der sozialen Distanzierung trägt das selektive Sehen oder Übersehen auch dazu bei, relative soziale Nähen oder Entfernungen, die Strukturen eines sozialen Raumes, sichtbar zu machen.

Betrachtet man nochmals das Randgeschehen eines Kongresses, etwa einen Kongreßempfang, und kennt man die Akteure und ihre Rollen, so wird man - auch bei genauem Hinsehen - natürlich nicht für alle individuellen Verhaltensweisen eine passende Erklärung finden. Hinter den beweglichen, auf den ersten Blick ganz zufällig sich bildenden und sich auflösenden Gesprächskreisen dürfte man aber doch klare Muster eines subtilen Spiels der Zuwendungsökonomie erkennen. Muster, die sich nicht zuletzt und immer wieder neu aus der Ausbalancierung von sozialen Anerkennungs- und Autoritätsbedürfnissen im Zusammenspiel mit Strategien der sozialen Distanzierung ergeben und die im Sehen, Gesehenwerden und Nichtgesehenwerden ein unmittelbares, operatives Medium haben.

Die Anerkennungsbedürfnisse, die im Verhalten einzelner Akteure sichtbar werden, sind dabei keineswegs identisch. Strebt der Newcomer, nicht selten mit wenig Erfolg, vor allem die Anerkennung seiner bloßen Dazugehörigkeit an und will sich der einigermaßen Arrivierte, vor allem im Hinblick auf den erworbenen Status, Prestigevorteile in der Konkurrenz mit anderen sichern, so bemüht sich der Hauptprotagonist um Geltung in seiner öffentlichen Rolle, sei es, daß er sich den Erwartungen des "Publikums" hingibt, sei es, daß er den Schauplatz zur persönlichen Selbstdarstellung nutzt. Und, je später der Abend und je informeller das Geschehen - dies dürfte auch dem keineswegs sehr scharfsinnigen Beobachter nicht entgehen -, umso stärker das Bedürfnis und umso größer die Aufmerksamkeit und die Bereitschaft der Anerkennung der Qualitäten "zugeschriebener Rollen", vornehmlich solcher des Geschlechts.

Literatur

Adorno, Theodor W.: Negative Dialektik, Frankfurt a.M. 1975.

Ariès, Philippe: Geschichte der Kindheit, 2.Aufl., München 1979.

Ariès, Philippe/Béjin, André/Foucault, Michel: Die Masken des Begehrens und die Metamorphosen der Sinnlichkeit. Zur Geschichte der Sexualität im Abendland, Frankfurt a.M. 1986.

Beck, Ulrich: Jenseits von Klasse und Stand? Soziale Ungleichheiten und die Entstehung neuer sozialer Formationen und Identitäten. In: Kreckel, Reinhard (Hrsg.): Soziale Ungleichheiten, Soziale Welt, Sonderband 2, Göttingen 1983, S. 35-74.

Bendix, Reinhard: Modernisierung und soziale Ungleichheit. In: Fischer, Wolfram (Hrsg.): Wirtschafts- und sozialgeschichtliche Probleme der frühen Industrialisierung, Berlin 1968, S. 179-246.

Bethscheider, Monika: Wahlkampfführung und politische Weltbilder. Eine systematische Analyse des Wahlkampfes der Bundestagsparteien in den Bundestagswahlkämpfen 1976 und 1980, Frankfurt a.M./Bern/New/York/Paris 1987.

Bourdieu, Pierre: Die feinen Unterschiede. Kritik der gesellschaftlichen Urteilskraft, Frankfurt a.M. 1982.

Bovenschen, Silvia (Hrsg.): Die Listen der Mode, Frankfurt a.M. 1986.

Cooley, Charles Horton: Social Organisation: A Study of the Larger Mind, New York 1909.

Duden. Fremdwörterbuch: Der Große Duden, Band 5, 2. Aufl., Mannheim/Wien/Zürich 1971.

Durkheim, Emile: Der Selbstmord, Neuwied/Berlin 1967.

Durkheim, Emil: Über die Teilung der sozialen Arbeit, Frankfurt a.M. 1977.

Durkheim, Emile: Die Regeln der soziologischen Methode, Frankfurt a.M. 1984.

Eco, Umberto: Apokalyptiker und Integrierte. Zur kritischen Kritik der Massenkultur, Frankfurt a.M. 1984.

Elias, Norbert: Über den Prozeß der Zivilisation, Frankfurt a.M. 1976.

Esser, Hartmut: Ethnische Differenzierung und moderne Gesellschaft. In: Zeitschrift für Soziologie, 17. Jg., Stuttgart 1988, S. 235-248.

Feyerabend, Paul: Wider den Methodenzwang. Skizze einer anarchistischen Erkenntnistheorie, Frankfurt a.M. 1976.

Fröhlich, Werner D./Zitzlsperger, Rolf/Franzmann, Rolf (Hrsg.): Die verstellte Welt. Beiträge zur Medienökologie, Frankfurt a.M. 1988.

Girtler, Roland: Die feinen Leute. Von der vornehmen Art, durchs Leben zu gehen, Frankfurt a.M. 1989.

Goffman, Erving: Strategische Interaktion, München/Wien 1981.

Habermas, Jürgen: Theorie des kommunikativen Handelns, Frankfurt a.M. 1981.

Habermas, Jürgen: Der philosophische Diskurs der Moderne. Zwölf Vorlesungen, Frankfurt a.M. 1985.

Inglehart, Ronald: Kultureller Umbruch. Wertewandel in der westlichen Welt, Frankfurt a.M. 1989.

Irle, Martin: Lehrbuch der Sozialpsychologie, Göttingen/Toronto/Zürich 1975.

Janowitz, Morris: Wissenschaftshistorischer Überblick zur Entwicklung des Grundbegriffs "Soziale Kontrolle". In: Kölner Zeitschrift für Soziologie und Sozialpsychologie, 25. Jg., Opladen 1973, S. 499-514.

Klages, Helmut: Wertorientierungen im Wandel. Rückblick, Gegenwartsanalyse, Prognosen, Frankfurt a.M. 1984.

Kuhn, Thomas S.: Die Struktur wissenschaftlicher Revolutionen, 3. Aufl., Frankfurt a.M. 1978.

Lepsius, M. Rainer: Soziale Ungleichheit und Klassenstrukturen in der Bundesrepublik Deutschland. In: Wehler, Hans-Ulrich (Hrsg.): Klassen in der europäischen Sozialgeschichte, Göttingen 1979, S. 166-209.

Lerner, Daniel: The Passing of Traditional Society. Modernizing the Middle East, Glencoe, Ill. 1958.

Mannheim, Karl: Die Gegenwartsaufgaben der Soziologie. Ihre Lehrgestalt, Tübingen 1932.

Marcuse, Herbert: Der eindimensionale Mensch. Studien zur Ideologie der fortgeschrittenen Industriegesellschaft, Neuwied/Berlin 1970.

Mayer, Karl Ulrich (Hrsg.): Lebensverläufe und sozialer Wandel, Kölner Zeitschrift für Soziologie und Sozialpsychologie, Sonderheft 31, Opladen 1990.

McLuhan, Marshall: Die Gutenberg-Galaxis. Das Ende des Buchzeitalters, Düsseldorf/Wien 1968.

McLuhan, Marshall: Krieg und Frieden im globalen Dorf, Düsseldorf/Wien 1971.

Mead, George Herbert: Geist, Identität und Gesellschaft, Frankfurt a.M. 1968.

Messelken, Karlheinz: Macht als Zwei- und Drei-Rollen-Spiel. In: Vowinckel, Gerhard (Hrsg.): Macht und Moral. Soziologische Betrachtungen. Beiträge aus dem Fachbereich Pädagogik 6/1989, Hamburg 1989, S. 5-25.

Messelken, Karlheinz/Sterbling, Anton: Bereichsrezension: Politik. In: Soziologische Revue. Besprechungen neuer Literatur, 13. Jg., München 1990, S. 113-119.

Montesquieu, Charles-Louis de Secondat: Vom Geist der Gesetze, Bd. 1, Tübingen 1951.

Plake, Klaus: Die Sozialisationsorganisationen. Soziogenetisch systematische Grundlagen zu einer Theorie pädagogischer und therapeutischer Einrichtungen, Opladen 1981.

Plake, Klaus: Die Schönheit des Körpers im Zeitalter der technischen Machbarkeit, Würzburg 1992, (Beitrag in diesem Band).

Popitz, Heinrich: Die Autoritäts-Bindung. In: Popitz, Heinrich, Phänomene der Macht. Autorität - Herrschaft - Gewalt - Technik, Tübingen 1986, S. 7-36

Popitz, Heinrich: Autoritätsbedürfnisse. Der Wandel der sozialen Subjektivität. In: Kölner Zeitschrift für Soziologie und Sozialpsychologie, 39. Jg., Opladen 1987, S. 633-647.

Postman, Neil: Das Verschwinden der Kindheit, Frankfurt a.M. 1983.

Postman, Neil: Wir amüsieren uns zu Tode, Frankfurt a.M. 1985.

Sapir, Edward: Die Sprache, München 1961.

Schlesak, Dieter: Visa. Ost West Lektionen, Frankfurt a.M. 1970.

Sennett, Richard: Verfall und Ende des öffentlichen Lebens. Die Tyrannei der Intimität, Frankfurt a.M. 1983.

Simmel, Georg: Soziologie. Untersuchungen über die Formen der Vergesellschaftung, 5. Aufl., Berlin 1968.

Simmel, Georg: Die Mode. In: Bovenschen, Silvia (Hrsg.): Die Listen der Mode, Frankfurt a.M. 1986, S. 179-207.

Solé, Jaques: Liebe in der westlichen Kultur, Frankfurt a.M./Berlin/Wien 1979.

Sterbling, Anton: Eliten im Modernisierungsprozeß. Ein Theoriebeitrag zur vergleichenden Strukturanalyse unter besonderer Berücksichtigung grundlagentheoretischer Probleme, Hamburg 1987.

Sterbling, Anton: Zur Problematik der kulturellen Identität. Überlegungen zum Selbstverständnis der Deutschen in Rumänien. In: Tolksdorf, Ulrich (Hrsg.): Jahrbuch für ostdeutsche Volkskunde, Band 32, Marburg 1989a, S. 142-160.

Sterbling, Anton: Eine elitenbezogene Betrachtungsweise des Strukturwandels in osteuropäischen Gesellschaften. In: Sterbling, Anton: Eliten, Realitätsdeutung, Modernisierungsprobleme. Aufsätze 1987-1988. Beiträge aus dem Fachbereich Pädagogik, 3/1989, Hamburg 1989b, S. 36-55.

Sterbling, Anton: Eliten, Strukturwandel und Machtfragen in Südosteuropa. In: Südosteuropa. Zeitschrift für Gegenwartsforschung, 38. Jg., München 1989c, S. 395-413.

Sterbling, Anton: Machtphänomene in osteuropäischen Gesellschaften. In: Vowinckel, Gerhard (Hrsg.): Macht und Moral. Soziologische Betrachtungen. Beiträge aus dem Fachbereich Pädagogik 6/1989, Hamburg 1989d, S. 61-82.

Sterbling, Anton: Betrachtungen zur Wissensstruktur der Soziologie. In: Sterbling, Anton, Wissensstruktur, disziplinäre Identität und interdisziplinäre Fragen der Soziologie. Beiträge aus dem Fachbereich Pädagogik, 3/1990, Hamburg 1990a, S. 1-46.

Sterbling, Anton: Technik in der Freizeitwelt. Einführung. In: Sterbling, Anton (Hrsg.): Technik in der Freizeitwelt, Köln 1990b, S. 7-54.

Sterbling, Anton: Informationsgesellschaft heute. Einführung. In: Bornecke, Jürgen/ Sterbling, Anton (Hrsg.), Informationsgesellschaft heute. Tagungsbericht, Köln 1991a, S. 7-53.

Sterbling, Anton: Modernisierung und soziologisches Denken. Analysen und Betrachtungen, Hamburg 1991b.

Sterbling, Anton: Strukturprobleme und Modernisierungsaussichten südosteuropäischer Gesellschaften. In: Berliner Journal für Soziologie, 1.Jg., Berlin 1991c, S.99-111.

Sterbling, Anton: Demokratisierungsprobleme in Südosteuropa. In: Südosteuropa. Zeitschrift für Gegenwartsforschung, 40. Jg., München 1991d, S. 307-324.

Sterbling, Anton: Zum Abschied einer Minderheit. Gedanken zum "Nachruf auf die rumäniendeutsche Literatur". In: Südosteuropa. Zeitschrift für Gegenwartsforschung, 40. Jg., München 1991e, S. 211-223.

Sterbling, Anton: Strukturbildende Vergesellschaftungsprozesse und der Wandel sozialer Anerkennungsbedürfnisse. In: Hradil, Stefan (Hrsg.): Lebensbedingungen und Lebensformen in Deutschland, Opladen 1992 (in Vorbereitung).

Sterbling, Marianne: Randbedingungen der Organisation personenbezogener Informationen: Informationsgrad und situative Verhaltenskonformität, Mannheim 1981 (Diplomarbeit).

Tönnies, Ferdinand: Gemeinschaft und Gesellschaft, 3. Aufl., Darmstadt 1972.

Veblen, Thorstein: Theorie der feinen Leute. Eine ökonomische Untersuchung der Institutionen, Frankfurt a.M. 1986.

Vowinckel, Gerhard: Vorsprachliche Kommunikation und soziale Wahrnehmung. Theorie und Methodik des Beziehungstests, Frankfurt a.M./New York 1979.

Vowinckel, Gerhard: Von politischen Köpfen und schönen Seelen. Ein soziologischer Versuch über die Zivilisation der Affekte und ihres Ausdrucks, München 1983.

Vowinckel, Gerhard: Soziologie und Soziobiologie: Abgrenzungen und Verknüpfungen. In: Sterbling, Anton (Hrsg.): Wissensgrundlagen, Denkrichtungen und institutionelle Aspekte der Soziologie. Beiträge aus dem Fachbereich Pädagogik, 7/1990, Hamburg 1990, S. 5-20.

Wagner, Richard: Die Muren von Wien. Roman, Frankfurt a.M. 1990.

Weber, Max: Wirtschaft und Gesellschaft. Grundriß der verstehenden Soziologie, 5. Aufl., Tübingen 1976.

Weber, Max: Der Sinn der "Wertfreiheit" der soziologischen und ökonomischen Wissenschaften. In: Weber, Max: Gesammelte Aufsätze zur Wissenschaftslehre, 7. Aufl., Tübingen 1988a, S. 489-540.

Weber, Max: Gesammelte Aufsätze zur Religionssoziologie I, 9. Aufl., Tübingen 1988b.

Weber, Max: Politik als Beruf. In: Weber, Max, Gesammelte politische Schriften, 5. Aufl., Tübingen 1988c, S. 505-560.

Weiß, Johannes: Verständigungsorientierung und Kritik. Zur "Theorie des kommunikativen Handelns" von Jürgen Habermas. In: Kölner Zeitschrift für Soziologie und Sozialpsychologie, 35. Jg., Opladen 1983, S. 108-120.

Whorf, Benjamin Lee: Sprache, Denken, Wirklichkeit, 13. Aufl., Reinbek 1978.

Wiese, Leopold von: System der Allgemeinen Soziologie als Lehre von den sozialen Prozessen und den sozialen Gebilden der Menschen (Beziehungslehre), 4. Aufl., Berlin 1966.

Unerhörte Zwischentöne
Zur Differenzierung und Entdifferenzierung akustischer Signale

Jochen Rimek

Wer vor der Erfindung des Phonographen, dem ersten von Thomas Edison 1877 gebauten Schallaufzeichnungsgerät, Musik hören wollte, mußte entweder selbst Musik machen, sich von Straßenmusikanten unterhalten lassen oder sich zu einem Veranstaltungsort begeben, an dem Musik dargeboten wurde. Ein krächzendes Schallplatten-Wiedergabegerät wurde zwar bereits 1887 unter dem Namen Grammophon auf den Markt gebracht, aber erst das 20. Jahrhundert bescherte den Menschen Rundfunk, Fernseher, Tonband, Stereoanlage, Kopfhörer, Quadrophonie, CD-Platte und Walkman. Diese technische Entwicklung führte zu immer perfekteren Aufzeichnungs- und Wiedergabemöglichkeiten.

Die folgenden Marginalien zu einigen Beispielen versuchen deutlich zu machen, welche Auswirkungen diese elektromechanische Revolution, die Speicherung von Tönen und das Abspalten von Tönen aus ihrem ursprünglichen Kontext, die elektroakustische Übertragung und Reproduktion von Tönen, auf die Lautsphäre des Menschen haben. Von Musik als *akustischem Analgetikum* im Zahnarztstuhl, von *Muzak* - der Musikberieselung in Hotels, Büros, Kaufhäusern, Restaurants und anderen öffentlichen Orten, von Hintergrundmusik bei privater Geselligkeit, von beliebigem Musikkonsum jederzeit und überall - dem Walkman - und dem besonderen sozialen und situativen Kontext einer *massenmedial geprägten Musikrezeption* (Rösing 1985, S. 298) wird berichtet. Nicht vom *Hören* als akustischem und physiologischem Ereignis, sondern vom *Zuhören* als einem psychologischen Akt und vom *Hörer* als gesellschaftlichem Phänomen soll dabei die Rede sein.

Tonhöhe, Lautstärke und Klangfarbe

Akustische Signale, die im allgemeinen untereinander verschieden sind in vielerlei "Eigenschaftsdimensionen" und die wir z.B. als Ton, Klang, Musik, Geräusch, Krach, Knall, Lärm oder Laut mit unserem Gehörsinn wahrnehmen, sind das Ergebnis eines Verarbeitungsprozesses, den Schallwellen hervorrufen. Der Schall, definiert als "mechanische Schwingungen und Wellen eines elastischen Mediums im Frequenzbereich des menschlichen Hörens (16-20.000 Hertz)", wird von unserem Gehörorgan aufgenommen, löst Signale aus, die über Nervenfasern zum Gehirn weitergeleitet und dort dann verarbeitet werden. Die Qualitäten, aus denen ein Schallereignis (Frequenz, Druck, Richtung, Quelle) zusammengesetzt ist, führen schließlich zur Identifizierung der Schallquelle. Gehörerscheinungen werden entsprechend ihrer akustischen Merkmale (Schwingungsformen: unperiodische, unharmonische; periodische, harmonische) als Geräusch, Ton oder Klang bewertet und empfunden.

An jenem Ereignis, das wir im allgemeinen als Musik bezeichnen, ist also der Zusammenhang von drei physikalischen Systemen beteiligt:

- eine Quelle für den Schall, z.B. ein Musikinstrument,
- die Luft als Medium, in dem sich der Schall in alle Richtungen ausbreiten kann,
- und ein Zuhörer als Empfänger, der die Schallwellen aufnimmt und verarbeitet.

Erst auf dieser letzten Stufe, der neuronalen Verarbeitung der akustischen Information, kann man von bewußter Wahrnehmung der charakteristischen Eigenschaften musikalischer Klänge, nämlich der Empfindung von Tonhöhe, Lautstärke und Klangfarbe sprechen.

Umgangssprachlich kennzeichnen wir mit der Tonhöhe die Empfindung der "Tiefe" oder "Höhe", mit dem Begriff der Lautstärke die "Schallstärke" oder "Intensität" eines Tones. Neben der Tonhöhe und Lautstärke nimmt man aber noch weitere Klangeigenschaften wahr. Töne können uns hell und schrill oder dumpf, dunkel und weich vorkommen. Da Klänge von Musikinstrumenten sich aus vielen einzelnen Partialtönen zusammensetzen, hat jedes eine charakteristische Klangfarbe, und diese ermöglicht es uns, verschiedene Instrumente auch bei gleicher Tonhöhe und Lautstärke zu unterscheiden.

> "Daß dem musikalischen Klang Tonhöhe, Lautstärke und Klangfarbe zugeordnet werden, ist das Ergebnis der Verarbeitungsvorgänge in Ohr und Gehirn. Diese Zuordnung ist subjektiv und nicht direkt meßbar" (Roederer 1977, S. 4).[1]

---

1 "Im Prinzip kann man jedoch jede dieser primären Empfindungen mit einer genau definierten Größe des ursprünglichen Reizes, d.h. der Schallwelle, in Verbindung bringen, die mit physikalischen Methoden genau gemessen und in Zahlen ausgedrückt werden kann. Tatsächlich hängt die Empfindung der Tonhöhe mit der *Grundfrequenz* (Wiederholungshäufigkeit der Schwingungsfigur, angegeben in Schwingungen pro Sekunde) zusammen, die Lautstärke mit der *Intensität* (Energiefluß oder Amplitude der Druckschwingungen der Schallwelle, die das Ohr erreicht) und die Klangfarbe mit dem *Spektrum*, d.h., den Anteilen, mit denen andere Frequenzen, "Obertöne" bzw. "Partialtöne" genannt, miteinander vermischt sind und die Grundfrequenz begleiten" (Roederer 1977, S. 4).

Dies ist natürlich für einen Psychoakustiker, der sich mit dem Zusammenhang der mathematischen und meßbaren physikalischen Eigenschaften von Schallwellen und ihrer Wahrnehmung beschäftigt, ein übertrieben vereinfachtes Bild. Denn Tonhöhen- und Lautstärkeempfindung und die Wahrnehmung der Klangfarbe erfordert sehr viel mehr Informationen als nur das Spektrum eines Tones. An- und Abklingvorgänge und die Tonrichtung liefern zusätzliche Informationen, um die Eigenschaften von physikalischen Klängen bestimmen zu können. Für den Zusammenhang der folgenden Diskussion reicht diese vereinfachende Darstellung aber vollkommen aus.

Musik-Machen und Musik-Hören

Die Anfänge des Musik-Machens und Musik-Hörens liegen - wie fast alle Anfänge - im Dunkeln. Jedoch dürfte feststehen, daß musikalische Produktion und Konsumtion, von den sogenannten "primitiven Gesellschaften" bis ins Mittelalter, stets mit bestimmten gesellschaftlichen Tätigkeiten oder religiösen Ritualen assoziiert war.

Mittelalterliche Musik war geistliche Musik und wesentlich bestimmt durch die christliche Kultur. Aber auch die weltlichen Formen der Musik, wie Virelai, Rondeau, Ballade, Chanson und Minnesang waren meist an strenge Zeremonien gebunden. Die funktionalen Eigenschaften der Musik standen im Vordergrund. Erst in der Renaissance begann sich dieser Funktionszusammenhang aufzulösen, d.h. Musik wurde zunehmend säkularisiert und zum ausschließlich ästhetischen Hör-Genuß, zur hörbaren Schönheit menschlicher Ausdruckskraft.

Ende des 16. Jahrhunderts entwickelten sich Gattung und Form des Konzerts und der Oper. Aber ein Musizieren vor einem Konzert- oder Opernpublikum, welches sich mit dem heutigen vergleichen ließe, gab es nicht. Konzerte fanden nur in dem engen und sozial privilegierten Rahmen von Höfen und Palästen statt und waren auf eine kleine aristokratische Hörerschaft beschränkt.

1637 wurde zwar das erste kommerzielle Opernhaus in Venedig eröffnet, 1725 wurden in Paris die ersten öffentlichen Konzerte (Concerts spirituels) veranstaltet, und 1743 fanden in Leipzig erstmals Konzerte im heutigen Sinne statt, aber diese weltlichen Kulturräume öffneten sich nur für die wohlhabenden bürgerlichen Musikenthusiasten. Erst im Jahre 1895 wurde mit der Einführung der "Promenadenkonzerte" in London ein Schritt zur Demokratisierung des Musik-

Hörens getan. Konzert- oder Opernbesuche waren bis dahin den kleinbürgerlichen und proletarischen Schichten schon aus rein finanziellen Gründen verwehrt. Deren Musikbedürfnisse wurden durch fahrende Spielleute (Straßenmusikanten) befriedigt, die mit Blechinstrumenten, Trommeln, Drehorgeln, Becken und Fiedeln Tanzmusik spielten oder Chansons, Balladen und Gassenhauer vortrugen.

Das 19. Jahrhundert hat zwar die ursprünglich rituellen und zeremoniellen Formen musikalischer Repräsentation aufgehoben, aber Musik blieb - abgesehen von der musikalischen Eigentätigkeit, wie der in diesem Zeitraum noch verbreitet üblichen häuslichen Musikpflege - an die traditionellen Stätten des Musiklebens, die Opernhäuser und Konzertsäle, gebunden. Sie war auf den unmittelbaren Kontakt mit dem musikhörenden Publikum angewiesen. Straßenmusikanten und Passanten, Dirigent, Orchester und Konzerthörer waren miteinander sozial verbunden. Sie gingen eine soziale Beziehung ein, auf der Straße und an anderen öffentlichen Orten von nur zufälliger, vorübergehender Natur, im Konzertsaal mit Verabredungscharakter.

Musik war räumlich und zeitlich an die sie produzierenden Musiker und hervorbringenden Instrumente gebunden und nur so weit und so lange zu hören, wie das Medium Luft mit seinen entsprechenden physikalischen Eigenschaften sie trug. Jede musikalische Darbietung blieb daher ein "Original", unnachahmbar und einmalig. Erst als Musik in geeigneter Weise gespeichert und in eine transportfähige Form umgewandelt werden konnte, ist diese Bindung an Raum und Zeit überwunden worden.[2]

Mit den umwälzenden elektroakustischen Innovationen Ende des 19. und Anfang des 20. Jahrhunderts, der Erfindung von Schallaufzeichnungs-, Übertragungs- und Wiedergabegeräten, ist die Einheit von musikalischer Produktion und Konsumtion auflösbar geworden. Der von Thomas Edison 1877 gebaute Phonograph, ein von Hand angetriebener, walzenförmiger Tonträger mit Schalltrichter, schuf hierzu die Grundlage. Die anfänglich nur minderwertige akustische Qualität der aufgenommenen Schallereignisse konnte in kurzer Zeitfolge durch technische Neuerungen, wie der runden Zinkscheibe, der Hartgummi- und Schellackplatte und dem fliehkraftgeregelten Federwerkantrieb verbessert werden. Aber erst durch die Entwicklung der elektrischen Aufnahme- und Wiedergabeverfah-

---

2 Eine Ausnahme bilden hier die Musikautomaten wie Spieldose, Spieluhr und Klavier, die auf mechanischem Wege durch Drehkurbeln, Uhrwerke, Druckluft u.ä., zum Klingen gebracht wurden.

ren, der Magnettonaufzeichnung und der Ablösung der brüchigen und rauschenden Schellackplatten durch flexible und rauscharme Langspielplatten, wurde die Wiedergabequalität aufgezeichneter Musik wesentlich gesteigert. Mit High Fidelity, Kopfhörer, Stereophonie und Kunstkopfaufnahmen, Quadrophonie und nicht zuletzt den digitalisierten musikalischen Klängen der CD's läßt sich heute eine immer perfektere Klangwiedergabe erreichen. Aber nicht nur die Konservierbarkeit und technische Reproduzierbarkeit von Musik, sondern auch die in den zwanziger Jahren dieses Jahrhunderts beginnende massenhafte Verbreitung des Rundfunks hat die räumliche und zeitliche Einheit musikalischer Produktion und Rezeption aufgehoben. Diese neuen Reproduktions- und Massenverbreitungstechniken haben darüber hinaus zu einer umfassenden Veränderung der Produktions- und Rezeptionsformen, zu einer "Revolutionierung" des gesamten Musiklebens geführt.

Durch die Möglichkeit der Aufzeichnung auf beliebig oft reproduzierbaren Tonträgern und ihrer Übertragung und Wiedergabe, vor allem durch Rundfunk und Schallplatte, ist Musik aller Epochen und Stile allen gesellschaftlichen Schichten an jedem Ort und zu jeder Zeit verfügbar geworden. Man muß nicht mehr zu einer bestimmten Zeit an einem bestimmten Ort sein, um Musik zu hören. Diese Aufhebung der zeitlichen und örtlichen Begrenzungen des Musik-Hörens hat musikalischen Darbietungen ihren letzten privilegierten Status genommen.

Die Kirche, der Ursprungsort zumindest unserer europäischen Musikkultur, wurde zunächst von den Opernhäusern und Konzertsälen - den "Kathedralen des Bürgertums" abgelöst. Waren sie lange Zeit die Orte, an denen Menschen der Musik vor allem begegneten, haben die *high fidelity* und *stereophonisch* beschallten Wohnzimmer ihnen aber längst ihren einst dominierenden Platz im Musikleben abgenommen. Der Anteil der Musik, die mittels moderner Technik wie Radio, Cassettenrecorder, Plattenspieler oder CD-Player, in High Fidelity und Stereophonie gehört wird, ist ständig gewachsen. Damit haben sich aber auch Funktion und Darbietungsmodus von Musik gewandelt.

> "Zur *Umgangsmusik* (funktionale bzw. Gebrauchsmusik, also sakrale Musik ebenso wie höfische Unterhaltungs- und Repräsentationsmusik oder Feld- und Militärmusik) gesellte sich mit der Säkularisierung und dem Erstarken des Bürgertums ab etwa 1780 die *Darbietungsmusik* (autonome bzw. absolute Musik, Konzertsaalmusik). Beiden Musikarten läuft in unserem Jahrhundert die *Übertragungsmusik* zumindest quantitativ den Rang ab" (Rösing 1985, S. 293).

Die neuen Formen der Vermittlung des Musikalischen, die Übertragungs- und Lautsprechermusik, haben das Verhältnis von Musikern und Publikum, den Zusammenhang zwischen Musik und ihren Hörern verändert und den sozialen Kontext gemeinsamen Musik-Hörens aufgehoben.

> "Übertragungsmusik ist losgelöst von gesellschaftlich präzise umschriebenen Anlässen und Situationen (Kirchenmusik zur Andacht, Marschmusikk als Machtdemonstration anläßlich einer Kundgebung, Konzertmusik als festlich-repräsentatives Ritual des Bürgertums, Punk als Fanal gegen bestehende Normen). Sie wird beliebig austauschbar (...) und verliert den Charakter des Besonderen, Einmaligen, Situationsbezogenen" (Rösing 1985, S. 296).

Allenfalls bei der Aufstellung, Handhabung und Bedienung ihrer Stereo- und High-Fidelity-Türme lassen sich bei einigen Musikrezipienten letzte sakrale oder rituelle Rudimente noch entdecken. Allerdings hat dabei so mancher moderne Musikkonsument mehr Interesse für die Qualitätsmerkmale und den Bedienungskomfort seiner Musikempfangs- und Wiedergabegeräte und weniger für die kulturellen, künstlerischen und ästhetischen Gehalte der Musik; und manchmal weiß er mehr über das technische Equipment seines Verstärkers und weniger über das, was er verstärkt.

Die technologische Entwicklung hat zwar hochwertige Wiedergabegeräte, die sich durch großen Frequenzumfang, hohe Dynamik und kleinen Klirrfaktor auszeichnen, hervorgebracht. Doch "noch so perfekte Technik kann nicht daran vorbei, daß eine originale Aufführung mit ihrer technischen Reproduktion einen nicht eindeutigen Zusammenhang hat, weil wesentliche Implikationen des unmittelbaren Erlebniszusammenhangs durch die Wiedergabe verändert werden" (Reinecke 1971, S. 20). Die zeitliche Beliebigkeit und räumliche Austauschbarkeit des Musik-Hörens hat nicht nur die "Kontextgebundenheit", sondern auch die "Situationsbedingtheit" verändert. Da wir nicht mehr zur Musik gehen, sondern sie zu uns holen oder sie zu uns kommt, gibt es auch kein "Vorher" und "Nachher" mehr.[3] Zudem ist zu berücksichtigen,

> "daß das originale Klangerlebnis etwa des Konzertsaales gar nicht primär allein vom akustischen Prozeß her bestimmt wird. Vielmehr spielen musikalische Bildung, soziale Erwartung, Situationsbefindlichkeit, aber auch das Auge, Tastsinn und Geruchssinn eine integrierende Rolle. Im übertragenen Klang sind diese Dinge gegenüber der unmittelbaren (Live-) Aufführung aber verschoben. (...) Wahrnehmungs- und Erwartungsmuster sind verändert. Damit wird aber auch die ästhetische Valenz der Musik abgewandelt" (Reinecke 1971, S. 21).

---

3 Im übertragenen Sinne wäre das wohl so, wie wenn man die zur Erkennung der Klangfarbe von Musikinstrumenten benötigten kurzen An- und Abklingvorgänge wegließe.

Die häufig im Tonstudio in nebengeräuschloser Reinheit aufgezeichnete und auf Schallplatte, Tonband oder CD konservierte Musik wirkt oft so steril, daß Schallplattenfirmen ihre Produktionen manchmal nachträglich mit Opernhaus- oder Konzertsaal-Rahmengeräuschen versehen. Diese Manipulationen können nicht im entferntesten das unmittelbare Konzerterlebnis und die ihm eigene Atmosphäre ersetzen. Musikkonserven sind allenfalls akustische Dokumentationen dieser Erlebnisse und können uns erinnern.

Die Konservierbarkeit der Musik auf den diversen Tonträgern, das omnipräsente musikalische Angebot, die multimediale Verbreitung der Musikkonserven und der veränderte Darbietungsmodus haben einen nicht unerheblichen Einfluß auf das Rezipientenverhalten und -bewußtsein ausgeübt. Da der größte Teil gegenwärtig komponierter und produzierter Musik für die modernen Speichermedien und den indirekten Kontakt mit einem anonymen Publikum bestimmt ist, haben die neuen musikalischen Konsummittel die Musikrezipienten atomisiert, isoliert und "verstreut"; (allenfalls beim *live* übertragenen Radiokonzert sind sie noch "vereint"). Die Delokalisierung und Entzeitlichung hat aber nicht nur zu einer "Verstreuung" der Musik-Hörer beigetragen, sondern Musik dient auch meist nur noch der "Zerstreuung". Musik ist zum gesellschaftlichen Konsumgut und Musik-Hören zum "arbeitskompensatorischen" und "kulturindustriellen" Freizeitvergnügen geworden.

Die technische Reproduzierbarkeit von Musik und die veränderten Bedingungen der Musikrezeption führten zu einer zunehmenden Kommerzialisierung der Musikproduktion.

> "Unter dem Einfluß der Gesetzmäßigkeiten des Marktes wurde der weitaus größte Teil des musikalischen Angebotes zum reinen Verschleißprodukt, zu einer Billigware im finanziellen wie auch im qualitativen Sinn" (Mezger 1980, S. 22).

Die Musikindustrie hat eine "industriell geglättete", auf den Massenkonsum zugeschnittene, hitparadenorientierte und schnell alternde "Industriemusik" hervorgebracht. Selbst solche musikalichen Neuerungen, die ursprünglich Ausdruck eines Protestes gegen politische, soziale oder ästhetische Vorstellungen sind, werden sogleich von der Musikindustrie absorbiert. Sie werden ihrer Spontaneität und Authentizität beraubt, indem man sie aus dem politischen und sozialen Kontext und ihrem lokalen Bezug löst und in geordnete Massenveranstaltungen und auf Schallplatten preßt. Marketingstrategen nennen das Marktspezifikation: Schaffung eines musikalischen Angebotes für rezipientenspezifische Kaufkraft.

Die "Halbwertzeiten" musikalischer Produktionen haben sich dabei in einem Maße verkürzt, daß von einer kontinuierlichen Herausbildung von Themen, Formen, Stilen und Gattungen nicht mehr die Rede sein kann. Der Warenchrakter der heutigen "Konsummusik" und die unaufhörliche Suche nach dem immer neuesten *Sound* hat lediglich zu einer inflatorischen Vielfalt ständig wechselnder musikalischer Moden geführt.

Musik im und mit Hintergrund

Weltweit werden Millionen Menschen täglich mit "Muzak" berieselt, doch nur wenige kennen diesen Begriff, und kaum jemand weiß, was er bedeutet oder was sich hinter ihm verbirgt. Der Begriff "Muzak" - ein bereits 1934 in den USA registriertes und geschütztes Warenzeichen der "Muzak-Corporation" - steht für eine spezielle Gebrauchsmusik, eine Art funktioneller Hintergrundmusik. Sie wird meist in Supermärkten, Kaufhäusern und Großraumbüros, in Restaurants und Hotelfoyers, in Flugzeugen, Fahrstühlen und Fabrikhallen, in Krankenhäusern und Arztpraxen und an anderen öffentlichen Orten eingesetzt. Allerdings selten, um sie zu hören: denn "Muzak" ist keine Musik, der man bewußt zuhören soll; sie darf nur "unbewußt" wahrgenommen oder allenfalls so nebenbei gehört werden.

Um dieses Ziel zu erreichen, sind Muzak-Programme frei von "aufmerksamkeitsheischenden oder musikalisch herausfordernden Bestandteilen" (Firmenkatalog). Ihre Arrangements bewegen sich nur in der schmalen Frequenzbreite zwischen 100 und 10.000 Hertz, d.h. zu hohe und tiefe Töne werden vermieden. Das Tempo, der Rhythmus, die Instrumentierung und die Klangfülle werden nur wenig variiert, und die Lautstärke ist in der Regel auf ein unauffälliges Minimum reduziert.

Da Muzak - diese sanfte Säuselmusik im Hintergrund - nicht stören soll, allenfalls die unbewußten musikalischen Erinnerungen ihrer Zuhörer "kitzeln" darf, werden auch keine Originalkompositionen gespielt. Aus dem unerschöpflichen Repertoire der Unterhaltungsmusik bedient man sich ehemals berühmter und beliebter Melodien von Volksliedern, Schlagern, Operetten und Musicals. Diese Musikstücke werden so umarrangiert, daß Melodie, Rhythmus und Harmonie einem gleichbleibenden, dominanten und stereotypen Einheitssound folgen. Sie werden zu Potpourris aneinandergefügt, die gekennzeichnet sind durch ihre Verwechselbarkeit und Einfachheit, simple Strukturierung, Eigenschaftslosigkeit und stete Perpetuierung (Haselauer 1986, S. 19). Die ursprüngliche "Hinhörmusik" wird durch diese Normierung und musikalische Glättung zu neuer "Weghörmusik" (Liedtke 1988, S. 14f.).

Daß diese industriell gefertigte Hintergrundmusik, die eigentlich gar keine Zuhörer hat, weil sie auf kein musikalisch gestimmtes Publikum trifft, nur scheinbar konzeptionslos "daherplätschert", zeigt das "hintergründige" Selbstverständnis ihrer Anbieter. Die Herstellerfirmen funktioneller Musik, ihre Komponisten, Arrangeure und Programmgestalter sehen sich selbst als Spezialisten für die physiologische und psychologische Anwendung von Musik. Einige Firmen schmücken sich werbewirksam mit einem wissenschaftlichen Beirat, dem Psychologen, Arbeits- und Musikwissenschaftler angehören, und der darüber wachen soll, daß die angebotenen Musikprogramme wissenschaftlich fundiert ihre Zweckbestimmtheit erfüllen. In der Regel sollen sie dazu dienen, die Einstellungen und Handlungen der Menschen auf ein exakt definiertes Ziel hin zu beeinflussen. Bei dieser Zwecksetzung stehen wirtschaftliche Überlegungen im Vordergrund:

> "Funktionelle Musik soll den Verkauf fördern und die Produktion steigern, sie soll für mehr Leistungen sorgen und die Arbeitsfreude anregen, sie soll den Umsatz steigern und die Fehlquote der Arbeiter vermindern. In eleganterer Diktion liest sich das so: Funktionelle Musik soll den arbeitenden Menschen positiv beeinflussen, den Kaufentschluß erleichtern oder ganz allgemein die akustische Umgebung verbessern" (Fehling 1980, S. 90).

So variabel ihre Zwecke, so vielfältig die Orte, an denen funktionelle Musik eingesetzt wird.

In Kaufhäusern und Supermärkten ist die Verwendung von Muzak-Hintergrundmusik zum festen Bestandteil von Maßnahmen zur Beeinflussung der Konsumenten geworden. Sie soll nicht nur eine angenehme Atmosphäre schaffen, fröhlich und heiter stimmen, die Konsumbereitschaft stimulieren und Kauflust fördern, sondern sich auch positiv auf die Verweildauer der Kunden auswirken. Der Rhythmus der Musik habe dabei die Rolle des "Schrittmachers" zu übernehmen. Ruhige und langsame Musik (andante) zu umsatzschwachen und heitere, lustige und schnelle Musik (allegro) zu umsatzstarken Tageszeiten soll die Durchlaufzeiten des Kundenstromes steuern (Fehling 1980, S. 86f.).

In exklusiven und eleganten Fachgeschäften (Möbel, Bekleidung, Optik, Juwelier usw.) soll funktionelle Musik die Schwellenangst nehmen, zur Auflockerung allzu geschäftlicher Atmosphäre beitragen und ein Gefühl der Geborgenheit hervorrufen, weil dann viel eher ein entspanntes Verkaufsgespräch zustande kommt.

Die dezente Klangtapete im zahnärztlichen Wartezimmer sorgt nicht nur für eine stilvolle Raumatmosphäre, sie soll auch beruhigen und die Angst vor dem nervtreffenden Zahnbohrer mildern und im Behandlungsraum zur Entspannung und Entkrampfung beitragen. In neueren Krankenhäusern werden nicht nur Operationsvorbereitungsräume und Entbindungsstationen mit "Muzak" beschallt, es sind auch Anschlüsse für Musik in die Säulen der OP-Tische eingebaut worden. Die mit Kopfhörer zu empfangende Musik soll durch ihre Wirkung auf Blutdruck und Pulsfrequenz die Angst vor der bevorstehenden Operation nehmen und vor Schmerzen schützen, kurz: als *akustisches Analgetikum* dienen.

Daß es Menschen gibt, die sich möglichst fortwährend mit Musik beschallen müssen - sie bekommen "Entzugserscheinungen", wenn sie fehlt -, berücksichtigt inzwischen auch die Deutsche Bundesbahn. In ihren neuen ICE-Zügen ist jeder Platz mit Buchsen für Kopfhörer ausgestattet. Selbst auf der Strecke Berlin-Hamburg bietet sie neuerdings einen dort lange vermißten Reisekomfort. In dem vor vielen Jahren bereits ausrangierten, nun aber als neuer "Fliegender Hamburger" zwischen Spree und Alster wieder eingesetzten ehemaligen Trans-Europa-Express-Zug (TEE), werden die Zugreisenden inzwischen auch mit einer Art funktioneller Hintergrundmusik "berieselt".

Hatten Wände früher einmal die Funktion, Schall zu isolieren, benutzt man heute "Wände aus Schall". So wird zum Beispiel die Musik in modernen Großraumbüros auf eine solche Lautstärke gebracht, daß sie andere Geräusche, wie das Klappern von Schreibmaschinen, Papierrascheln, Reden und Husten, Klimaanlagengeräusche usw., übertönt. Neben dieser Ausblendefunktion - der "Maskierung" der unangenehmen Begleiterscheinungen anderer Geräusche - hat die Anwendung funktioneller Musik in Großraumbüros aber auch die Aufgabe, die Leistungsfähigkeit der menschlichen Arbeitskraft perfekter und effektiver zu nutzen. Muzak soll den Stoffwechsel und die Atmung regulieren, Erschöpfung verzögern und Aufmerksamkeit fördern, damit schneller und konzentrierter gearbeitet wird.

Ob funktionelle Musik "funktioniert", d.h. Arbeitsleistung, Aufmerksamkeit, Konzentration, Kauflust usw. im Sinne der beschriebenen Zwecksetzungen beeinflussen kann, ist auf dem Hintergrund bisher vorliegender Untersuchungsergebnisse zumindest zweifelhaft (Fehling 1980; Haselauer 1986; Rosenstiel u.a. 1985). Die Befunde legen zwar die Schlußfolgerung nahe, daß Musik-Hören zu unterschiedlichen physischen und psychischen Reaktionen führen kann. Das Problem ist aber, daß diese Veränderungen stets in Abhängigkeit von der Art der emotionalen Bewertung der gehörten Musik stehen.

Hintergrundmusik beschränkt sich nun nicht nur auf öffentliche Räume. Musikberieselung hat ein derart großes Ausmaß angenommen, daß ihre Allgegenwart unüberhörbar geworden ist. Selbst die private Geselligkeit bleibt nicht von ihr verschont. Kaum eine private Tischgesellschaft - auch die, die sich nicht zum Essen, sondern zum Plaudern trifft - verläuft mehr ohne fortwährend rieselnde Klangtapete. Auch diese Background-Musik bei privater Geselligkeit soll nicht bewußt wahrgenommen werden, sie soll lediglich das Plaudern, den Small-Talk ermöglichen und unterstützen, eine angenehme und gemütliche Atmosphäre schaffen und darum möglichst hintergründig bleiben.

Die Musik aus dem Radio oder dem High-Fidelity-Turm soll aber auch vor dem Gleichklang der Stille, der durch Gesprächspausen notwendig entsteht, schützen. Die unverhofft sich auftuende Stille der Gesprächspausen wird meist als etwas zutiefst Beängstigendes und Negatives wahrgenommen. Und damit sie niemand als Kommunikationsverweigerung interpretiert, wird das sonst entstehende und so gefürchtete akustische Vakuum durch die gerade noch "überhörte", dezent im Hintergrund erklingende Musik gefüllt. Die Kommunikationslücken werden durch die Hintergrundmusik aufgefangen und gebunden. Die Hinterbühne wird kurzfristig und zeitweilig zur Vorderbühne, und jeder kann durch entsprechend geeignete Mittel nonverbaler Kommunikation sein momentanes Engagement für die aus den Lautsprechern kommenden Klänge vermitteln.

Während die leise, meist kaum hörbare Hintergrundmusik bei privater Geselligkeit die beunruhigende Gesprächslosigkeit in kontrollierte Stille umwandelt, erfüllt die meist überlaute Background-Musik in Gaststätten, Lokalen und Kneipen, wo sie eigentlich Vordergrund-Musik heißen müßte, eine andere Funktion. Hier soll sie das Belauschen der Gespräche an den Nebentischen verhindern und das gesamte Gemurmel der Unterhaltungen und das Klappern des Geschirrs vertuschen. Diese Musikberieselung soll die störend wirkenden Geräusche verkleiden - sie dient auch hier als eine Form der Schalldämpfung.

Ob als Muzak, "die ohne künstlerische Individualität lediglich einen Geräuschteppich legt" (Schmidt-Joos/Graves 1977, S. 98), oder als eine andere Form der Hintergrundmusik, ob als "Musik zum Nichthören" oder als Schallwand zur Isolation, ob mit umsatzsteigernder oder entspannender Funktion, zum Übertönen von Geräuschen oder zur Steigerung von Produktivität, permanent werden wir von Musik beschallt oder beschallen uns selbst damit. Mit Berieselungsmusik lebt es sich scheinbar ungestört und schallgedämpft. "Natürliche" Stille ist ein Zustand, den wir heute nur noch selten vorfinden.

Musik, unabhängig von ihrer ästhetischen und künstlerischen Qualität, ist zum atmosphärischen Gestaltungselement, zum Element akustischer Raumgestaltung avanciert. Mit dieser künstlichen Umgebungsgestaltung, der "environmental music" (Schmitt 1984), wird ein akustisches Raumklima geschaffen, das uns in ein "Meer von Harmonie tauchen" und uns ein vermeintliches Wohlbefinden suggerieren soll.

In der Regel handelt es sich bei dieser Musik im Hintergrund aber wohl eher um "musikalische Umweltverschmutzung". Sie desensibilisiert unseren Sinn für akustische Ereignisse und zerstört die "natürliche" Laut- und Klangsphäre menschlichen Lebens. Die Menschheit steht im Begriff

> "ihren zukünftigen Weg unter einem kollektiven Walkman zu gehen, in dem etwas von 'Humanisierung' raunt und doch nur entmündigend die Stille totschlagen will." (Schmitt 1984)

Musik-Hören jederzeit und überall

Der Walkman - ein von der japanischen Firma Sony Anfang der 80er Jahre entwickelter, tragbarer und batteriegetriebener Minikassetten-Recorder mit Kopfhörer - ist trotz aller anfänglichen Unkenrufe von Marktforschern, Marketingstrategen und Vertriebsleuten[4] inzwischen zum weltweit exportierten, "zwanzigmillionenfach(en) Verkaufsschlager einer ganzen Branche"[5] geworden. Selbst nach über einem Jahrzehnt seiner Markteinführung ist der Walkman noch immer populär, und es werden nicht nur auf dem deutschen, sondern auf dem gesamten Weltmarkt weitere Verkaufswachstumsraten erwartet.

Obwohl der Name es nahelegt, der Walkman wird nicht nur beim Gehen oder Laufen benutzt; er ist zum selbstverständlichen musikalischen Begleiter in den verschiedensten Situationen des Alltags geworden. Die Walkman-Nutzer, diese "mobilen Ton-Träger", die ohne jede Einschränkung jederzeit und überall ihre "Lieblingsmusik" hören müssen/wollen/können, sind Jugendliche auf Rollschuhen oder Skateboards, Radfahrer im Straßenverkehr, Spaziergänger und Jogger in den städtischen Grünanlagen, Familienmitglieder bei Haus-, Garten- und Heim-

---

4 "Um Gotteswillen, das Produkt kann nicht aufnehmen. Es fällt hinter den Stand der Technik zurück, es wird keinen Markt finden". (DIE ZEIT vom 15.2.1991, S. 77)

5 DIE ZEIT vom 14.4.1987

werkerarbeit und die sich von ihrem Alltags- und Berufsstress erholenden Fitness-Center- und Squash-Hallen-Besucher. Selbst beim Schwimmen oder Tauchen muß ein vom Wassersport begeisterter Musik-Fan nicht mehr auf seinen Hörgenuß verzichten, denn es gibt inzwischen schon den wasserdichten und vakuumversiegelten Walkman.

Das Walkman-Hören, diese Sonderform der Musikrezeption, die anfänglich vorwiegend bei Jugendlichen zu beobachten war, hat sich "schleichend auf die Erwachsenen ausgeweitet" (Liedtke 1988, S. 141), und "Menschen quer durch alle Altersgruppen und soziale Schichten lassen sich heute durch den Walkman beschallen" (ebenda). Neben lässig-legeren Mittzwanzigern trifft man "auch seriöse Geschäftsleute mittleren Alters (...) hierzulande in öffentlichen Verkehrsmitteln gelegentlich bereits mit Kopfhörern an" (Schönhammer 1988, S. 9).

Musik-Hören ist die bei weitem wichtigste Freizeitbeschäftigung von Jugendlichen und jungen Erwachsenen. Musik wird im Live-Konzert und in der Disco oder daheim zur untermalenden Begleitung verschiedenster Tätigkeiten und an öffentlichen Orten bei allen möglichen Gelegenheiten gehört. Der Walkman scheint nun dieses Bedürfnis nach musikalischer "Dauerberieselung" in optimaler Weise zu befriedigen. Die Zeiten, in denen Kofferradio im Freien, ohne Rücksichtnahme auf die Mit-Hörer und inmitten des zusätzlichen Umgebungslärmes gehört werden mußte, sind vorbei. Das Kopf-Hören mit dem Walkman "ermöglicht - in Grenzen (...) lautes Hören, ohne das Risiko von Konflikten mit der Umwelt" (Schönhammer 1988, S. 33).

Wer allerdings voreilig die Entwicklung des Kopfhörers als Beitrag gegen "akustische Umweltverschmutzung" wertete, wird spätestens dann korrigiert, wenn er in öffentlichen Verkehrsmitteln neben einem mit Oberschenkeln wippenden, Finger trommelnden und mitsingenden oder -summenden Walkman-Hörer zu sitzen kommt. Wenn man Glück hat, ist die Musik so laut gestellt, daß man gut mithören kann, oder so leise, daß unser Bewußtsein sie nach einer Weile gar nicht mehr wahrnimmt. In der Regel ist die Intensität für den Mit-Hörer aber gerade so, daß er Tonhöhe und Klangfarbe nur schwer eindeutig bestimmen kann.

Gerade von der rhythmus- und baßbetonten Rock-, Pop- und Funkmusik, die von den meisten Walkman-Hörern bevorzugt wird, bleibt nur das "Gerippe" ihres treibenden und dynamischen Charakters übrig. Von einem um Frequenz, Intensität und Ober- bzw. Partialtönen beschnittenen und konstant bleibenden musikalischen Klang bleibt nur ein "Abfallgeräusch" mit "Hinweischarakter" (Schönhammer 1988, S. 19) übrig, das notwendig für den "Sekundär-Hörer" zur "Ton-Störung" wird und unangenehm wirken muß.

Kontext- und situationsgebunden haben sich verschiedene Formen der Musikrezeption herausgebildet: einerseits das selektive Hören (nur bestimmte Passagen eines Musikstückes werden bewußt angehört), das Nebenbeihören (bei der Ausübung verschiedener Tätigkeiten) oder das Weghören (von der, zum akustischen Ornament verkümmerten Hintergrundmusik), andererseits das Intensivhören (das ausschließlich auf die Musik gerichtete konzentrierte Hinhören, etwa mittels Kopfhörer oder extremer Lautstärke) (Rösing 1985, S. 298f.).

Das Walkman-Hören, "das die Merkmale des Nebenbei- und des Intensivhörens auf sich vereinigt" (Oellerer 1988, S. 2), scheint auch in diesem Zusammenhang etwas zu befriedigen, was die anderen Hörsituationen nicht zu leisten vermögen. Aus rezeptionspsychologischer Sicht kommt es zwar nicht zu einer Synthese der beiden Extrembereiche des Hörverhaltens, sondern sie wechseln wohl eher einander ab. Aber Nebenbeihören und Intensivhören korrelieren mit der Hinwendung an das optische und das akustische Geschehen, und es kommt dabei zu einer Bedeutungs- und Wirkungsverschmelzung (Rösing 1985, S. 298).

Zudem sind unsere Sinnesorgane im permanenten Nacheinander oder Zugleich visueller, auditiver, olfaktorischer, gustatorischer und taktiler Stimulation ausgesetzt. Diese verschiedenen sinnlichen Aspekte der Wahrnehmung bleiben im Bewußtsein nicht separiert; auf der höchsten Stufe der übereinandergelagerten Schichten des Gesamtprozesses der Sinneswahrnehmung, der neuronalen Verarbeitung im Zentralnervensystem, werden die verschiedenen Sinnesdaten sortiert, integriert und emotional bewertet. Dieses Phänomen bezeichnet man als "intermodale Integration" (Emrich 1990, S. 182), d.h. die Interpretationen der Codes des zufälligen sinnlichen Environments führen zu einer integralen sinnlichen Erfahrung.

Die Dechiffrierung und Deutung der Vielfalt unvorherhörbarer akustischer Signale, von denen wir ständig umgeben sind, dient also nicht nur der räumlichen und zeitlichen Orientierung, sie ist zugleich integraler Bestandteil der Interpretation von Welt.

Der Walkman-Hörer, der sich in einer Welt des Allein-Musik-Hörens befindet (Hosokawa 1978, S. 12), entzieht sich der "natürlichen" Laut- und Klangsphäre; das, was von ihm gehört wird, ist nicht mehr zufälliges Ereignis. Er entzieht sich dabei nun nicht nur dem vielseitigen und unerschöpflichen Vorrat akustischer Zeichen der ländlichen oder städtischen Laut-Sphäre, sondern modifiziert, transformiert und verfremdet auch seine anderen sinnlichen Wahrnehmungen durch die individuelle Wahl seiner privaten Hör-Welt. Durch seine singuläre, autonome und selbstbewußte Musikwahl ästhetisiert, theatralisiert und dramatisiert der Walkman-Hörer die individuelle Beziehung zwischen sich und den ihn umgebenden Objekten.

Der Walkman-Hörer entflieht dem *unüberhörlichen Gedränge* akustischer Informationen von Tönen, Klängen, Geräuschen, Krach und Lärm; er macht *Ferien* von der Klang- und Geräuschkulisse des alltäglichen Lebens und schafft sich ein *künstliches* akustisches *Paradies*. Mit der unaufhörlichen musikalischen Beschallung verschafft sich der Walkman-Hörer eine artifizielle Klangsphäre; "der orientierte Weltbezug wird potentiell durch einen gestimmten ersetzt" (Schönhammer 1988, S. 55). Auf der Suche nach einer anderen, neuen Befindlichkeit und Gefühlslage, einem anderen "feeling", taucht er ein in (s)eine inszenierte, surreale Welt-Wirklichkeit. Die Bilder des Alltags werden durch den selbstgewählten "Soundtrack" zum Kino-Erlebnis. Die veränderte Wahrnehmungsweise durch das Walkman-Hören eröffnet diesen "mobilen Ton-Trägern" emotionale Reaktionen, Gefühle und Empfindungen und befriedigt Bedürfnisse, die der graue Alltag sonst nicht erfüllt.

Literatur

Bruhn, Herbert/Oerter, Rolf/Rosing, Helmut (Hrsg.): Musikpsychologie. Ein Handbuch in Schlüsselbegriffen, München 1985.

Dopheide, Bernhard: Musikhören, Hörerziehung, Darmstadt 1978.

Emrich, Hinderk M.: Vom Ich unserer Sinne. In: Maelicke, Alfred (Hrsg.):Vom Reiz der Sinne, Weinheim 1990, S. 175-194.

Fehling, Reinhard: Funktionelle Musik. Manipulationsversuche im Gewande der holden Kunst. In: Brinkmann, Reinhold (Hrsg.): Musik im Alltag, Mainz 1980, S. 84-95.

Haselauer, Elisabeth: Berieselungsmusik. Droge und Terror, Wien 1986.

Hosokawa, Shuhei: Der Walkman-Effekt, Berlin 1987.

Liedtke, Rüdiger: Die Vertreibung der Stille, München 1988.

Maelicke, Alfred (Hrsg.): Vom Reiz der Sinne, Weinheim 1990.

Oellerer, Norbert: Reizhunger und Rockmusik - Eine experimentelle Studie zum Walkman-Phänomen, Diplomarbeit am FB Psychologie, Universität Hamburg 1988.

Pierce, John R.: Klang. Musik mit den Ohren der Physik, Heidelberg 1985.

Pütz, Jean (Hrsg.): HiFi, Ultraschall und Lärm. Die Welt des Schalls, Köln 1977.

Rauhe, Hermann: Popularität in der Musik, Schriftenreihe Musik und Gesellschaft, Heft 13/14, Karlsruhe 1974.

Rauhe, Hermann/Flender, Reihard: Schlüssel zur Musik, München 1990.

Reinecke, Hans-Peter: Die Rolle der technisch vermittelten Musik im kulturellen Prozeß. In: High Fidelity und Stereophonie - ihr Platz und Rang im Musikleben, Schriftenreihe Musik und Gesellschaft, Heft 10/11, Karlsruhe 1971, S. 9-23.

Roederer, Juan G.: Physikalische und psychoakustische Grundlagen der Musik, Berlin 1977.

Rösing, Helmut: Musik und Massenmedien. In: Bruhn, Herbert u.a. (Hrsg.): Musikpsychologie. Ein Handbuch in Schlüsselbegriffen, München 1985, S. 293-301.

Rosenstiel, Lutz von: Musik und Arbeitsleistung. In: Bruhn, Herbert u.a. (Hrsg.): Musikpsychologie. Ein Handbuch in Schlüsselbegriffen, München 1985; S. 280-283.

Rosenstiel, Lutz von/Fichtner, Friedrich/Weil, Peter: Musik im Kaufhaus. In: Bruhn, Herbert u.a. (Hrsg.): Musikpsychologie. Ein Handbuch in Schlüsselbegriffen, München 1985; S. 275-279.

Schafer, Murray: Klang und Krach. Eine Kulturgeschichte des Hörens, Frankfurt a.M. 1988.

Schmidt-Joos, Siegfried/Graves, Barry: Muzak. In: Lexikon Pop, Wiesbaden 1977, S. 98.

Schmitt, Uwe: Das dumpfe Wiegenlied der Tagträumer. "Funktionelle Musik" - Stille Volksdroge oder akustischer Umweltschmutz? In: Frankfurter Allgemeine Zeitung Nr. 293, 1984.

Schönhammer, Rainer: Der Walkman. Eine phänomenologische Untersuchung, München 1988.

Gefühlskultur und Expertenjargon

Heinrich von Gyldenfeldt

Enthaltsamkeit (affective neutrality) ist nach Parsons eine Bestandsbedingung moderner Sozialsysteme. Diese gute augustinische Denktradition beschreibt richtig den real existierenden Logozentrismus entwickelter Gesellschaften. Gegen ihn wetterte Nietzsche:

> "(Die Christen) verachteten den Leib: sie ließen ihn außer Rechnung: mehr noch, sie behandelten ihn wie einen Feind. Ihr Wahnwitz war, zu glauben, man könne eine "schöne Seele" in einer Mißgeburt von Kadaver herumtragen (...). Um das auch andern begreiflich zu machen, hatten sie nötig, den Begriff "schöne Seele" anders anzusetzen, den natürlichen Wert umzuwerten, bis endlich ein bleiches, krankhaftes, idiotisch-schwärmerisches Wesen als Vollkommenheit, als "englisch", als Verklärung, als höherer Mensch empfunden wurde" (Nietzsche 1969, § 372).

"Sinnlichkeit" ist zu einer der kritischen Chiffren des Zivilisationsprozesses geworden. Strömungen, Bewegungen hat es, als Seiten- oder Begleitsymptom, immer gegeben. Heute hat sich die Gefühlskultur institutionell etabliert. Sie entstand als eine Variante des politischen Protests der 68er, der, wie sein Überbau, die Kritische Theorie, beides erreichen und vermitteln wollte: Strukturelle Revolution (Marx) und individuelle Emanzipation (Freud). Man startete den permanenten Seminar-Diskurs über Triebstruktur und Gesellschaft und über Theorie und Praxis des multiplen Orgasmus' (Reich). Mit Ausnahme einiger praktischer Übungen etwa in der Kommune I, herrschte Betriebs-Klima vor: In "Arbeitsgruppen" genannten Spezialseminaren arbeitete man Psychotheoretisches auf und erstellte Papiere. Man pflegte, übte, zeigte kommunikative Kompetenz, es waltete die Herrschaft des Vokabulars.

Die zeitgenössische Gefühlskultur zeigt sich markt- und medienfest, ausdifferenziert bis in die Rhetorikseminare und Survivalencounters der Unternehmenskultur und definiert weitgehend das Gesprächsrepertoire der Beratungs-, Hilfs- und Selbsthilfeszene:

> "Der Beziehungsvirtuose hat den Amateurstatus längst abgelegt. Er ist ein ausgebuffter Profi in Sachen Gefühle: WG-fest, rechtfertigungssicher und rundum kommunikationskompetent. (...) Auf die Übersteigerungen, Projektionen, Idealisierungen der Liebe wollte man sich schon damals nicht einlassen. Mehr als auf emotionale Ergriffenheit (...) setzte

man auf die Rationalität des gemeinsamen Gesprächs: 'Wir sollten uns mal wieder über unsere Probleme aussprechen'" (Guggenberger 1987, S. 57/58).

Im folgenden möchte ich diese zwei Überlegungen erläutern:

1. Die Gefühlskultur verwechselt den Ausdruck von Gefühlen mit ihrer terminologischen Sezierung,
2. und sie betreibt und verlängert den Prozeß der Rationalisierung des Intimen, gegen den sie protestiert.

I. Das therapeutische Erbe

Emotionen sind Episoden. Wir nehmen sie wahr, wenn die Episode vorübergegangen ist. So können wir von ihnen episodisch oder poetisch erzählen. Die Erzählweise ist narrativ, expressiv, gestisch, evokativ, mit vielen Pausen, Schweigepassagen. Wer vom Blitz getroffen wird, kann darüber nicht auch noch eine theoretische Deutung abgeben. Ein "Grenzereignis" (Blumenberg) entzieht sich dem Schema semantischer Klarheit. Für die psychologische Rasterfahndung ist diese Erzählweise Rohmaterial:

> "Auch diejenigen Befragten, die sich ***redlich*** bemühten, Gefühlserlebnisse, die in ihrem Alltag vorkommen, zu sammeln und zu benennen, taten sich vor allem bei der Benennung der Gefühle schwer. Es wurden nicht vornehmlich Bezeichnungen für Gefühlserlebnisse, ***wie sie etwa Lersch benutzt***, verwendet, sondern Umschreibungen (...)" (Friedrich 1982, S. 28, Herv. v.G.).

Wer also von seinen Gefühlen erzählt und dabei ins Stottern kommt oder das finite Verb vergißt, hat entweder Lersch nicht gelesen oder womöglich "ein zu niedriges Niveau intellektueller Fähigkeiten" (a.a.O., S. 229).

Für Menschen mit Niveau sieht dies anders aus. Die kennen sich aus in der Literatur, in den Ratgebern, im Psychobasar. Sie sind in der Lage, Engagement, Betroffenheit und Emotionen diskursfähig zu machen. Da wird nicht nur einfach rumerzählt. Der reflexive Umgang mit dem eigenen Gefühl überführt dies in das Medium öffentlicher Hilfsangebote. Hintergründe, Ursachen und Motive werden nachvollziehbar, Geltungsansprüche entscheidbar gemacht.

Auch die 68er waren ja Leute mit intellektuellem Niveau und differenzierter Syntax. Die diskursive Offenlegung von Emotionen ist psychoanalytische Tradition in gesellschaftskritischer Absicht (Fromm, Marcuse, Lacan). Agnes Heller hat den Prozeß emotiver Differenzierung als "Koordinierung" bezeichnet. Ich möchte ihr Modell, pars pro toto, kurz skizzieren.

Das sprechende Kind weint nicht mehr, wenn es hungrig ist oder durstig, sondern es teilt seine Gefühle mit. Der die Mitteilung färbende Ton ist "(...) der Rest der Expression, der aber immer mehr verschwindet" (Heller 1980, S. 164). Für den Menschen der Moderne, für das nicht mehr bornierte Individuum gilt: Es gestaltet seine Gefühlswelt selbst. Es reflektiert die gesellschaftlichen Rahmenbedingungen, die latenten Rituale, die scheinbar natürlichen Gepflogenheiten und kann sie im Zweifel transzendieren. Selbstanalyse und Selbstreflektion leisten zweierlei. Erstens organisieren und differenzieren sie unseren "Gefühlshaushalt" (a.a.O., S.274 ff.) und zweitens erreichen sie eine Art Prioritätenliste für den adäquaten Einsatz unsere Gefühle.

Heller bezeichnet als "Koordinierung" die Erlernung des Gefühls über die Zuordnung zum Gefühlsbegriff (a.a.O., S. 176). Entscheidend ist die Benennung, die Denotation von Gefühlen, denn sie ist die Bedingung für deren Identifikation.

> "Je mehr Nachdruck auf das Benennen gelegt wird, desto weniger braucht das Benennen selbst expressiv zu sein. (...) Durch das Benennen wird es möglich, die Affektbildung nicht auf Dressur, sondern auf den Intellekt aufzubauen. (...) Die auf Intelligenz (und nicht auf Dressur) begründete Bezeichnung der Affekt-Objekte ermöglicht das Unabhängigwerden des Affektes von der individuellen Erfahrung" (a.a.O., S. 164/165).

Die Wissenschaftstheorie bezeichnet als "Denotation" jene semantische Funktion, die die Wahrheitsfähigkeit eines Satzes ermöglicht. Bei Habermas begründet sie verständigungsorientierte Kommunikation. Gewiß, diese kognitive Kompetenz gilt auch für die Differenzierung von Emotionen. Die Kenntnis von Emotionen bedeutet keineswegs, daß wir sie auch bei uns empfunden haben müssen. Wer noch nie Haß empfunden hat, sollte gleichwohl wissen, daß es Haß gibt. Wüßte er das nicht, könnte er weder auf Haß angemessen reagieren noch die Beziehung zu Haß, seine Bewertung, erlernen. Es ist eine elementare Voraussetzung für unsere alltägliche Handlungsfähigkeit, daß wir mehr Emotionen/Emotionstypen kennen, als wir selbst empfunden haben. Bei Heller folgt die Entwicklung der Gefühle der sprachlichen Differenzierung. Wie diese unterliegt denn auch der "Gefühlshaushalt" (ein Lieblingsbegriff Hellers) der Strategie einer zeit- und ressourcenabhängigen Justierung und Dosierung, je nach Ratgeber, Therapeut oder tatsächlicher Situation. Die kommunikativ feingesteuerte Emission von Partien aus unserem Gefühlshaushalt folgt mithin den Rationalitätskriterien anderer Tauschmedien.

Ist die Welt der Gefühle einmal semantisch bestimmt und differenziert, verliert sie ihre expressive Eigenart. Gefühle werden als sprachliche Mitteilungen (gut, mal laut, mal leise, aber ohne Übertreibung!) codiert und damit zum Gegenstand sozialer, symbolischer Verformungen. Man wird flexibel und situationsgerecht. Kommunikative Kompetenz ermöglicht rollengerechte Zuteilung von Emotionen und, in der Zeitdimension, deren kalkulierten Aufschub (deferred gratification pattern). Gefühle werden im doppelten Wortsinn in Beziehung gesetzt. Die Beziehung ist zeitlimitiert. Deren Flüchtigkeit läßt jederzeit den Rückzug offen. Die Beziehung lebt in einer Atmosphäre, in der nur die augenblickliche Präsenz dosierter Gefühle und der Stimmung zählt.

> Sie "(...) läuft gleichsam in einer Separatwelt außerhalb des Spielfelds, auf dem das Leben spielt, ohne Regel und ohne Schiedsrichter" (Guggenberger, a.a.O., S. 69).

Entscheidend kommen dieser Neigung die zu Rezepturen und Techniken geronnenen Prinzipien der Psychotherapie entgegen. Die längst vulgarisierten Begriffe Freuds sind eine mächtige Stütze für das Expertenwissen. Libido, Regression, Ich, Es, Über-Ich werden vergegenständlicht, die Erzählung ("Du, also, immer, wenn ich diese Platte hör ...") wird nicht als einmaliges Geschehen verstanden, sondern zu allgemeinen Gesetzmäßigkeiten in einer Entwicklung von Stadien (oral, anal, genital) reifiziert. Gefühle werden zu einer Hydraulik von Energien mechanisiert. Das therapeutische Vokabular wird lexikalisch kodiert und für den Bedarfs-Fall abrufbar. Der Dialog wird zur Maßnahme des *human engineering* oder, wenn beide sich eingeredet haben, zum "dramaturgischen Modell".[1]

II. Empathieritual und verzerrte Kommunikation

Indes, die Gefühlskultur appelliert an Authentizität und ekelt sich vor den inhaltsleeren Traditionalismen und den Darstellungsritualen vor allem der Politiker. Alles nur Heuchelei. Aber der kompetente Einfühlungsprofi gerät selber in das Dilemma verzerrter Kommunikation: Das empathische Nachgraben nach Motiven hinter dem Gefühl des anderen, nach konstellativen Einflußfaktoren, nach biographischen Schrammen, setzt klammheimlich die Zurechenbarkeit der Äußerungen des anderen außer Kraft. Aus dem Gespräch wird ein pädagogisches/therapeutisches[2] Setting. Hier ist der andere sozusagen für sich selbst nicht zuständig, seine Identität ist Objekt psychoanatomischer Analyse. Oft wird er

---

1 Vgl. hierzu etwa Fromms "Marketing-Charakter" (Fromm 1991), Goffmans "impression management" (Goffman 1971, S. 10ff.) sowie "Kommerzialisierung der Gefühle" (Gerhards 1988) oder Hochschilds "emotion work" (Hochschild 1979, S. 551ff.).

2 Dies gilt natürlich erst recht für den Therapeuten selber. Vgl. dazu Lacans Kritik in: Lang 1973, Kap. 3.

selbst den Ebenenwechsel nicht bemerken und an der Sezierung freudig mitwirken. Anders als in der Kommunikationsform der Widerrede, des Bestreitens, auch des gewollten Beendens, in der der Erzähler von Gefühlsepisoden fraglos ernstgenommen wird (d.h., er muß damit rechnen, daß man diese bestreitet oder etwa als geschmacklos bezeichnet), neigt der Beziehungsdiskurs dazu, seine Identität zu parzellieren und damit zu negieren.[3]

Wenn zwei erwachsene Menschen miteinander reden, unterstellen sie einander stillschweigend gegenseitig, daß sie handlungsfähige Subjekte sind, die grundsätzlich den Normen, denen sie folgen, intentional folgen und also, wenn nötig, über ihr Verhalten Rechenschaft ablegen und es rechtfertigen könnten: "Auf dieser unvermeidlichen Fiktion beruht die Humanität des Umgangs unter Menschen, die noch Menschen, d.h. in ihren Selbstobjektivationen noch nicht sich als Subjekte fremd geworden sind" (Habermas 1974, S. 120). Lassen wir die Voraussetzung der Intentionalität beim Gegenüber fallen und schreiben wir statt dessen unbewußte Motive zu, behandeln wir ihn als Objekt. Erkennbar geschieht dies täglich in unserem Umgang mit Kindern. Die pädagogische Situation unterliegt einem übrigens auch rechtlich gesicherten Machtgefälle (Mündigkeit, Straffähigkeit): Das "Ernstnehmen" des Kindes ist eine didaktische Finte. Im Umgang unter Erwachsenen steht die Zurechnungsfähigkeit auf dem Spiel (vgl.v. Gyldenfeldt 1980, S. 81ff.). Der Arzt/Therapeut (dessen Hilfe entschlossen und intentional nachgefragt wird) rechtfertigt das kommunikative Gefälle mit etwa ontogenetisch erklärbaren Sozialisationsdefiziten. Diese Situation "verzerrter Kommunikation" (Habermas) ist manifest.

> "Aber wenn (der Therapeut) dieselbe Reflexion dort ausübt, wo er nicht als Arzt dazu legitimiert ist, sondern wo er selber sozialer Spielpartner ist, fällt er aus seiner sozialen Rolle (...). Die emanzipatorische Kraft der Reflexion, die der Psychoanalytiker in Anspruch nimmt, muß mithin an dem gesellschaftlichen Bewußtsein ihre Grenze finden, in welchem sich der Analytiker, ebenso wie sein Patient, mit allen anderen versteht" (Habermas 1973, S. 158).

Das Umschalten von "normaler" (verständigungsorientierter) zu "verzerrter" Kommunikation geschieht in bester Absicht und in Verfolg der Sozialmoral der Gefühlskultur. Die gerade zitierte Achtungsgrenze hat Freud selbst geöffnet. Als Modell verzerrter Kommunikation hat er den Traum angesehen. In seinen kulturtheoretischen Überlegungen hat er freilich den Bereich weiter gefaßt und die

3 Man lernt dies z.B. beim Interaktionismus Krappmanns, der seinerseits die Rollentheorie Dahrendorfs als subjektfeindlich kritisiert hatte.

ursprünglich an klinischen Symptomen entwickelten Deutungen auch als Schlüssel für tagtägliche Pseudonormalität angewandt. Gesellschaft als ganze wurde Objekt der Analyse latenter Pathologien. Nach seinem Tod übernahm die Gesellschaft selber sowohl seine Couch als auch seinen Stuhl: Selbstreferenz in psychoanalytischer Absicht.

Die Umschaltung folgt, ist meine These, folgenden Schritten: Empathie - Strategie - verzerrte Kommunikation.

"Empathie" meint die - moralisch gesteuerte - anteilnehmende Vorstellung von den normativen (role-taking) und situativen (Episoden) Autonomieeinschränkungen beim anderen. In aller Regel handelt es sich um Fragen der Bewältigungskompetenz. Die das Mitfühlen begleitende körperliche Zu-Neigung verschärft sich mit jedem Grappa. Expressive Äußerungen werden mit der ersten Person Präsens eingeleitet: "Ich sag mal, das ist doch wirklich zum Kotzen!"

> "Strategisches Handeln" ist "(...) eine erfolgsorientierte Handlung (i.S.d. Weberschen Zweckrationalität, v.G.), wenn wir sie unter dem Aspekt der Befolgung rationaler Wahl betrachten und den Wirkungsgrad der Einflußnahme auf die Entscheidungen eines rationalen Gegenspielers bewerten" (Habermas 1981, S. 285).

Nun kann diese gewollte Einflußnahme natürlich nicht unter Gewalt geschehen, der andere muß aus freien Stücken dem Dialog nebst dessen Struktur zustimmen. Erreichen kann ich die Zustimmung also nur dann, wenn ich das Strategische meines Redens verberge. Am leichtesten fällt mir dieser Trick, wenn mir das Strategische selbst nicht klar ist, wenn ich einer - habitualisierten - Selbsttäuschung aufsitze. Habermas nennt diese Deutung kommunikativen Handelns "verdeckt strategische Handlung" (Habermas, a.a.O., S. 395). Der Dialog wird von einer intentionalen Rhetorik gesteuert, die ihrerseits in aller Regel durch stillschweigende Autoritätszuschreibung begründet ist.

"Systematisch verzerrte Kommunikation" nennt Habermas nun jene Kommunikationspathologie, die aus der "(...) Konfusion zwischen erfolgs- (i.S.v. "verdeckter Strategie", v.G.) und verständigungsorientiertem Handeln entsteht." (Habermas, a.a.O., S. 445, mit einem übersichtlichen Schema S. 446) Dies ist eine kommunikationstheoretische Verlängerung der Weberschen Handlungstheorie, die auf monologische Intentionalität verkürzt bleibe. Für die Empathie - und Verbindlichkeitsanmutungen der Gefühlskultur bleibt Zweckrationalität ein Tabu, das Ich-und-du, das Du-mit-mir, das Wir-mit-euch sind das sozio-moralische Credo. Die Regeln der Kommunikation sind bestimmt. Der im habitualisierten Dialog fortschreitende Rationalisierungsprozeß bleibt daher, wie grammatische Vorschriften, "Hintergrundlogik" (Whorf). Mit anderen Worten: An der Dialoghandlung selbst läßt sich die Unterscheidung von verdeckter Strategie und Erfolgsorientierung nicht darstellen. Man erinnert sich an ein ähnliches Problem aus der alten Ideologiediskussion: Ich soll (auch mir selbst) die Unwahrheit gesagt haben, wo ich doch nichts mehr forderte als die Wahrheit, nichts, als die Wahrheit?[4]

Es geht also darum, ohne Ansehen der Intention der Redner, das instrumentelle Moment des Dialogs aufzuzeigen.[5]

III. Familienstruktur und Diskurs (Bernstein)

Das Basis-Problem der 68er: Die Verständigung zwischen Delegierten des verständigungsorientierten Diskurses und der werktätigen Bevölkerung blieb homöopathisch dosiert, als hätten die Genossen Akademiker vergessen, den Dechiffriercode beizupacken. Man ließ diesen "Juckepunkt" (Luhmann 1978, S. 41) unangekratzt, beruhigte sich mit Ideologiekritik, vertröstete sich auf die kompensatorischen Effekte der Vorschule und guckte zwischendurch mal in Erika Runges "Bottroper Protokolle".

Hier zeigte sich als real existierendes politisches Problem, wie sich zwei Nachrichtenkanäle nicht zusammenschalten ließen, weil sie separat codiert waren. Nach Bernstein repräsentieren die speziellen Codes die Funktionsweisen sozialer Beziehungen (Bernstein 1978, S. 236). Begriffliches Substrat der Rationalität ist die Logik ("formale Sprache"). Diese ist ein Explikat der "normalen Sprache". Wenn wir hierunter ein empirisch vorfindliches kulturelles Regelsystem verstehen (z.B. das Ungarische), dann wären Logik und Rationalität empirisch und kontingent wie dieses. Dies ist Whorfs Hypothese von der "linguistischen Relativität" der Logik (vgl. Whorf 1964). Diese Perspektive der <u>inter</u>kulturellen Varianz hat Bernstein auf <u>intra</u>kulturelle Zusammenhänge übertragen.[6]

Die Grundbedingung für die Entwicklung eines restringierten Codes sind vorhersagbare, relativ standardisierte, von jedem immer schon als bekannt vorausge-

---

4 Nach Austin: "perlokutionärer Sprechakt", vgl. Habermas, a.a.O., S. 390f., 445.

5 Habermas wählt die sprechakttheoretische Explikation der ***Einstellungen*** der Dialogpartner.

6 Die nach Whorf wie Bernstein geführte "Defizit-oder-Differenz" -Kontroverse bleibt hier unerheblich: Denn gerade die Kritiker der Kompensationspolitik wenden sich gegen die Unterwerfung unter die Herrschaft der Rationalität.

setzte, traditionäre Sozialbeziehungen. Individuelle Besonderheiten, Einmaligkeiten und Hervorhebungen muß der Sprecher in eher neben- und nichtsprachlicher Kommunikation vermitteln. Die Bedeutungsstruktur in diesem Code ist eher auf narrative, episodische und konkrete denn auf abstrakte und analytische "meanings" ausgerichtet (vgl. dazu näher Hartig/Kurz 1973, S. 76ff.).

Der elaborierte Code dagegen ermöglicht (und fordert) einen individualisierten Kommunikationsmodus. Stille Voraussetzungen, sozialer Kontext, expressive Bedeutungsnuancierungen und situative Differenzierung müssen hier im Zweifel explizit gemacht werden, indem man die Sprachebene wechselt und Besonderheiten metasprachlich erläutert oder in Frage stellt.

Bernstein hat seinen ursprünglich schichtspezifischen Sprachdeterminismus ein wenig relativiert und die Genese von Sprachkompetenz und -performanz konkreter auf typische Modi der Familienkonstellation bezogen. Es ist dieser Aspekt, der seine Code-Theorie für eine Charakterisierung der Gefühlskultur interessant und der, so meine Hoffnung, die Rationalitätsfalle der "verzerrten Kommunikation" ein wenig verständlicher macht, m.a.W.: Wie beschreibt Bernstein die idealtypische Kinderstube eines idealtypischen Angehörigen der idealtypischen Gefühlskultur?

Verständigungsorientierte Kommunikation setzt Verständigungsbedarf voraus. Verständigungsbedarf ergibt sich aus der täglichen Praxis individueller Absprache, Verabredung und Koordination zweckgerichteten Handelns freier Subjekte mit eigenen Dispositionen. Die Verständigung endet im Versprechen, in der Abmachung, im Vertrag. Zur Disposition steht im Grundsatz jede Norm, jede Regelung, jedes Gesetz - und sei es auch nur deren Bestätigung als Bedingung ihrer Möglichkeit (oder Faktizität). Diese Art sozialer Beziehung (Habermas: "Interaktion") ist fiktiv. Je stärker die Verständigungsvoraussetzungen institutionell festgelegt sind (Ritual, Tradition, Anordnung, Vertrag, Vorschrift, Gesetz), desto weiter verschwindet das Koordinative in den impliziten Hintergrund ("... das weitere regelt ..."). Ich-Leistung wird durch Normen neutralisiert, also unnötig oder unmöglich (Habermas: "Arbeit"). Der Ausgang des Menschen aus seiner selbstverschuldeten Unmündigkeit wird in der Tradition der Kritischen Theorie als Emanzipation von institutionalisierten Normen und Zweck-Mittel-Bezügen interpretiert. Für den einzelnen erhöht dies allerdings soziale Kosten der permanenten Verständigung, der Ich-Leistung und der kommunikativen Disziplin. Das hält frei und ist anstrengend zugleich, und es bedarf kühler Köpfe. Affekte mögen die Streitkultur bereichern, sie gefährden aber die Verständigung und/oder evozieren verzerrte Kommunikation.

Eine soziologische Typisierung dieser kommunikativen Rationalität finden wir in Bernsteins Theorie der linguistischen Codes. Rationalität als Modus sozialer Interaktion ist sprachgeleitet. Die erforderliche Sprachkompetenz ist nicht frei verfügter gesellschaftlicher Gesamtbesitz. Die linguistischen Strukturelemente kommunikativer Rationalität (Syntax, Semantik, Lexikalität) sind jene des aus der Schriftsprache (Theologie, Wissenschaft, Jurisprudenz, Bürokratie) generierten "elaborierten Codes".

> "Ich werde zwischen Familien unterscheiden, und zwar nach der Stärke ihrer "grenzerhaltenden Verfahren". (...) Wo das "Grenzerhaltungsverfahren" stark entwickelt ist, basiert die Differenzierung der Familienmitglieder und die Autoritätsstruktur auf klaren, eindeutigen Statusdefinitionen der Familienmitglieder. Die Grenzen zwischen den Rangstellungen sind stark ausgebildet und die sozialen Identitäten der Mitglieder sehr klar eine Funktion des Alters, des Geschlechts und der Altersbeziehungen zueinander. (...) Wo die Grenzerhaltungsverfahren schwach ausgebildet sind, basiert die Differenzierung zwischen den Familienmitgliedern auf Unterschieden zwischen den Personen. In solchen Familien sind die sozialen Beziehungen eher egozentrisch und die jeweils an die Person gebundenen Attribute der Mitglieder verwirklichen sich innerhalb der Kommunikationsstruktur" (Bernstein 1978, S. 248).

Symbolisch präsentiert sich die "personale Familienkonstellation" durch eine eher unspezifische, beliebige, am individuellen Geschmack ausgerichtete Innenarchitektur. Das Klo dient nicht allein der Notdurft, es lädt zum kontemplativen Verweilen, zur Lektüre von Heine, Asterix oder Heinrich Lübke, zur ästhetischen Kunstbetrachtung (immer wieder gern gehängt: Bosch- und Warhol-Drucke). Schlafgemach und Wohnstube sind, wenn nicht ineins, kaum unterscheidbar, Omas Gummibaumetagere steht im Bad : Der tatsächliche Ausdruck von Mehrdeutigkeit und Verhaltensunsicherheit wird visuell vermehrt. Dieser intendierten Komplexität entspricht die des Rollensystems[7]. Interessen, Normen, Erwartungen werden definiert, ausgehandelt und hinterfragt.

> "In einer personenbezogenen Familie wird die Entwicklung des kindlichen Selbst durch ständige Anpassung an die verbal realisierten reichhaltigen Absichten, Qualifikationen und Motive der anderen differenziert. Die Grenze zwischen dem Selbst und dem Anderen ist verwischt. (...) Das "Innere" der Familienmitglieder präsentiert sich durch Kommunikation und wird dadurch eher zum Kontrollobjekt durch den anderen. Hauptmedium der sozialen Kontrolle ist die Sprache. (...) In positionalen Familien erlangt das Kind ein starkes Gefühl

---

7 Vgl. dazu eine sprechakttheoretische Interpretation statusgebundener Kommunikation von: Stempel 1979.

für soziale Identität, allerdings auf Kosten seiner Selbständigkeit; in personenbezogenen Familien gewinnt das Kind ein starkes Gefühl für Autonomie, aber seine gesellschaftliche Identität bleibt schwach entwickelt" (Bernstein, a.a.O., S. 249).

Individuelle Ansprüche, Konflikte und Prioritätenunterschiede (wann wird was durch wessen Zubereitung wo und mit wem gegessen?) und mithin emotionale Reaktionen müssen sprachlich-diskursiv "aufgearbeitet" werden. Das fordert Rechtfertigungssicherheit und emotionale Disziplin, Schreien oder Türzuknallen werden später noch "zur Sprache kommen", mimischer Ausdruck wird durch Nachfrage motivational abgeklopft: "Also typisch, wie Du schon wieder guckst!" - "Ich? Wieso, ich guck doch ganz normal!"

Der elaborierte Code, der solcherart schwebende Sozialkonstellationen regulieren soll, ist geredete Schriftsprache. Wovon man nicht reden kann, kann man auch nicht zeigen. Die Tiefenschärfe und die Unmittelbarkeit emotionalen Ausdrucks mag auch dem elaborierten Code dienlich, hilfreich oder bereichernd sein - notwendig sind sie nicht. Beim Telefonieren[8] haben Mimik und Gestik keine Mitteilungsfunktion, sie müssen sprachlich "übersetzt" werden (im evokativen Beiklang). Daraus ergibt sich der Witz des Gestikulierens und des Lächelns am Telefon. Und der Beiklang seinerseits muß etwa im Briefwechsel in semantische Symbolik ("!!", "...?") übertragen werden. Die auf der einen Seite rationale, auf der anderen Seite aber eben differenzierungsfähige, nuancenreiche semantische und syntaktische Struktur des elaborierten Codes läßt den Gefühlen folglich keinen Kommunikationsmodus sui generis. Nonverbaler Ausdruck bleibt, in der face-to-face-Interaktion, bestenfalls anreichernde oder aber störende (in jedem Fall bereinigungsfähige) Zusatzinformation. Gerhards' Trennung zwischen emotions- und kognitionsspezifischen Kommunikationsmodi (Gerhards 1988, S. 92) läßt sich jedenfalls für den spezifisch elaborierten Code nicht aufrechterhalten, im Gegenteil:

> "Vermittels Sprache kann das nur wenig differenzierte Emotionsspektrum fein gegliedert werden, wodurch dann auch differenzierter gefühlt werden kann. (...) Mittelschichtsangehörige vermögen aus sozial erklärbaren Gründen differenzierter zu empfinden als Mitglieder unterer Schichten" (a.a.O., S. 119).

Nur, (Achtung, Reifikation!) bleiben Gefühle, derart zivilisiert, Gefühle? Denkt man Identität von Gefühlen? Denkt man Gefühl als Aggregatzustand? Differiert allein die Morphologie? H_2O bleibt H_2O, als laues Badewasser oder als Eiswür-

8 Daß es eine schicht-/milieuspezifische Nutzung der telefonischen Kommunikation gibt, kann hier nur einfach behauptet werden.

fel, aber ein Bad in jenem oder diesen (vgl. Adornos "Eiswüste der Abstraktion") wäre wohl kaum dasselbe. Diese denotative/perspektivische Verzerrung macht Hypothesen über die Rationalisierung von Gefühlen in der Tat schwer entscheidbar. Ich entscheide mich für die Interpretation: Was den Kriterien rationaler Kommunikation folgt, unterliegt oder in einer Art Mimikry angepaßt wird, wird Rationalität. Dies bestätigt Gerhards, in Widerspruch zu sich selbst, im Paragraphen zuvor:

> "b. Ist das Emotionale einmal symbolhaft durchdrungen, dann verliert es seine emotionalen Spezifika und ist in einem neuen Modus modulierbar und veränderbar" (Gerhards, a.a.O., S. 119).

Die Gefühlskultur macht sich wegen eines Denkfehlers Hoffnung auf das Gegenteil: Auf die Emotionalisierung rationaler Kommunikation, und die Tugendwacht scheint diese Hoffnungen mit der Klage zu bestätigen, die unzüchtige Libertinage dieser Tage markiere den zivilisatorischen Niedergang. In dieses Licht fortschreitender Informalisierung, Entsittung und Enthemmung geriet denn auch die Zivilisationstheorie Elias' (bzw. deren hypothetische Fortschreibung). In der Tat ist im Zeitalter der Pille, unter dem Schlagwort der sexuellen Befreiung, das ehedem Intimste in Wort, Geste, Bild und leiblicher Darstellung längst öffentliches Ereignis - aber Ärgernis erregendes? Gegen Miss Piggy hat Madonna den Appeal einer Käthe-Kruse-Puppe. Der Kult des deodorierten freien Körpers ist banal, sachlich, durch Fachterminologie abgekühlt (von Reich über Kolle zu Nancy Friday). Die Schamgrenze ist durch Rechtsnormen ersetzt, Erotik durch den Kataster der erogenen Zonen, und diese stimulieren über Molekulartransmitter Endorphine und Hormone. Man "bringt sich ein" wie einen Kommandantistenanteil in eine "entzauberte Welt" der Partnerschafts-Beziehung.

Nein, diese durch kontrollierte, lifestylemäßige Coolness wohlgeschützte körperliche Freizügigkeit der 80er ist doch eher ein Beleg <u>für</u> die Triftigkeit seiner Hypothese (vgl. Elias 1977, Bd. I, S. 404ff., Bd. II, S. 256ff., Wouters 1979, S. 284ff.). "Sinnlichkeit" ist in "Design" gelöst. Gern verlöre man ja die self-control, aber dafür reicht ein Anblick nicht mehr aus, Koks muß her oder Likör.

Aber auch Elias sah, wie Gerhards, in der fortschreitenden Affektkontrolle die Chance einer feinsinnigen Nuancierung der Emotionen:

> "Je mehr die starken Kontraste des individuellen Verhaltens sich abschwächen, je mehr die großen und lauten Ausbrüche von Lust oder Unlust durch Selbstzwänge zurückgehalten, gedämpft oder verwandelt werden, um so größer wird die Empfindlichkeit für Schattierungen oder Nuancen des Verhaltens, umso sensibler werden die Menschen für kleinere Gesten und Formen (...)" (Elias 1977, Bd. II, S. 404f.).

Nicht jeder hält diese emotive nouvelle cuisine auf Dauer aus. Die Gefühlskultur zeitigt Rückfälle zu Deftigerem. Ein ausgleichender Begleiter der elaborierten Kommunikation ist z.B. die Dialekt-Folklore, und zwar jene mit intellektuellem Niveau und sinnlicher Opulenz zugleich und vor allem mit Rationalitätskritik und ökologischem Tiefgang.[9] Die Umschaltung zum Dialekt wird durchweg stereotypisch begründet. In ihm könne man vieles direkter und authentischer ausdrükken als in der Hochsprache, in ihm klinge Gefühl noch nach Gefühl, der Dialekt verkürze sozusagen den Kommunikationsweg zum anderen und die ungeliebte soziale Distanz. Dieses Unbehagen an der eigenen Kultur, die Gesellschaft ist und nicht Gemeinschaft, demonstriert zugleich die Unmöglichkeit, der Rationalität kommunikativ zu entkommen. Und nicht zuletzt die Kids entwickeln

> "(...) oft akute Identititätsprobleme, bei denen es um Glaubwürdigkeit (...) geht, d.h. sie werden vielleicht dazu kommen, die Sprache als gekünstelt, als ein Schwindelsystem zu betrachten, das den Mangel an gegenseitiger Glaubwürdigkeit maskieren, verdecken soll. Sie orientieren sich darum auf die verschiedenen restringierten Codes verschiedener peer group-Subkulturen oder suchen die verdichteten Symbole affektiver Erfahrung, oder tun beides" (Bernstein 1978, S. 259).

Der Dialekt ist nur eine der vielen Fluchtnischen zum Relaxen. Die Auswahl ist groß und macht Streß. Von der Yoga-Matte zur Anthroposophie, vom autogenen Training zur Selbsthilfegruppe, von der transzendentalen Meditation zur Fitnesshantel, von der Quantentheorie zur Esoterik, von der Gestalttherapie zu den Scientologen und, wenn alles nichts hilft, heim an die Theke zum Grappa. Das Referentielle implodiert ins eigene Ego, das einzig Stabile bleibt die elaborierte Rhetorik, die einer spezifischen oder allgemeinen Referenz[10] längst nicht mehr bedarf. Und seinen Arbeitsplatz muß man deswegen nun auch nicht mehr verlassen. Die Unternehmenskultur legt Arbeit und Interaktion zusammen, betreibt gezielte "Infusion von Werten" (Selznik) zum Wohlsein der schönen Seelen der

> "Fachmenschen ohne Geist, Genußmenschen ohne Herz: Dies Nichts bildet sich ein, eine nie vorher erreichte Stufe des Menschentums erstiegen zu haben" (Weber zitiert Nietzsche; Weber 1956, S. 204).

---

9 Ich denke u.a. an: Gerhard Polt, Biermösl Blosn, K. Wecker, R. Fendrich, Black Fööss, H. Wader, K. Kiesewetter, W. Sieg usw.

10 Vgl. Lefebvre 1972, Kap. III.

Literatur

Bernstein, Basil: Soziale Schicht, Sprache und Sozialisation. In: Bernd Götz u. Jochen Kaltschmidt (Hrsg.): Sozialisation und Erziehung, Darmstadt 1979, S. 276ff.

Elias, Norbert: Der Prozeß der Zivilisation, 2 Bde., Frankfurt/M. 1977.

Friedrich, Brigitte: Emotionen im Alltag, München 1982.

Fromm, Erich: Haben und Sein, 20. Aufl., München 1991.

Gerhards, Jürgen: Emotionsarbeit - Zur Kommerzialisierung von Gefühlen. In: Soziale Welt, Jg. 36, 1988, S. 47ff.

Gerhards, Jürgen: Soziologie der Emotionen, Weinheim und München 1988.

Goffman, Erving: Interaktionsrituale, Frankfurt/M. 1971.

Guggenberger, Bernd: Sein oder Design, 2. Aufl., Berlin 1987.

Gyldenfeldt, Heinrich v.: Marketing und emanzipatorische Erwachsenenbildung. In: Friedrich Haeberlin/Werner Sarges (Hrsg.): Marketing für die Erwachsenenbildung, Hannover 1980, S. 77f.

Habermas, Jürgen: Der Universalitätsanspruch der Hermeneutik. In: Hermeneutik und Ideologiekritik, Frankfurt 1973, S. 120ff.

Habermas, Jürgen: Vorbemerkungen zu einer Theorie der kommunikativen Kompetenz. In: Jürgen Habermas/Niklas Luhmann (Hrsg.): Theorie der Gesellschaft oder Sozialtechnologie, 2. Aufl., Frankfurt/M. 1974, S. 101ff.

Habermas, Jürgen: Theorie des kommunikativen Handelns, Bd. I, Frankfurt 1981.

Hartig, Matthias und Ursula Kurz: Sprache als soziale Kontrolle, Frankfurt/M. 1973.

Hochschild, Arlie R.: Emotion Work, Feelings, Rules And Social Structure. In: Am. Journ. Soc., vol. 85, 1979, S. 551ff.

Lang, Hermann: Die Sprache und das Unbewußte, Frankfurt/M. 1973.

Lefebvre, Henri: Das Alltagsleben in der modernen Welt, Frankfurt/M. 1972.

Luhmann, Niklas und Stephan Pfürtner: Theorietechnik und Moral, Frankfurt/M. 1978

Nietzsche, Friedrich: Umwertung aller Werte, Bd. 1, München 1969.

Stempel, Wolf-Dieter: Sprechhandlungsrollen. In: Odo Marquard/Martin Stierle (Hrsg.): "Identität", München 1979, S. 481ff.

Weber, Max: Religionssoziologie, Bd. 2, Tübingen 1956.

Whorf, Benjamin Lee: Sprache, Denken, Wirklichkeit, Reinbek 1964.

Wouters, Cas: Informalisierung und der Prozeß der Zivilisation. In: Rüdiger Gleichmann u.a. (Hrsg.): Materialien zu Norbert Elias' Zivilisationstheorie, Frankfurt/M. 1979, S. 279ff.

Einige Bemerkungen zur Kultur des Unpersönlichen in der amerikanischen Gesellschaft

Paul Hochstim

Unpersönlichkeit als Forschungsgegenstand der Soziologie

Mit dem vorliegenden Aufsatz soll der Versuch unternommen werden, ein Phänomen klarer zu umreißen, das in der amerikanischen Gesellschaft weit verbreitet ist und dysfunktionales, ja sogar deviantes Verhalten hervorbringt. In den amerikanischen Lehrbüchern sind nur wenige systematische Erörterungen zu diesem Phänomen zu finden. Dagegen wird unter der Kategorie "Soziale Probleme" dem Alkoholismus, der Drogensucht und der Kriminalität ein hervorragender Platz eingeräumt. Wenn im Vergleich dazu die Unpersönlichkeit als soziales Problem bislang kaum erkannt worden ist, dann ist die Ursache vielleicht in ihrer Verbreitung und Institutionalisierung zu sehen; hinzu kommt, daß die amerikanische Gesellschaft stolz ist auf ihre individualistisch-utilitaristischen Werte. Außerdem gilt die Beobachtung, daß eine Gewohnheit, wenn sie in der Gesellschaft erst einmal ihren festen Platz hat und allgemein akzeptiert ist, ungeachtet ihrer möglichen dysfunktionalen Folgen meistens beibehalten und legitimiert wird. Im folgenden soll versucht werden, bestimmte Elemente des Phänomens der Unpersönlichkeit genauer zu beleuchten, wobei historisch-kulturelle wie auch aktuelle Aspekte aufgezeigt und Verbindungen zu potentiell destruktiven Folgen hergestellt werden sollen.

Eine Schwierigkeit bei der Behandlung des Themas liegt in der Tat darin, daß nur sporadisch auf die Bedeutung der Unpersönlichkeit eingegangen wird. Unpersönlichkeit ist in der Literatur über soziale Probleme nicht ein eigenes Thema, sondern eine Hintergrundvariable, die zusammen mit anderen Problemen wie Arbeitslosigkeit, Spezialisierung der Arbeit, Ehescheidung usw. angesprochen wird. Auch "Entfremdung" und "Anomie" unterliegen zuweilen einer rein soziologisch-strukturellen Analyse, ohne das Wesen unpersönlicher Beziehungen genauer zu umreißen. In welcher Weise sich "Unpersönlichkeit" manifestiert, bleibt zumeist unbeachtet. Eine systematische Behandlung dieser Zusammenhänge würde zeigen, daß Anomie und Entfremdung emotionale und sinnliche Kommunikation nicht ausschließen und umgekehrt enge Beziehungen aufgrund von entsprechenden Erwartungen auch unpersönliche Züge aufweisen können.

"Anomie" und "Entfremdung" beschreiben nicht das wahre Wesen der Unpersönlichkeit, und Unpersönlichkeit kann es auch ohne Anomie oder Zustände der Entfremdung geben. Daher muß bei einer Erörterung des Themas das Phänomen genauer definiert werden als bislang, wobei zu klären ist, zu welchen Anteilen Sinnlichkeit, Emotionalität, Utilitarismus usw. beteiligt sind. Ferner ist die Institutionalisierung unpersönlicher Beziehungen als kultureller Wert zu berücksichtigen. Das heißt, daß Unpersönlichkeit mehr ist als nur eine unerwünschte, nicht den Erwartungen entsprechende Folge anderer Beziehungen und Strukturen. Außerdem soll versucht werden, den Sozialisationsprozeß, der auf die Übermittlung von Unpersönlichkeit ausgerichtet ist, genauer zu beleuchten. Dabei wird, da entsprechende empirische Einzelergebnisse fehlen, auf Bestandteile der amerikanischen Kultur wie z.B. bekannte Gedichte und Filme hingewiesen.

Es dürfte interessant sein zu zeigen, daß die Standardlehrbücher das Problem der Unpersönlichkeit als Folge makro-sozialer Faktoren behandeln. So heißt es in der bekannten Einführung "Contemporary Social Problems":

"Der Soziologe Ferdinand Tönnies machte 1887 einen bedeutsamen Unterschied zwischen der traditionellen, allumfassenden, emotional stützenden Gemeinschaft und der modernen zweckgerichteten Gesellschaft. Damals priesen viele die Freiheit und den Wohlstand, die das kommende Zeitalter mit sich bringen würde; aber Tönnies sah voraus, welchen psychosozialen Preis dies fordern würde. Das von ihm entworfene Schreckensbild der Gesellschaft - für Tönnies der ganze Komplex unpersönlicher, abstrakter und anonymer Beziehungen, die den Kapitalismus, Nationalismus und alle Einflüsse des Individualismus, der Bürokratisierung und des Säkularismus kennzeichnen und seiner Ansicht nach das soziale Gefüge zerstören -, hatte nachhaltigen Einfluß (...). Anomie ist kein neuer Gedanke; die Menschen reden viel darüber, auch wenn sie andere Begriffe benutzen. Wir sagen, die moderne Gesellschaft sei planlos, ziellos, desorganisiert, zersplittert, im Verfall begriffen. Wir hören, Menschen seien entwurzelt, frustriert, fühlten sich innerlich leer (...). Einschneidende Veränderungen des Status bewirken seelische Erschütterungen und zwingen zu schwierigen Anpassungsprozessen. Der einzelne muß heute doppelt so viele bedeutende Phasen des Übergangs durchmachen wie vor noch nicht allzulanger Zeit. Die traditionellen Lebensphasen waren früher Kindheit, Ehe, Geburt der Kinder, das Großziehen der Kinder und schließlich die Auflösung der Ehe. Laut Angaben des Statistischen Bundesamts steht dem einzelnen heute wahrscheinlich außerdem bevor: eine Zeit des Alleinlebens vor der Ehe; ein längeres Singledasein; eine hohe Scheidungs- oder Trennungsquote (...). Jeder dieser Wechsel ist potentiell desorientierend, und die Untersuchungen darüber, wie sich diese Turbulenzen in den sozialen Beziehungen auf Kinder auswirken, stehen erst in ihren Anfängen. Tagtäglich machen alarmierende Fakten uns diese Veränderungen immer wieder deutlich. In Westchester im Staate New York kann man die Unterhaltszahlungen für Kinder per Kreditkarte erledigen! (...) Seit mehr als einem Jahrhundert weisen die Funktionalisten darauf hin, daß materieller Fortschritt dem Menschen nicht den Halt und Sinn geben kann, den er braucht. Nach ihrer Auffassung sind die Menschen nicht stark genug, um ohne soziale Kontrollen Fortschritt zu erzielen oder damit umzugehen, und eben darum sei die Desorganisation des Systems so schwerwiegend (...). Die Funktionalisten behaupten, uns seien bei der angestrengten Verfolgung dieses diffusen, undefinierbaren Zieles "Erfolg" unsere normativen Werte verlorengegangen. Wir messen heute den Ergebnissen zu großen Wert bei, was dazu führt, daß der Erfolg mit allen Mitteln gesucht wird. Entsprechend werden institutionalisierte Normen bei Entscheidungen, die den Erfolg betreffen, irrelevant, und die Gesellschaft wird zunehmend instabiler (...). Das moderne Leben desillusioniert uns, aber für traditionelle Lösungen haben wir nichts übrig, sofern sie nicht rasche Wirkung zeigen. Wir modernisieren, statt den Wert der Erkenntnisse und Methoden der Vergangenheit zu schätzen. Dabei verwerfen wir auch jene Deutungssysteme, spirituelle oder fromme Interpretationen oder faszinierende Ideen, die dem prämodernen Leben Sinn und Ordnung verliehen. Traditionelle Lösungen gelten buchstäblich nichts mehr" (Parrillo/Stimson 1985, S. 49-53).

In einem anderen Standardwerk mit dem Titel "Social Problems" heißt es:

"So wie die Industrialisierung und technische Neuerungen zur Standardisierung der Produkte geführt haben, haben sie auch die Ideen standardisiert. Das Längerwerden der organisatorischen Befehlskette hat die Möglichkeiten der Minderheitenkontrolle vergrößert, da lokale und informelle Gruppen immer weniger in Erscheinung treten, an Geltung verlieren und damit leichter zu kontrollieren sind. Viele der traditionellen Primärgruppen - die Großfamilie, ethnische Gruppen usw. - haben viel von ihrer Bedeutung verloren. Die strukturellen Eigenarten großer bürokratischer Apparate und die weitgehende Chancengleichheit haben die Möglichkeiten enger Gruppierungen, soziale Werte aufzustellen und politische Normen zu vermitteln, untergraben. Die Identifikation der Mitglieder mit den Führern ihrer Organisation hat nachgelassen (...). Diese soziale und politische Entfremdung vieler Menschen in der Gemeinschaft ist ein Ergebnis des desintegrierenden Einflusses der übergeordneten Gesellschaft auf die Loyalität des einzelnen gegenüber bestimmten Primärgruppen, die früher den Charakter unserer Sozialstruktur prägten. Ohne persönliche Verbundenheit mit vertrauten Sozialstrukturen hat der Mensch keine Bindungen, keine Motivation, am sozialen und politischen Leben der Gemeinschaft teilzunehmen. Die Manager und die Elite beherrschen die Gemeinschaft, trotz unseres Ideals eines egalitären Wertesystems. Sie und ihresgleichen diktieren durch die Macht der Medien den Geschmack, die Gewohnheiten, die 'Maschen' und Moden, die die Wertestruktur der Gemeinschaft durchdringen und ihre sozialen Ziele bestimmen (...)" (Freeman/Jones/Zucker 1970, S. 265).

Diese Auszüge aus Standardlehrbüchern zum Thema "Soziale Probleme" zeigen:

1. eine Definition des Wesens der Unpersönlichkeit fehlt, d.h. daß der konkrete Zusammenhang zwischen übergeordneten makrosozialen Faktoren und Zuständen der Unpersönlichkeit nicht aufgezeigt wird;
2. der spezifische Charakter der unpersönlichen Beziehung, genauer gesagt die Struktur, der Prozeß und der Inhalt entsprechender Assoziationen nicht deutlich wird;
3. die durch übergeordnete strukturelle Faktoren hervorgerufene Entfremdung und Anomie mit Unpersönlichkeit gleichgesetzt wird;
4. fälschlicherweise die Unpersönlichkeit allein als "unbeabsichtigte Folge sozialer Interaktion" (R. Merton) hingestellt und die Möglichkeit, daß Unpersönlichkeit als Wert gilt, der kulturell überliefert ist und sich als Norm verfestigt hat, übersehen wird;
5. die Auswirkungen der Kultur der Unpersönlichkeit auf institutionalisierte Sozialisationsprozesse übergangen wird.

An dieser Stelle ist es unerläßlich, den Begriff "Unpersönlichkeit" genauer zu umreißen. Gerade weil dieses Phänomen nicht auf empirisch meßbares Verhalten beschränkt ist, sondern sich auch auf verborgene mentale und emotionale Zustände erstreckt, ist der Begriff im Alltagssprachgebrauch vieldeutig. Auch ich möchte hier auf eine Definition im klassischen Sinne verzichten und den Begriff lieber "charakterisieren". Demnach ließe sich eine unpersönliche Beziehung als bewußte, normativ erwartete Zurückhaltung in der offenen Äußerung von Persönlichkeitseigenschaften beschreiben. Als Beispiel hierfür könnte man die Zusammenkunft des Lehrkörpers einer Universität anführen, bei der sich jeder einzelne veranlaßt fühlt, den Eindruck von Offenheit und Engagement zu vermitteln und persönliche Neigungen wie Ehrgeiz und Aggression zu unterdrücken. Das heißt, daß in solchen Situationen die zuletzt genannten Eigenschaften nicht zum Erwartungsspektrum gehören. Dies gilt im übrigen auch für alle Arten von elementaren Gefühlen. Ein anderes Beispiel bildet der Umgang von Führungskräften der Wirtschaft miteinander, wobei Selbstbeherrschung, also die Vorspiegelung des Nichtvorhandenseins von Gefühlen wie Angst, Unsicherheit und Feindseligkeit die Voraussetzung dafür bildet, von den anderen als kompetent anerkannt zu werden. Es wird von der - nicht unbedingt zutreffenden - Annahme ausgegangen, daß nur das Unterdrücken derartiger Gefühle Führungskräfte in die Lage versetzt, zu vernünftigen und rationalen Entscheidungen zu kommen, die den Fortbestand des Unternehmens garantieren. Angst, Hysterie oder plötzlicher

Ärger werden demgegenüber mit Labilität gleichgesetzt. Ein anderes Beispiel wäre die schon von Simmel (1923) besonders beachtete "Geselligkeit" unter Kollegen, Geschäftspartnern, Freunden usw., die sich als das Einhalten bestimmter Spielregeln in Form der Zurschaustellung von Fröhlichkeit, Anteilnahme und Humor und des Verbergens innerer Gefühle wie Traurigkeit und Unsicherheit beschreiben läßt. Kurz gesagt, es ist äußerst wichtig, Unpersönlichkeit weniger als einen Zustand zu begreifen, der für einen bestimmten Menschen typisch ist, sondern vielmehr als Manifestation erlernter und erwarteter sozialer Rollen, durch die bestimmte personale und emotionale Eigenschaften im Rahmen institutionalisierter sozialer Beziehungen im Zaume gehalten, gleichzeitig aber auch gelenkt und kanalisiert werden. Daher sollten wir von "Unpersönlichkeit" nicht im abstrakten Sinne sprechen, was in Anbetracht der Tatsache, daß es um sozialisierte Mitglieder der Gesellschaft geht, ohnehin unrealistisch ist, sondern vielmehr vom Charakter unpersönlicher Beziehungen als Ausdruck sozialer Rollen und eines entsprechenden Sozialisationsprozesses.

Worauf hier besonders hingewiesen werden soll, ist, daß sich das Phänomen des Unpersönlichen in der amerikanischen Gesellschaft zu einem Wert an sich entwickelt hat, der fest in der kulturellen Tradition verwurzelt ist, so daß sogar schon bei jungen Menschen die Sozialisation in Richtung sozial distanzierter und emotional zurückgenommener Persönlichkeitsstrukturen ausgerichtet wird. Es braucht in diesem Zusammenhang wohl kaum näher auf die Tatsache eingegangen zu werden, daß eine extreme Gefühlsäußerung wie z.B. Weinen in den lateinamerikanischen Ländern erlaubt ist, in den Neuenglandstaaten hingegen negativ bewertet und mißbilligt wird. Da ein solches Rollenverhalten seit vielen Generationen kulturell tradiert ist, muß der Schwerpunkt, wenn es um die Erklärung der Unpersönlichkeit geht, weniger auf den institutionellen Ursachen als vielmehr auf den Gewohnheiten liegen, die den Sozialisationsprozeß betreffen. Man könnte fragen, welche Sozialisationsprozesse in der amerikanischen Gesellschaft stattgefunden haben, die auf die hier erörterte Persönlichkeitsstruktur hinauslaufen. Im wesentlichen kann man drei Aspekte unterscheiden, obwohl eine solche Trennung nur analytisch ist und es sich tatsächlich um einen zusammenhängenden Vorgang handelt.

Aspekte einer Sozialisation zur Unpersönlichkeit

Als erstes ist die Konditionierung durch Erfahrung zu nennen. Ein Beispiel hierfür sind negative und demütigende soziale Reaktionen, die dann eintreten, wenn ein Kind extreme Gefühlsregungen zeigt. Dies ist u.a. in der Grundschule zu beobachten. Ein Junge, der große Freude an den Tag legt und unbefangen lacht, wird von anderen als Weichling verspottet. Ähnlich ergeht es demjenigen, der aufgrund einer Enttäuschung Traurigkeit und Selbstmitleid zum Ausdruck bringt. Die Folge solcher Reaktionen besteht darin, daß man sich abhärtet, indem in Zukunft keine extreme Gefühlsäußerung mehr zugelassen und den Schulkameraden der Eindruck von Souveränität und Männlichkeit vermittelt wird.[1] Der amerikanische Nationalsport Baseball illustriert in hervorragender Weise diese Art konditionierter Sozialisation. Wenn ein Baseballspieler einen Fehler macht, wenn er z.B. den Ball nicht richtig mit dem Schlagholz trifft, ist er Zielscheibe des Spotts und der Demütigung seitens der Zuschauer. Die einzige Möglichkeit, sein Ansehen bei all denjenigen, die ihm auf dem Spielfeld zusehen, zu retten, besteht darin, keine Miene zu verziehen und so zu tun, als ob ihm die Reaktion der Zuschauer nichts ausmache. Denn sollte er irgendeine Gefühlsregung zeigen, würde man sich noch mehr über ihn lustig machen. Ganz anders stellt sich die Situation in Japan dar: Wenn ein japanischer Baseballspieler den Ball nicht richtig trifft, wendet er sich, um das Gesicht zu wahren, den Zuschauern zu und fängt wie ein Kind an zu lachen, um damit zu verstehen zu geben, daß sein Mißgeschick eigentlich bedeutungslos ist, eine Haltung, die ihm wiederum die Zustimmung der Zuschauer einträgt. Bei den amerikanischen Zuschauern würde ein derartiges Verhalten eine wahre Flut von Hohn und Spott auslösen. Dort wird dem Baseballspieler nur dann Anerkennung und Respekt zuteil, wenn er so tut, als sei ihm Anerkennung völlig gleichgültig. Das Erlebnis unangenehmer sozialer Reaktionen auf Gefühlsäußerungen macht den Betroffenen äußerst vorsichtig und er wird, um sich vor Spott und Erniedrigung zu schützen, in Zukunft Gefühle nicht offen zeigen. Der berühmte Baseballspieler Joe DiMaggio wurde gerade deshalb so bewundert und der Jugend als Vorbild hingestellt, weil er auf dem Spielfeld, wenn ihn gelegentlich einzelne Zuschauer aufgrund einer schlechten Leistung beschimpften, niemals Emotionen zeigte. Dieser Prozeß der Konditionierung, der

---

1 Zum amerikanischen Männlichkeitsideal vgl. auch Goffman, Erving (1980[4]); Stigma. Über Techniken der Bewältigung beschädigter Identität, Frankfurt/M., S. 158.

anfänglich äußerst schmerzhaft ist, der den Heranwachsenden jedoch in die Lage versetzt, sich vor Demütigungen zu schützen, erweist sich als so wirkungsvoll, daß sich Unpersönlichkeit als eine erwartete Verhaltensweise entwickelt, die zur Grundlage der Selbstachtung und der Anerkennung durch andere wird und schließlich dazu führt, daß der Betreffende auch dann keine Gefühle mehr zulassen und zum Ausdruck bringen kann, wenn es ihm angezeigt erscheint. Somit wird Unpersönlichkeit zum Gegenstand der Sozialisation wie auch der Institutionalisierung.

Ein zweiter Aspekt der Sozialisation, der mit Unpersönlichkeit zu tun hat, ist das bewußte Vermitteln eines rational untermauerten Idealismus. Das soll natürlich nicht heißen, daß eine solche Wertevermittlung als Ersatz für die Konditionierung fungiert; vielmehr handelt es sich um ein verstärkendes Element. Typisch für diesen zweiten Aspekt der Sozialisation sind Bewertung und Verarbeitung von frustrierenden Erfahrungen. Besonders in den USA, wo ein ausgeprägtes Konkurrenzdenken das Berufsleben, das Verhältnis der Geschlechter oder auch den Sport beherrscht und wo praktisch alle Bevölkerungsschichten an diesem Wettbewerb teilnehmen können, erleben vor allem junge Menschen häufig Frustration und Mißerfolg. Es versteht sich, daß auf Frustrationen in verschiedenen Kulturen spezifische Reaktionen erfolgen: Wut, möglicherweise Gewalt, Verzweiflung, Rebellion usw. In der amerikanischen Gesellschaft werden die meisten Positionen des öffentlichen und privaten Bereichs nicht zugeschrieben, sondern erworben. Die übergeordneten Strukturen dieser Gesellschaft lassen sich nur durch den Wettbewerb bewahren. Dementsprechend hat die calvinistische Tradition auch den bekannten Ausspruch hervorgebracht: "Wenn es beim ersten Mal nicht glückt, versuch es noch einmal!" Einem Heranwachsenden wird klargemacht - und zwar nicht nur als Basis der Anerkennung und Konditionierung, sondern auch als Wert -, sich im Falle von Frustration diszipliniert und selbstbeherrscht zu verhalten, auf jede Gefühlsäußerung zu verzichten und sich selbstbewußt zu geben. Natürlich könnte man behaupten, daß genau diese Form der Unpersönlichkeit gegenüber den Gleichaltrigen, aber auch gegenüber sich selbst, also das Verleugnen von Gefühlen wie Wut und Selbstmitleid, eine Abhärtung darstellt, um sich im Leben besser durchsetzen zu können. Denn eben diese unpersönliche, emotionslose Reaktion auf Mißerfolge im Sport, in der Schule und im beruflichen Konkurrenzkampf ist eine unerläßliche Voraussetzung dafür, sich Achtung in der Bezugsgruppe zu verschaffen und Achtung vor sich selbst haben zu können. Gleichzeitig wird dieses im Verlaufe des Konditionierungsprozesses erworbene Verhalten durch einen Prozeß der Rationalisierung untermauert, eine

Rationalisierung, die unpersönliches Verhalten allen Betroffenen gegenüber rechtfertigt: Selbstdisziplin, die Verleugnung von Emotionen, die Weigerung, sich von Mißerfolgen negativ beeinflussen zu lassen, ist danach ein Zeichen von *Männlichkeit*. Der Heranwachsende wird auf ein Verhalten vorbereitet, das ihm durch die Sozialisationsinstanzen bewußt als ein Wert, ein Ideal, eine Norm vermittelt wurde, wobei durch Rationalisierung die Richtigkeit eines derartigen Verhaltens bestätigt wird.

Dieses Prinzip läßt sich auch an einem Beispiel veranschaulichen, bei dem es nicht um Versagen, sondern um Erfolg geht. Sehr häufig - wenn auch zugegebenermaßen nicht immer - wird das Ausdrücken von Freude und Glück seitens des Siegers im Sport oder im beruflichen Konkurrenzkampf von denjenigen, denen kein Erfolg vergönnt war, mit Neid oder Spott aufgenommen. Unmuts- und Mißfallensäußerungen gegenüber einem Kollegen, der ein Übermaß an Publicity genießt oder in übertriebener Weise seine eigene Leistung hervorhebt, ist zum Beispiel im akademischen Bereich zur Genüge bekannt. Jede Form von Wichtigtuerei und Selbstdarstellung löst eine negative soziale Reaktion bei denjenigen aus, die sich herabgesetzt fühlen, weil sie weitaus weniger erreicht haben als ihr Kollege. Im Universitätsleben der USA erwartet man von einem Professor, der eine hervorragende Arbeit veröffentlicht und damit Anerkennung gefunden hat oder an eine berühmte Hochschule berufen wird, daß er seine angenehme Bürde mit Bescheidenheit und stiller Gelassenheit trägt. Man könnte hinzufügen, daß der Erfolg in gewisser Hinsicht manipulativ eingesetzt wird, indem man es den Kollegen überläßt herauszufinden, was man selbst Hervorragendes geleistet hat, während von dem Betreffenden selbst erwartet wird, daß er seine Leistung nicht einmal erwähnt. Ein Hochschullehrer, der das Erscheinen seines Buches öffentlich kundtut, wird - anders als wenn seine Kollegen die Tatsache der Veröffentlichung durch Zufall herausgefunden hätten - gewöhnlich ignoriert. Auch hier wird also offenkundig ein unpersönliches Verhalten erwartet. Doch in einer Wettbewerbsgesellschaft gibt es für derartige Verhaltenserwartungen darüber hinaus noch Rationalisierungen: Wer ständig von seinen eigenen Leistungen redet, desavouiert seine wahren Motive; die eigenen Probleme nehmen einen so in Anspruch, daß man seine Zeit nicht anderen widmen kann; wer im Wettbewerb erfolgreich ist, ohne Beifall zu erheischen und Emotionen zu zeigen, beweist Selbstvertrauen und Selbstbewußtsein usw. Auch hier handelt es sich also nicht nur um den Konditionierungsprozeß von Verhalten, Reaktion und daraus folgender Gegenreaktion, sondern ein bereits zuvor durch die Sozialisation vermitteltes Ideal erwarteten Verhaltens wird durch eine rationalisierte Sichtweise gestärkt.

Der dritte Aspekt des Sozialisationsprozesses, der mit Unpersönlichkeit verknüpft ist, besteht schlicht in der Nachahmung durch Beobachten und der Abwertung von Alternativen. Dies trifft natürlich in erster Linie auf Jugendliche sowie den Anfänger im Sport-, Wirtschafts- und Bildungsbereich zu. In der Wettbewerbsgesellschaft gilt als Ich-Ideal gewöhnlich der vollkommene, erfolgreiche Mensch, dem es im Verhalten nachzueifern gilt, wenn man akzeptiert werden will. Hier spielen die Medien eine ganz entscheidende Rolle. In dem Filmklassiker "12 Uhr Mittags" ist der Protagonist, verkörpert von Gary Cooper, im Kampf mit drei Kriminellen zu sehen, ruhig, systematisch und besonnen, ganz auf sich gestellt, ohne die Hilfe der anderen Männer in der Stadt, die sich als Feiglinge erweisen. Nachdem er als Sieger aus dem Kampf hervorgegangen ist - wenn auch dank seiner Frau, die ihm in letzter Minute zur Hilfe kommt -, verläßt er, der Rechtschaffende, Lob und Bewunderung der Einwohner zurückweisend, unpersönlich und selbstgerecht die Stadt, um nie mehr zurückzukehren. Dieses Thema wird amerikanischen Jugendlichen sehr häufig vorgeführt; der selbstbewußte, kühne, entschlossene Pionier, der nicht auf die Zustimmung und den Beifall anderer angewiesen ist, der kämpft und sich gegen seine Widersacher durchzusetzen vermag, der selbst in den schwierigsten Situationen die Fassung behält, keine Miene verzieht, wortkarg ist, seine Gefühle verleugnet und sich seine Unabhängigkeit bewahrt. Die Helden unzähliger amerikanischer Filme, Comic strips, Lesebücher und Zeitungsberichte sind so dargestellt worden. Umgekehrt ist zu beobachten, daß Schauspieler, die in ihrer Rolle feige, hysterische, gehässige oder schwermütige Charaktere dargestellt haben, mit zwielichtigem Verhalten und niedrigen Motiven in Verbindung gebracht werden, wobei oft auch deutlich gemacht wird, daß ein solches Verhalten nicht ungestraft bleibt. Schon Gabriel Tarde hat ja bekanntlich darauf hingewiesen, daß der sozial Höherstehende von dem Niedrigerstehenden nachgeahmt wird (Tarde 1903). Sicherlich dienen in jedem erfolgsorientierten Bereich, im Sport, in Wirtschaftsunternehmen oder Hochschulen solche Personen, die einen höheren und anerkannten Status einnehmen, den jüngeren und noch nicht voll sozialisierten Mitgliedern, die nach Erfolg streben und noch nicht akzeptiert sind, als Vorbild. So halten z.B. die bereits etablierten Dozenten ihre Kollegen, die häufig ihr Büro verlassen, um sich mit anderen zu besprechen, für unsicher und unselbständig. Jüngere Mitglieder des Lehrkörpers, die sich noch bewähren müssen, stellen fest, daß ein derartiges Verhalten von Kollegen negativ bewertet wird. Sie beobachten daher ihre etablierten Kollegen, ihre Unabhängigkeit, die darin zum Ausdruck kommt, daß sie es meistens nicht für notwendig halten, sich mit anderen zu besprechen, ihre offensichtliche Gleichgültigkeit gegenüber dem, was über sie gesagt wird, ihre scheinbare Fähigkeit, alle Hindernisse zu überwinden und alle Fragen zu lösen, ohne Emotionen und Unsicherheit zu zeigen; dieses Verhalten macht man sich als junger Dozent durch Nachahmung zu eigen. Denn auf jedes andere Verhalten würde sofort mit einem negativen Kommentar oder offener Ablehnung reagiert. Kurz, sowohl die Medien als auch komplexe Organisationen bieten Möglichkeiten zur bewußten Nachahmung erwarteten unpersönlichen Rollenverhaltens und zur Beobachtung des Schicksals derjenigen, die diesen Erwartungen nicht entsprechen. Auch auf diese Weise vollzieht sich die Sozialisation des Unpersönlichen.

Auswirkungen auf die Gesellschaft

Das Phänomen der Unpersönlichkeit ist also nicht allein auf makro-soziale Faktoren zurückzuführen, wie es in zahlreichen Lehrbüchern dargestellt wird, sondern darüber hinaus das Ergebnis einer kulturellen Tradition, durch die Werte, Einstellungen, Normen, Rollen und Rationalisierungen, die mit der Unpersönlichkeit einhergehen, als Grundlage der Sozialisation weitergegeben werden, wodurch wiederum entsprechende institutionalisierte Beziehungen innerhalb übergeordneter sozialer Strukturen bewahrt werden können.

Bei einer Erörterung der Unpersönlichkeit stellt sich zwangsläufig die Frage nach den Auswirkungen dieses Phänomens auf den einzelnen und die Gesellschaft. Abgesehen von der offensichtlichen Tatsache, daß unpersönliches Miteinanderumgehen keine Basis für zufriedenstellende zwischenmenschliche Beziehungen ist, muß auch das Problem dysfunktionaler Folgen angesprochen werden. In diesem Zusammenhang kann man von "Dysfunktion" in zweierlei Hinsicht sprechen, und zwar einerseits bezüglich der negativen Auswirkungen auf die Psyche, andererseits bezüglich desorganisierender Auswirkungen auf die Gesellschaft. Das Problem ist um so gravierender, als gerade der hohe Wert, der der Unpersönlichkeit in der amerikanischen Gesellschaft beigelegt wird, die meisten Menschen an einer realistischen Einschätzung der negativen sozialen Folgen hindert. Daher könnte man auch sagen, daß eine herrschende Gewohnheit, gestützt durch positive und negative Sanktionen sowie durch entsprechende Rationalisierungen, dazu noch als Bestandteil einer kulturellen Tradition, eine Überprüfung nach Wert und Unwert nicht zuläßt. Doch gerade darum geht es in der wissenschaftlichen Analyse. Nach meiner Ansicht sind bei einer solchen Bewertung drei Punkte besonders hervorzuheben:

Zunächst könnte man im Sinne von George Herbert Mead (1934) darauf verweisen, daß sich das Bewußtsein durch soziale Interaktion entwickelt. Sprache, Handlungsenergien und Empfindungen basieren daher in erster Linie, wenn nicht sogar ausschließlich, auf sozialer Erfahrung. Es ist schwer vorstellbar, daß ein sozialisierter Mensch auf einer nichtpersonalen, nichtsozialen Ebene Haß oder Liebe empfinden kann. Wenn nun die ganze Bandbreite menschlicher Gefühle wie Freude, Liebe, Wut, Angst, Feindseligkeit und Haß das Ergebnis sozialer Erfahrungen ist, dann wird die Äußerung dieser Gefühle im Rahmen strukturierter zwischenmenschlicher Beziehungen organisiert. In diesem Zusamenmhang muß darauf hingewiesen werden, daß das sozial geschulte Bewußtsein nicht nur die Gefühle gegenüber einem anderen Menschen steuert, sondern daß auch die emotionale Energie in gleicher Weise kontrolliert und gesteuert wird. Emotionale Energie, die der Wahrnehmung unterliegt, kann daher in einer speziell darauf ausgerichteten Status-Rollen-Beziehung zugelassen und ausgedrückt werden. Durch die Äußerung dieser emotionalen Energie teilt das Individuum sein innerstes Ich mit und empfindet dabei Befreiung, Sinn und Erfüllung. Im Falle eines extrem unpersönlichen Beziehungsgefüges dagegen dürfen solche durch soziale Erfahrungen entwickelten Gefühle nicht zugelassen und geäußert werden. Da aber diese Emotionen Bestandteil des eigenen Ichs sind und das Ich interaktiv mit anderen Ichs verbunden ist, geht eine solche Form der Unterdrückung mit dem Verlust von Sinn einher; das Ich erlebt sich als einsam. Aus der klinischen Forschung wissen wir, daß sich ein befriedigendes Selbstbewußtsein nur im Zusammenwirken mit empathischen Bezugspersonen entwickeln kann (Mollen 1987). Hinzu kommt, daß die angestaute soziale und emotionale Energie, die ja nicht eingestanden oder nicht zum Ausdruck gebracht werden darf, in der Psyche des einzelnen Unordnung hervorruft. Wie groß die Selbstbeherrschung auch sein mag, so führt doch das Fehlen eines erlaubten Ventils irgendwann zu einem Ausbruch. Die verschiedenen Formen devianter Gefühlsäußerungen zu erörtern, würde den Rahmen dieser Abhandlung sprengen. So sei an dieser Stelle nur darauf verwiesen, daß es in den USA immer wieder zu plötzlichen sadistischen Grausamkeiten kommt, die von angepaßten, ja sogar als besonders wohlerzogen geltenden Jugendlichen begangen werden. Verbrechen, die von Menschen verübt werden, die zuvor völlig unauffällig waren, müssen auf diesen Mangel im Ausdruck von Gefühlen zurückgeführt werden. In der Psychologie werden bekanntlich plötzliche Affektentladungen mit dem Zusammenhang von Frustration und

Aggression oder mit Verdrängung erklärt. An dieser Stelle geht es mehr um die Gefahr, die entsteht, wenn Emotionen, deren Äußerung nur auf der Ebene sozialer Beziehungen Sinn macht, in einer unpersönlichen Gesellschaft nicht zugelassen oder zum Ausdruck gebracht werden können. Es wurde schon darauf hingewiesen, daß in der amerikanischen Gesellschaft mit ihrer puritanischen Tradition der unpersönliche, wortkarge Held, der es als überflüssig ansieht, Gefühle zu äußern, für amerikanische Jugendliche zum Vorbild für korrektes Verhalten hingestellt wird. Die Folgen derartiger Traditionen im Hinblick auf die Aggressionsentwicklung gegenüber anderen und zuweilen auch gegenüber der eigenen Person erkannte man erst vor rund 30 Jahren, als die Gegenkultur begann, diese institutionalisierten Werte in Zweifel zu ziehen.

Ein zweiter Faktor der Devianz im Zusammenhang der Unpersönlichkeit ergibt sich auf der Grundlage interpersonaler Identifikation. Es ist ja bekannt, daß sich der Heranwachsende im Laufe des Sozialisationsprozesses mit der Sozialisationsinstanz identifiziert, so daß die Normen der relevanten Personen internalisiert werden. Genau dies meint George Herbert Mead mit der "Übernahme der Rolle des anderen". Der Prozeß der Identifikation und Enkulturation ist abgeschlossen, wenn aus der Anerkennung durch andere ein persönliches Selbstwertgefühl resultiert, d.h. wenn die Normen anderer mit den eigenen Normen gleichgesetzt werden, und wenn dieser Prozeß auf der Ebene des Unterbewußten abläuft. Hier nun ergibt sich für den Heranwachsenden in einer unpersönlichen Gesellschaft ein Dilemma: einerseits entwickeln sich seine Gefühle durch zwischenmenschliche Erfahrungen und müssen auf einer zwischenmenschlichen Ebene als Äußerung des sozialen Ichs freigesetzt werden, andererseits verbieten es die von ihm als sozialisiertem Individuum übernommenen Verhaltensnormen, eben diese Gefühle zuzulassen und zum Ausdruck zu bringen. Dies bringt den Betreffenden natürlich in eine Konfliktsituation: zum einen hat er das Bedürfnis, sich emotional den Menschen mitzuteilen, durch die sich seine Gefühle und deren Bedeutungsgehalte entwickelt haben; zum anderen muß die Tatsache, daß diese Menschen ihn dafür ablehnen, in einem hochsozialisierten Individuum ein zunächst unbewußt bleibendes Gefühl der Selbstablehnung hervorrufen. Die Identifikation mit dem "signifikanten Anderen" führt zu Scham, Schuld und Selbsthaß. Denn es werden Gefühle erlebt, die sozialen Erfahrungen entspringen und doch gerade aufgrund dieser sozialen Erfahrungen nicht eingestanden und geäußert werden dürfen. Die Übernahme der Normen des signifikanten Anderen kann also im Extrem einen unbewußten Selbstzerstörungsdrang hervorrufen. Aggressionen, die nicht nach außen hin gezeigt werden dürfen, haben möglicherweise Selbstmord zur Folge, und zwar wenn jemand, der sich selbst ablehnt, seine unausgelebten Aggressionen gegen die eigene Person richtet. Um eine Form der Selbstzerstörung handelt es sich wohl auch beim Alkoholismus. Es ist zu vermuten, daß viele Alkoholiker in den USA die gesellschaftlichen Normen in hohem Maße internalisiert haben und eben deswegen unfähig sind, ihren Gefühlen Ausdruck zu geben, was zum Alkoholmißbrauch als unbewußter Selbstzerstörung führt.

Als dritter Faktor hinsichtlich des Zusammenhanges zwischen Unpersönlichkeit und Normabweichung ist die Notwendigkeit von Gefühlen als Instrument der sozialen Kontrolle anzuführen. Gerade die utilitaristisch-individualistische Tradition, die beinhaltet, daß "Tugend ihr eigener Lohn" sei, bringt die Gefahr mit sich, die bindende Kraft der Gefühle zu verkennen und eine Lockerung sozialer Bande in Kauf zu nehmen. Lehrer machen die Erfahrung, daß ein freundliches Wort der Selbstbestätigung des Schülers dient; ebenso lehrt die Alltagserfahrung, daß unpersönliche Gleichgültigkeit auch bei anderen Gleichgültigkeit hervorruft und Leistungen verhindert. Die emotionale Bindung zwischen Personen ist ein wichtiger Kontrollfaktor, da das ständige Äußern von Gefühlen in Form von Zustimmung und Mißbilligung, Liebe oder Ärger ein wesentlicher Bestandteil des Identifikationsprozesses und der damit einhergehenden Internalisierung von Normen ist. In unpersönlichen Gesellschaften geht man - fälschlicherweise - davon aus, daß formelle Kontrollen ausreichen, um Menschen zu lenken. Doch die Erfahrung zeigt, daß formelle Kontrollen leicht zu umgehen sind. Die Internalisierung von emotionalen Reaktionen dagegen, die über die gesamte Bandbreite der Gefühle gehen, bewirkt, daß sich der so Sozialisierte beständig fragt: "Was würden meine Freunde denken? Was würden meine Eltern davon halten? Was muß ich von mir selbst halten? Kann ich noch in den Spiegel sehen?" So kommt es zu einer Innenkontrolle, die weitaus wirksamer und dauerhafter ist als die formelle Kontrolle. Eine solche Kontrollinstanz baut sich aber nur auf einer tiefen emotionalen Grundlage auf. Dabei ist es nötig, daß es zum *Austausch* von Gefühlen kommt, daß also der Betreffende sich selbst gegenüber empfinden kann, was signifikante Andere ihm gegenüber zum Ausdruck bringen. Gerade diese Form der informellen Kontrolle durch das Mitteilen von Gefühlen ist unverzichtbar für die Internalisierung von Normen, das Selbstwertgefühl und die Selbstbejahung. Diese Zusammenhänge sind in einer Gesellschaft, die stolz ist auf ihre individualistische und utilitaristische Einstellung - zumindest bis vor kurzem - nicht richtig erkannt worden. Man muß z.B. auch annehmen, daß die Kriminalität in den USA wegen der tiefen Gleichgültigkeit gegenüber den Gefühlen anderer so groß ist. Der Mangel an Emotionalität wird noch dadurch verstärkt, daß die Mobilitätsrate steigt und die familiären Bindungen sich lockern. Die Unpersönlichkeit als Charakteristikum der amerikanischen Gesellschaft bewirkt, daß informelle soziale Kontrollen schwach entwickelt sind und auch der Aufbau einer internen Kontrollinstanz häufig defizitär bleibt.

Das puritanische Erbe

Die bisherigen Ausführungen könnten den Eindruck erwecken, als gelte das Gesagte nur für eine bestimmte Entwicklungsphase der amerikanischen Gesellschaft. Daher sollen im folgenden sowohl frühere Zustände wie auch aktuelle Entwicklungen deutlich gemacht werden. Es wird sich zeigen, daß die heutigen Erscheinungsformen nicht als ein grundlegender Wandel zu sehen sind, sondern sich als eine Kombination aus früheren und neueren institutionalisierten Formen der Unpersönlichkeit ergeben.[2]

Im Hinblick auf die kulturellen Traditionen in den USA kann man sagen, daß sich unpersönliche Beziehungen in zwei Kategorien einteilen lassen: Im ersten Fall geht es um Einstellungen, die sich am besten mit den Begriffen "Utilitarismus", "Wettbewerb", "Härte" und "Selbstvertrauen" beschreiben lassen. Eine solche Einstellung, die gekennzeichnet ist durch die Betonung der Rechte und Chancen des einzelnen, kann in ihren historischen Wurzeln bis auf den Unabhängigkeitskrieg zurückgeführt werden. Seitdem bildet sie den Kernpunkt der Sozialisation amerikanischer Kinder und Jugendlicher. Kennzeichnend ist dabei, daß persönlicher Besitz und Eigenständigkeit zu Lasten von stabilen sozialen Beziehungen und der Äußerung von Gefühlen betont werden. Mit dieser Haltung stimmt auch das Gefängnissystem der Pennsylvania- bzw. Auburn-Strafanstalten überein, das im 19. Jahrhundert eingeführt wurde. Kennzeichnend für dieses Gefängnissystem war, daß die Häftlinge zwar ihre Arbeit zusammen verrichteten, sich dabei jedoch nicht unterhalten durften. Oft waren die Gefangenen auch isoliert in Einzelzellen untergebracht, d.h. sie durften nicht arbeiten, niemanden sehen und mit niemandem reden. Die Gefängnisverwaltung war überzeugt, daß derartige Strafen Nachdenken und Besserung bewirken würden. Daß das Fehlen jeglicher

---

2 Pleck (1976) unterscheidet zwischen traditioneller und moderner Männerrolle, wobei die heutigen Rollenerwartungen die Fähigkeit zur Kooperation mit einschließen. Auch zur modernen Männerrolle gehört nach Pleck, daß es nicht zu impulsivem Verhalten kommt, daß also aggressive Empfindungen unterdrückt werden.

persönlicher Kommunikation psychische Störungen verursachen könnte, wurde überhaupt nicht in Betracht gezogen. In anderen Strafanstalten durften die Häftlinge arbeiten und wurden, wenn sie eine bestimmte Summe zusammengespart hatten und glaubhaft machen konnten, daß sie künftig ein bürgerliches Leben führen und einer geregelten Beschäftigung nachgehen würden, zur Bewährung entlassen. Auch dabei ist es bezeichnend, daß überhaupt nicht bedacht wurde, daß man den Betreffenden ja in der Regel nicht in eine befriedigende soziale Umgebung entließ. Das Pennsylvania- bzw. Auburn-Gefängnissystem entspricht somit einer Einstellung in den USA, die dem Zustandekommen unpersönlicher Beziehungen, ja der Abwertung jeglicher Beziehungen angesichts materialistischer, von Konkurrenzdenken geprägter und individualistischer Wertvorstellungen Vorschub geleistet hat.

Besonders illustrativ ist in diesem Zusammenhang auch das berühmte Gedicht von Robert Frost "The Death of the Hired Man" (Frost 1915), von dem gesagt wird, daß es in besonders eindringlicher Weise das Lebensgefühl der Menschen in Neuengland während des 19. Jahrhunderts zum Ausdruck bringe. Der Farmer, von dem in diesem Gedicht die Rede ist, findet seinen Arbeiter leblos in einem Stall liegen, der diesem als Unterkunft dient. Er geht zu seiner Frau zurück und teilt ihr das Ergebnis seiner Suche nach dem vermißten Arbeiter mit. Das Gedicht erreicht seinen Höhepunkt mit dem berühmten Satz: "'Dead', was all he answered". Der Farmer äußert also kein Wort des Mitleids, er sagt überhaupt nichts weiter und zeigt keinerlei Gefühlsregung. Allerdings geht es dem Dichter nicht darum, eine bestimmte Seite der amerikanischen Gesellschaft anzuprangern. Das Gedicht veranschaulicht lediglich die extrem individualistischen und utilitaristischen Erwartungen, die für die damalige Zeit charakteristisch waren. Die Bedeutung emotional bindender und dauerhafter sozialer Beziehungen für eine wirksame soziale Kontrolle wurde nicht erkannt. Ein anderes Beispiel: Der klassische Western-Film "Shane" handelt von einem Jungen, der in den Bann eines Mannes gerät, und zwar eines Besuchers auf der Farm seiner Eltern. Shane, der Lehrmeister, bringt dem Jungen bei, was man im Leben wissen muß. Vor allem zeigt er ihm, wie man kämpft und dabei anständig und aufrichtig bleibt. Der Junge erlebt, wie Shane in blutige Auseinandersetzungen mit den Banditen in der Stadt gerät und sie schließlich besiegt. Als sich der Besucher dann entschließt, weiterzuziehen, ruft der Junge ihm nach: "Shane, komm zurück!" Aber Shane geht für immer, nachdem er an den Heranwachsenden die Tugenden weitergegeben hat, die den amerikanischen Helden auszeichnen, nämlich Individualismus, Selbständigkeit, Aufrichtigkeit, Utilitarismus und Beherrschung der Emotionen, ein amerikanischer Lohengrin, der weder lacht noch weint, der nur redet, wenn es sein muß, und der keine dauerhaften Bindungen braucht. Filme dieser Art zeigen das Wesen der amerikanischen Werte in der Vergangenheit; sie zeigen auch, daß diese Werte ein Verhalten hervorbringen, das zwangsläufig zu Manifestationen der Unpersönlichkeit und zur Verdrängung von Gefühlen führen muß.

Des weiteren ist für die Vergangenheit festzustellen, daß sexuelle Wünsche unterdrückt werden mußten, Wünsche die niemals eingestanden oder zum Ausdruck gebracht werden durften.[3] Jeder, der den Puritanismus in amerikanischen Kleinstadtgemeinden kennt, weiß um diese Tatsache. Man braucht nur an die vielzitierte "doppelte Moral" zu denken, die es jungen Männern gestattete, gelegentlich sexuelle Erfahrungen zu sammeln, während von Frauen erwartet wurde, daß sie bis zum Tag der Hochzeit ihre Unschuld behielten. Von den Frauen, die unverheiratet blieben, wurde erwartet, daß sie ihr Schicksal mit Gleichmut akzeptierten, ihre natürlichen Wünsche im Rahmen ihrer jeweiligen beruflichen oder karitativen Tätigkeit sublimierten, sich stets würdevoll verhielten und sich niemals dazu hinreißen ließen, auch nur andeutungsweise sexuelles Begehren erkennen zu lassen. Die mit vorgeschützter Gleichgültigkeit überspielte und mit frustrierenden persönlichen Beziehungen einhergehende Unterdrückung der Sexualität, wie sie besonders im Lehrerberuf anzutreffen war, wurde zur gängigen Manifestation eines den konservativen amerikanischen Normen entsprechenden Verhaltens. Um auch in diesem Fall auf den Fundus der amerikanischen Filmtradition zurückzugreifen, ist festzustellen, daß sehr häufig die alleinlebende Lehrerin, die ihr Schicksal mit Würde trägt, als Idealtypus hingestellt wurde. Berühmte Filmklassiker wie "Cheers for Miss Bishop" und "Good Morning, Miss Dove" sind hierfür typische Beispiele. In dem kurz vor Beginn des Zweiten Weltkrieges entstandenen Hollywoodfilm "Remember the Day", der in einer amerikanischen Kleinstadt zur Zeit des Ersten Weltkrieges spielt, kommt eine Szene vor, in der ein Schulleiter einen Lehrer zur Kündigung auffordert, weil in einem anonymen Brief behauptet worden ist, daß dieser Lehrer mit einer ebenfalls an der Schule tätigen Lehrerin seinen Urlaub verbracht habe. Obwohl eine Beziehung nicht nachgewiesen werden kann, wird das Ausscheiden des Lehrers erzwungen, um das Ansehen der Anstalt zu wahren. Willard W. Waller weist darauf hin, daß es

3 Sennett (1987, S. 216) erinnert seine amerikanischen Leser an die Bezüge, mit denen in den Häusern von Großeltern die Beine von Klavierflügeln und Eßtischen bedeckt waren, und vertritt die Ansicht, daß selbst unbelebte "Beine" in dieser Generation als anstößig galten.

in der Vergangenheit in den Schulen Arbeitsverträge gab, die unverheiratete Lehrerinnen dazu verpflichteten, sich während der Zeit ihrer Anstellung nicht zu verloben und nicht zu heiraten (Waller 1932). In dem Film "These Three", der noch vor dem Zweiten Weltkrieg produziert wurde, geht es um eine angebliche lesbische Beziehung zwischen zwei Lehrerinnen. Aufgrund eines Gerüchts kommt es zu einem fürchterlichen Skandal. Bezeichnenderweise durfte der Begriff "lesbische Liebe" in dem Film nicht ausgesprochen werden. Die Unterdrückung von Sexualität, insbesondere was Lehrerinnen anbelangte, war so kompromißlos, daß die Betroffenen ihre Frustration sogar mit einigem Stolz ertrugen. Nichtsdestoweniger hatte diese sexuelle Repression schwerwiegende Folgen: Sexuelle Energie wurde, ohne daß es der betreffenden Person bewußt wurde, in aggressiver Weise sublimiert, wobei vielfach hehre Ideale zur Rationalisierung entsprechender Grausamkeiten bemüht wurden. Charakteristisch für diesen Zusammenhang ist die Lehrerin, die mit einem enormen Hausaufgabenpensum oder sadistischen Prüfungen ihre Schüler bestraft, dieses aber mit Hinweisen auf "Arbeitsmoral" und "staatsbürgerliche Pflichten" verbindet. Viele dieser Lehrerinnen unterdrückten aber nicht nur ihre Sexualität, sondern auch ihre Aggressionen, d.h. sie verschleierten diese, ohne verhindern zu können, daß die Schüler sowohl die unterdrückte Feindseligkeit wie auch deren Ursachen spürten. Die Häufigkeit dieses Themas in amerikanischen Spielfilmen zeigt, wie sehr ein entsprechendes Verhalten von Lehrerinnen dem Publikum vertraut, wie sehr also Unpersönlichkeit in der amerikanischen Kulturtradition institutionalisiert ist. Erst in den letzten beiden Jahrzehnten, in denen die Frauenbewegung zunehmend an Einfluß gewann, hat offenkundig ein Wandel in Richtung einer weniger konservativen Einstellung stattgefunden.

An dieser Stelle sei - sozusagen in Parenthese - ein kleiner Exkurs erlaubt. In einer Gesellschaft, in der viele Menschen miteinander konkurrieren, ist ein gewisses Maß an Feindseligkeit und Neid unvermeidlich. Wenn allerdings in einer solchen Gesellschaft Selbstvertrauen und Selbstbewußtsein hoch bewertet werden, dann ist sogar die Feindseligkeit ein Zeichen von Schwäche. Wer Achtung und Ansehen genießen will, darf ein solches Gefühl nicht zeigen. Neid und Eifersucht verbinden sich daher mit der Empfindung von Scham und Schuld. Deren Unterdrückung kann aber ihrerseits zur Unpersönlichkeit, ja zur Entpersönlichung der Beziehungen führen. Derjenige, der Eifersucht und Wut unterdrückt, neigt dazu, seine eigene Aggressivität demjenigen zu unterstellen, der diese hervorruft. So ist es ihm nämlich möglich, seine eigenen Gefühle zu rationalisieren. Indem er beharrlich behauptet, das Objekt seiner verdrängten Wut und Eifersucht habe etwas gegen ihn, wolle ihm vielleicht sogar schaden, entwickelt er ein bewußtes Mißtrauen und ergreift Maßnahmen, um sich selbst zu schützen. Die Unterdrückung von Feindseligkeit ist eine für die amerikanische Lebensart typische Verhaltenserwartung, wobei der Zustand als solcher nicht eingestanden werden darf, wenn man nicht die Achtung der Mitmenschen aufs Spiel setzen will. Jedoch gerade die Verdrängung führt dazu, daß Haß und Argwohn auf andere projeziert werden, so daß man von einer "Institutionalisierung unpersönlichen Mißtrauens" sprechen könnte.

Aktuelle Entwicklungen

Inzwischen haben allerdings einige grundlegende Veränderungen stattgefunden, so daß die hier beschriebenen Phänomene heute weniger ausgeprägt sind und an ihre Stelle andere Formen der Unpersönlichkeit treten. Die nachfolgenden Ausführungen konzentrieren sich auf aktuelle Formen der Unpersönlichkeit, auf Verhaltensweisen, die in der letzten Generation deutlich wurden. In diesem Zusammenhang muß zunächst auf den gewaltigen wirtschaftlichen Wandel hingewiesen werden, den das amerikanische Volk seit 1945 erlebt hat. Wie Alwin Toffler ausführt, zählte 1955 bereits gut die Hälfte aller außerhalb der Landwirtschaft angesiedelten Arbeitsplätze zum Dienstleistungsbereich und nicht zur industriellen Produktion (Toffler 1970). Die 1949 einsetzende Hausse am Aktienmarkt war Ausdruck der bis 1969 nahezu ununterbrochen andauernden Prosperität; nach einer Phase der Stagnation begann dann 1982 ein erneuter Wirtschaftsboom, der sich bis 1990 fortsetzte und die Schaffung von 20 Millionen neuen Arbeitsplätzen mit sich brachte. Zwar partizipierten große Teile der amerikanischen Bevölkerung nur wenig an dieser Entwicklung; gleichwohl führte die enorme Wohlstandssteigerung, derer sich so viele Millionen Menschen erfreuten, gewisse Veränderungen in den Verhaltenserwartungen herbei, die eine eigene Art von Unpersönlichkeit hervorgebracht haben. So ist heute weniger die Art der Arbeit als vielmehr der materielle Besitz Grundlage der sozialen Wertschätzung. Ebenso sind es heute nicht intakte Familienverhältnisse, sondern Erfolge im geselligen Umgang, die für Ansehen sorgen. Das *"deferred gratification pattern"* hat an Bedeutung verloren; Genuß anstelle von Askese steht im Vordergrund. Dem entspricht die geringe Sparquote und der hohe Verschuldungsgrad der Haushalte in den USA. Der Erfolg wird heute auch anders zum Ausdruck gebracht als früher, nämlich durch demonstratives Glücklichsein, Ungezwungenheit im Umgang mit anderen und durch das Nichtvorhandensein intensiver Gefühle, weil diese nämlich auf ein persönliches Problem oder auf eine Abhängigkeit schließen lassen könnten. Auch "Liebe" wird daher eher im erotisch-sexuellen als im romantischen Sinne verstanden. Jede Gefühlstiefe ist eine Art von sozialer Unangepaßtheit. Wer privat oder beruflich akzeptiert werden will, muß sich freundlich und selbstbewußt geben und die inneren Gefühle unterdrücken bzw. verbergen. Das nach außen hin freundliche Gebaren wird zu einer Rolle, die in keiner Weise mehr die Bandbreite der tatsächlichen Emotionen repräsentiert. Noch vor zwei Generationen konnte ein Professor an einem Kleinstadt-College dadurch Ansehen erwerben, daß er ernsthaft und arbeitsam war; heute wird ein derartiges Verhalten zwar noch toleriert, doch wichtiger sind Freundschaften und persönliche Eigenschaften wie Umgänglichkeit, Sinn für Humor oder Kontaktfreudigkeit. In Deutschland würde eine solche Haltung als "Scheinfreundlichkeit" bezeichnet werden. In den USA handelt es sich um eine hochbewertete Verhaltensweise, für die auch der Ausdruck "Hail fellow well met" geprägt wurde. Riesman bezeichnet eine solche zur Schau getragene Freundlichkeit als "the glad hand", was konkret ein Händeschütteln als Ausdruck von Liebenswürdigkeit ohne jegliche aufrichtige Gefühle meint (Riesman 1950). Henry Winthrop beobachtete schon 1961 entsprechende Veränderungen in der amerikanischen Gesellschaft. In seinem Aufsatz "The Disappearing Art of Being Serious" heißt es:

> "Nur wenige Aspekte des sozialen Wandels im Hinblick auf aktuelle Grundeinstellungen werden die Qualität der zwischenmenschlichen Beziehungen in den Vereinigten Staaten derart stark beeinflussen wie dieser zunehmende Mangel an Ernsthaftigkeit. Er wird unsere Sichtweise grundlegend verändern, und zwar zum Schlechteren. Es ist zu erwarten, daß die Fähigkeit, den Zustand eines anderen Menschen zu erkennen, das Bedürfnis, diesen Zustand gründlich, objektiv und ehrlich zu erforschen, verlorengehen werden. Es ist damit zu rechnen, daß das Bedürfnis, zu erfahren, wie andere die Welt erleben, insbesondere, wenn damit auch große Tragödien verbunden sein könnten, schwindet. Wenn es an dieser Ernsthaftigkeit mangelt, dann kann der heute so häufig gehörte Ausspruch "Was geht mich das an?" dazu führen, daß immer weniger Menschen sich veranlaßt fühlen, Zustände zu verändern (...). Es gibt jedoch noch Schlimmeres als ein solches Unvermögen zur Begegnung, das in dem Mangel an geistiger Ernsthaftigkeit begründet ist. Es ist dies die bleibende seelische Mauer zwischen zwei Menschen, die durch den beiderseitigen oder einseitigen Mangel an Bereitschaft entsteht, die tiefsten inneren Empfindungen, Wertvorstellungen und Gefühle zu offenbaren. Es gibt viele Gründe, weshalb zwei oberflächliche Menschen sich scheuen, die Welt der Gefühle miteinander zu teilen (...). Der durchschnittliche Amerikaner von heute hat gelernt, daß er, um Erfolg zu haben, anderen ein akzeptables Bild von sich

selbst vermitteln muß. Dieses Bild ist immer falsch oder verzerrt, verschafft ihm aber Zutritt zu sozialen Sphären, für die die meisten schlecht gerüstet sind. In dieser Umgebung schützt man sich durch verschiedene gesellschaftlich bewährte Methoden vor Enttarnung - humorvolles Auftreten, (...), Phrasen, ausweichende Antworten und das Bemühen, es jedem recht zu machen. So kommt es, daß am Ende der Durchschnittsmensch von heute als ziemlich einsame Seele in der einsamen Masse dasteht, ohne Gewohnheiten, Fähigkeiten oder Neigungen, die eine Möglichkeit schaffen würden, andere im Innersten zu berühren. Auf diese Weise versiegt die Fähigkeit, tief zu empfinden und sich in die Gefühle anderer hineinzuversetzen, so daß zwischenmenschliche Begegnungen völlig fremd werden (...). Echte Emotionen, die offen gezeigt werden, machen die meisten sichtlich verlegen. Ihnen ist so etwas außer in Theaterstücken, in Romanen oder im Kino kaum begegnet. Sie verfügen über kein Repertoire an sozial erlernten Reaktionen und Methoden, um damit umgehen zu können. Der erste und einzige Impuls, sich aus der Verlegenheit zu retten, besteht darin, sich jeder Form von Selbstoffenbarung und persönlicher emotionaler Bloßstellung zu entziehen. Alle vorstehend angeführten Überlegungen und noch andere mehr bewahren den Menschen, der die Ernsthaftigkeit scheut, davor, sich zwischenmenschlichen Begegnungen stellen zu müssen. Auf diese Weise manövriert er sich unwiderruflich in einen Zustand der Entfremdung" (Winthrop 1961).

Es würde natürlich den Rahmen dieser Abhandlung sprengen, wenn man versuchen würde, die vielfältigen Veränderungen der amerikanischen Gesellschaft in den letzten 50 Jahren zu analysieren. Es sei hier nur auf die gegenwärtig zunehmende Tendenz zur Entstehung einer emotional schwer ansprechbaren Persönlichkeitsstruktur hingewiesen, wie sie besonders unter jungen Menschen anzutreffen ist. So stellt sich die Frage, ob sich Selbstbewußtsein entwickeln kann, wenn Wünsche jungen Menschen nur allzu bereitwillig erfüllt werden. Auch mögen Zweifel angebracht sein, daß sich in Zeiten unbeständiger sozialer Beziehungen tiefergehende emotionale Identifikationen und soziale Bindungen entwickeln. So gesehen ist es nicht erstaunlich, daß beim Verlust eines Freundes oder Angehörigen nur noch selten tiefe Betroffenheit empfunden wird.

Eine derartige Veränderung der Einstellungen ist in dem Roman "The Fountainhead" von Ayn Rand scharfsinnig vorausgesehen worden (Rand 1943). Ein junges, hübsches Mädchen, das aufgrund ihrer sozialen Herkunft über alle Annehmlichkeiten des Lebens verfügt, erhält einen Heiratsantrag. Der junge Mann verspricht, alles, was seinem "Ich" innewohnt, mit ihr zu teilen: sein Streben, seine Erfolge, seine Gedanken, seine Wünsche, das Innerste seiner Gefühle, kurz alles, was seine Person und sein Leben ausmachen. Nachdem der junge Mann seinen romantischen Antrag vorgebracht hat, wartet er auf ihre Antwort.

Nach einer Weile sagt sie unbewegt und gelassen: "Findest Du mein Kleid hübsch?" Was ein derartiges Verhalten im Lichte dieser Ausführungen bedeutet, liegt auf der Hand. Das unmittelbare Vergnügen gewinnt die Vorherrschaft gegenüber dem Streben nach künftigen Gratifikationen. Unpersönlichkeit bedeutet die Vermeidung von Freude und Trauer, Liebe und Haß. Dementsprechend werden tiefere Gefühle als "melodramatisch" empfunden. In einer der populärsten Fernsehserien der letzten Jahre, der von Rod Serling produzierten "The Twilight Zone" wird ein bezeichnendes Zukunftsbild entworfen: Der Film spielt in einer Zeit, in der alle Menschen glücklich und zufrieden sind und niemals einen ernsthaften Gedanken oder tiefe Gefühle irgendwelcher Art zum Ausdruck bringen. An einer High School jedoch schockiert ein junges Mädchen seine Lehrerin damit, daß es eine Tragödie von Shakespeare und einen Roman von Dostojewski liest. Die Lehrerin ist beunruhigt und tadelt das Mädchen, weil es Bücher liest, die nur traurige Gedanken hervorrufen. Als das Mädchen auf seiner Lektüre beharrt und beteuert, es lerne auf diese Weise das Leben besser zu verstehen, wird es zu einer Schulberaterin geschickt. Als es in dem Beratungsgespräch nicht gelingt, dem Mädchen sein Interesse auszureden, wird es als geisteskrank diagnostiziert. Daraufhin erfolgt die Einweisung in ein Krankenhaus, wo es durch eine Spritze "geheilt" werden kann. Die Schülerin verzichtet auf ihre Shakespeare- und Dostojewski-Bücher, wirkt von nun an entspannt, lächelt und unterhält sich nett mit anderen.

Die gegenwärtige Form der Unpersönlichkeit, die vor allem in einer gewissen Oberflächlichkeit zum Ausdruck kommt, hat noch ein neues Element in den sozialen Beziehungen hervorgebracht, das man am treffendsten als "Ausweichen" bezeichnen könnte. Auch in früheren Generationen war ausweichendes Verhalten nichts Unbekanntes, doch ist es erst in den letzten dreißig Jahren zu einer erwarteten Verhaltensweise geworden. Als Beispiel sei die Art und Weise angeführt, in der einem Arbeitnehmer früher gekündigt wurde. Nachdem man ihm mitgeteilt hatte, daß er nicht länger gebraucht werde, übernahm der Geschäftsführer die Verantwortung für die Entlassung und legte dem Betreffenden gegenüber dar, welche Fehler oder Gewohnheiten zu seiner Entlassung geführt hätten. In der Vergangenheit trugen die Amerikaner eine solche Verantwortung mit Stolz. Aufgrund der zunehmenden Komplexität sozialer Strukturen und der Streuung von Entscheidungsbefugnissen laufen Entlassungen heute in der Regel unpersönlicher ab. Dem Betreffenden wird mitgeteilt, daß die Firma keine Verwendung mehr für ihn habe oder daß er sich woanders wohler fühlen würde. Der Entlassene erfährt also nicht, auf wen die Entscheidung zurückzuführen ist und aus welchen Gründen sie tatsächlich getroffen wurde. Auf diese Weise vermeidet das Unternehmen Risiken, weil der Betreffende nicht weiß, gegen wen er entsprechende rechtliche Schritte unternehmen könnte. Hätte der Vorgesetzte, der die Verantwortung für die Entlassung übernimmt, gesagt, was er falsch gemacht hat, könnte der Mitarbeiter versuchen, dies in Zukunft abzustellen oder gegen den Geschäftsführer zu klagen. Die Beziehung würde also fortbestehen. Dagegen bewirkt der ausweichende Hinweis, daß man selbst keine Ahnung hat, von wem und warum diese Entscheidung getroffen wurde, daß man also verunsichert ist, mit niemandem in dem Unternehmen in Beziehung bleibt und weder seiner Familie noch einem künftigen Arbeitgeber den Grund für seine Entlassung nennen kann. Ausweichendes Verhalten führt somit zu Dissoziation und Entpersönlichung wie auch zu Störungen in anderen wichtigen Beziehungen. Derartige Erfahrungen lösen, gerade weil sie so hilflos machen, heftige Aggressionen aus, die oft genug, da sie in zwischenmenschlichen Beziehungen nicht ausgedrückt werden dürfen, sich gegen das eigene Selbst richten.

Die Institution, die ein Maximum an zwischenmenschlichen Beziehungen ermöglicht, in der also das gesamte Spektrum der Gefühle zum Tragen kommt, ist natürlich die Kernfamilie. Da die Beziehungen dauerhafter und vorbehaltloser sind, bieten sich hier größere Chancen für befriedigende emotionale Assoziationen. Von daher liegt die Vermutung nahe, daß zunehmende Individualisierung mit unterschiedlichsten Formen von Devianz einhergeht. All diejenigen, die sich Gedanken um die Weiterentwicklung der Gesellschaft machen, mögen selbst entscheiden, ob zwischen der Auflösung verwandtschaftlicher Sozialformen und der beschriebenen Unpersönlichkeit ein, wie Max Weber es nannte, "sinnvoller Zusammenhang" besteht.

Literatur

Freeman, Howard E./Jones, Wyatt C./Zucker, L.: Social Problems: causes and controls, Chicago 1970.

Frost, Robert: The Death of the Hired Man. In: Anthology of Magazine for 1915, New York 1915, S. 163-169.

Goffman, Erving: Stigma. Über Techniken der Bewältigung beschädigter Identität, Frankfurt/M. 1980[4].

Mead, George Herbert: Mind, Self and Society. From the standpoint of a social behaviorist, Chigaco 1934.

Mollon, Phil: Self-Awareness, Self-Consciousness and Preoccupation with self: In: Krysia Yardley/Terry Honess (Eds): Self and Identity: Psychosocial Perspectives, Chichester/New York 1987, S. 273-285.

Parrillo, Vincent N./Stimson, J.: Contemporary Social Problems, New York 1985.

Pleck, Joseph H.: The male sex role: definitions, problems, and sources of change. In: Journal of Social Issues, 1976 (32), S. 155-164.

Rand, Ayn: The Fountainhead, Chicago 1943.

Riesman, David: The lonely Crowd. A study of the changing American character, New Haven 1950.

Simmel, Georg: Soziologie. Untersuchungen über die Formen der Vergesellschaftung, 3. Aufl., München/Leipzig 1923.

Sennett, Richard: Verfall und Ende des öffentlichen Lebens, Frankfurt/M. 1987.

Tarde, Gabriel de: The Laws of Imitation, New York 1903.

Toffler, Alwin: Future Shock, New York 1970.

Waller, Willard W.: The Sociology of Teaching, New York 1932.

Winthrop, Henry: The Disappearing Art of Being Serious. In: The Journal of Human Relations, Volume 10, No. 1, S. 84-95.

Die Farben unserer Weltbilder

Über ästhetische Sitten und die Sittlichkeit des Ästhetischen

Gerhard Vowinckel

Als "ästhetische Sitten" bezeichnete Friedrich Schiller das moralische Handeln aus dem Gefühl heraus, aus einem ästhetischen Sinn für das Gute. Ästhetische Sitten machen den Menschen zu einer "schönen Seele", die

> "(...) dem Affekt die Leitung des Willens ohne Scheu überlassen darf, und nie Gefahr läuft, mit den Entscheidungen desselben im Widerspruch zu stehen (...) Mit einer Leichtigkeit, als wenn bloß der Instinkt aus ihr handelte, übt sie der Menschheit peinlichste Pflichten aus, und das heldenmütigste Opfer, das sie dem Naturtriebe abgewinnt, fällt wie eine freiwillige Wirkung eben dieses Triebs in die Augen (...) es fällt ihr nicht mehr ein, daß man anders handeln und empfinden könnte" (1780, S. 155).

Ästhetische Sitten hat derjenige, der Normen und Werthaltungen so tief verinnerlicht hat, daß sie ihm zur zweiten Natur geworden sind - mehr oder weniger also jeder sozialisierte Mensch.

Ästhetische Sitten haben zwei Aspekte, das sittliche Handeln und den ästhetischen Sinn für das Gute. Die Soziologie als Erfahrungswissenschaft hat sich im Verlauf ihrer Geschichte immer stärker dem ersten Aspekt zugewandt, weil man Handeln beobachten kann, Wahrnehmungen jedoch erschließen muß. Im folgenden soll aber eben dieser Wahrnehmungsaspekt untersucht werden. Die Frage lautet: Wie stellt sich die Welt aus der Perspektive desjenigen dar, der moralische Normen des Handelns - die zugleich Normen der Wahrnehmung sind - verinnerlicht hat? Das moralisch "Schöne" oder "Häßliche" macht jedoch nur einen Teil des Themas aus. Darüber hinaus geht es um den gesellschaftlich-normativen Anteil der ästhetischen Urteile im engeren Sinne, um das "Schöne" und das "Häßliche" im üblichen Wortsinne. Am Zustandekommen unseres moralischen und ästhetischen Weltbildes sind angeborene, nicht von unseren Zeitgenossen übernommene Urteilsschablonen beteiligt. Leichter als bei Menschen läßt sich ihr Mechanismus an etwas unkomplizierteren Tieren zeigen. Ich beginne daher mit einem entfernten Verwandten, dem Stichling.

Die natürliche Farbe der Leidenschaft

Ein fortpflanzungsbereiter Stichling besetzt ein Revier, bekommt einen roten Bauch, umwirbt silberbäuchige Weibchen und wird sehr angriffslustig, wenn sich ein anderes Männchen blicken läßt. Soweit können wir ihm folgen, indem wir eigene Erfahrungen zur Hilfe nehmen. Jedoch mit derselben Energie wie auf einen Rivalen geht der Stichling auf eine Wachswurst los, deren einzige Ähnlichkeit mit einem männlichen Stichling darin besteht, daß sie an der Unterseite rot gefärbt ist. Er ist keineswegs kurzsichtig; sein Differenzierungsvermögen reicht aus, um Artgenossen von Wachswürsten zu unterscheiden. Dennoch sieht er offenbar jemanden, der gar nicht da ist: einen Rivalen (Tinbergen 1972, S. 28) - oder was sieht er wirklich? Wenn ich einmal für den Stichling sprechen darf, dann behaupte ich: er sieht eine unterwärts rot gefärbte Wachswurst; aber diese Wachswurst hat etwas so Herausforderndes, Impertinentes, Rivalenmäßiges, kurz: etwas so Angreifens- und Vertreibenswürdiges an sich, daß der Fisch gar nicht anders kann als ihn angreifen und vertreiben. Er ist wie der Held in einem amerikanischen Western, der auf die Frage, warum er seinen Gegner erschossen habe, im heroischen Bewußtsein unausweichlicher Notwendigkeit antwortet: "Ich mußte es tun."

Natürlich handelt es sich bei dem, was der Stichling sieht, um die subjektive Erscheinungsform eines angeborenen Auslösemechanismus (Tembrock 1974, S. 81). Ein solcher AAM verbindet bestimmte Schlüsselreize mit einer vorprogrammierten Verhaltensbereitschaft zu einer unauflöslichen Einheit. Versucht man, diese Einheit aufzulösen, dann endet man bei Tautologien. Warum greift der Stichling die Wachswurst an? Sie hat so etwas Provozierendes an sich! Oder, um auf den Menschen zu kommen: Warum versuchen wir, uns dieser Frau (diesem Mann) anzunähern? Sie (er) ist so attraktiv! Warum läuft uns beim Anblick des saftigen Steaks das Wasser im Munde zusammen? Es ist so appetitlich! Mit anderen Worten, unser Verhaltensimpuls ist die Folge davon, daß die Sache, Person oder Situation so etwas Verhaltensimpulsauslösendes an sich hat.

Selbstverständlich kennen die Zoologen Gründe für das Verhalten des Stichlings, die hinter den Punkt zurückgehen, der für den Fisch selbst die Endstation aller Warumfragen ist. Wenn der Fisch die eigenen Gene in der nächsten Stichlingsgeneration plazieren will, muß er sich gegen die Konkurrenz im Fortpflanzungsgeschäft durchsetzen. Das zu wollen und zu können, ist er konstruiert. Deswegen vertreibt er andere paarungswillige Stichlingsmännchen, die er am roten Bauch erkennt. Da in dem Lebensraum, an den ihn die Entwicklungsgeschichte seiner Gene angepaßt hat, rotbäuchige Wachswürste nicht vorkommen, reicht normalerweise das Merkmal *rotbäuchig* aus, seine Kampflust auf das geeignete Objekt zu lenken. Der Zoologe, der die Funktion des Verhaltens in einem Beitrag zum Überleben und zum Fortpflanzungserfolg sieht, mag urteilen, daß sich der Stichling gegenüber rotbäuchigen Wachswürsten unzweckmäßig verhält und per saldo weniger Nachkommen haben wird als Konkurrenten, die genauer zu unterscheiden wissen und nicht Zeit und Energie damit verschwenden, Pseudorivalen zu vertreiben. Dem Stichling jedoch ist sein Fortpflanzungserfolg gleichgültig, nur dieses verhaßte rotbäuchige Objekt soll endlich aus seinem Revier verschwinden.

Das Beispiel zeigt, daß es biotisch nicht unbedenklich ist, die Auslösereize für bestimmte Verhaltensweisen so starr zu programmieren. Wievielen spanischen Stieren wäre ein vorzeitiges Ende erspart geblieben, wenn sie sich von dem Eindruck hätten freimachen können, daß rote Tücher etwas unbedingt Auf-die-Hörner-nehm-Würdiges an sich haben. Andererseits sind die durch Schlüsselreize ausgelösten Verhaltensweisen unter normalen Umständen hochwichtig für die (darwinistische) Fitness des Sichverhaltenden.

Kolorieren nach Schablone

Konrad Lorenz' (1935) berühmte Entenküken sind schon einen Schritt weiter als Niko Tinbergens Stichlinge. Sie verbinden die Vorzüge fest programmierter Schlüsselreize mit denen eines verfeinerten Unterscheidungsvermögens. Frisch aus dem Ei geschlüpft, rennen sie sofort hinter ihrer Mutter her und folgen ihr fortan unbeirrt, ohne sie jemals mit anderen Enten zu verwechseln. Dabei sind Enten einander erheblich ähnlicher als Wachswürste und Stichlinge. Sie erkennen die Mutter daran, daß sie das erste Objekt einer entenmäßigen Größenordnung und mit im weitesten Sinne entenartigen Lautäußerungen ist, das ihnen begegnet. Allerdings haben auch sich bewegende kubistische Holzenten und Fußbälle, in deren Innerem Lautsprecher Töne von sich geben, dieses unwiderstehlich Nachfolgewürdige, Geborgenheit Verheißende an sich. Selbst der Meister wurde zur Mutter gekürt. Nun gilt für schnatternde Fußbälle dasselbe wie für rotbäuchige Wachswürste: Enten und Stichlinge sind ihnen im Verlauf ihrer Artgeschichte so selten begegnet, daß sie wenig Veranlassung hatten, sich auf ihr Vorkommen einzustellen. In der Regel ist das, was sie dafür halten, tatsächlich ein Artgenosse.

Artgenossen gehören zu den beständigen Elementen in der Umwelt von Tieren. Objekte, die als Eltern, Kinder oder Fortpflanzungspartner in Frage kommen, sehen im wesentlichen stets gleich aus oder sind regelmäßig zur (evolutionär) verabredeten Zeit am verabredeten Ort: "Pünktlich nach dem Schlüpfen am Nest!" Man kann sie normalerweise kaum verfehlen. Mitgeschöpfe jedoch, die es darauf abgesehen haben, einen zu fressen, oder solche, die sich zur Bereicherung des eigenen Speisezettels eignen, können sehr unterschiedlich aussehen und nach den Zeitmaßstäben der Evolution völlig überraschend im eigenen Lebensraum auftauchen. Da sind die Angehörigen solcher Arten im Nachteil, die den von glücklichen Zufällen abhängigen Schneckengang der Evolution abwarten müssen, um sich den neuen Gefahren und Chancen anzupassen. Intelligentere Tiere haben raschere und flexiblere Wege, in der möglichen Beute das Jagdwürdige und Appetitliche, im neuen Freßfeind das Abscheuliche und Fluchtwürdige zu entdecken.

In der Malschule

Einer dieser Wege ist das individuelle Lernen am Erfolg. Das Individuum ordnet das Unbekannte versuchsweise in die Kategorien des Eßbaren, des Bekämpfenswürdigen, des zu Fliehenden usw. Je nachdem, welche Erfahrungen es macht, hält es die Hypothese aufrecht oder läßt sie fallen und ordnet den Gegenstand in eine andere Kategorie ein. Die Methode ist nicht ohne Risiken, denn mancher Erfolg verhindert für immer weiteres Lernen. Außerdem wird das Gelernte nicht im Art"gedächtnis", in den Genen weitergegeben. So sind die Erfahrungen der einen Generation für die nächste verloren. Es liegt auf der Hand, daß die Evolution sich etwas einfallen lassen mußte, das es einem Individuum ermöglicht, seine Erfahrungen mit der Unbekömmlichkeit oder Appetitlichkeit von Pflanzen und Tieren, mit der Harmlosigkeit oder Bedrohlichkeit von Situationen und Mitgeschöpfen weiterzugeben, zumindest an "seine Leute", an Verwandte und Freunde.

Zum großen Verdruß der Kammerjäger informieren Ratten einander darüber, ob bestimmte eßbare Dinge auch bekömmlich sind. Wenn einer Ratte von einem unbekannten, mit Vorsicht gekosteten Leckerbissen einmal schlecht geworden ist, dann meidet sie fortan den vergifteten Köder, und ihre Mitratten tun es ihr nach (Rozin u. Kalat 1971). Junge Amseln lernen von ihren Mitamseln, welche Tiere ihnen gefährlich werden können. Sobald ein solcher Raubfeind auftaucht, rotten sich die erfahrenen Amseln gegen ihn zusammen und stimmen ein

Schimpfkonzert an (Curio 1988). Im Englischen gibt es dafür das leider nicht übersetzbare Wort "mobbing". (In "pöbeln" oder "anpöbeln" fehlt das Element der Zusammenrottung.) Für die unerfahrene Amsel wird auf diese Weise ein größerer Vogel, der zuvor lediglich Gegenstand einer vorsichtigen Aufmerksamkeit war, zu einem haßwürdigen, schimpflichen und gegebenenfalls schnellstens zu fliehenden Feind. Auch ein gänzlich ungefährlicher Vogel wird von den Amseln als *mobbing*würdig erkannt, wenn man ihn zusammen mit einem vom Band ablaufenden Amsel-Schimpfchor präsentiert.

Die Verhaltensmuster des *mobbing*, des Vermeidens und der Flucht werden mit ihrem wahrgenommenen Adressaten zu einer mehr oder weniger festen Einheit verbunden, in der Reiz und Verhalten einander definieren. Warum sollte die junge Amsel eine Eule, die ihr nichts getan hat, hassen und gegen sie demonstrieren? Weil Eulen so etwas Häß-liches, Mob-bilisierendes an sich haben. Woher hat die Amsel dieses Vorurteil? Daher, daß ihre Mitamseln die Eule hassen. Freilich muß die junge Amsel imstande sein, das aufgeregte Gebaren ihrer Artgenossen zu deuten. Das ist aber für die Evolution ein vergleichsweise leicht lösbares Problem, weil Artgenossen, wie gesagt, zum festen Inventar im Lebensraum gehören. Sozial lebende Tiere verfügen in der Regel über zuverlässige Eindrucksmechanismen für die Ausdrucksbewegungen von Artgenossen. Der Rest ist klassische Konditionierung.

Einfachere Fälle von Stimmungsübertragung sind bei Tieren zu beobachten, die in Gruppen grasen, jagen oder reisen. Die kollektive Aufbruchstimmung beispielsweise, die alle gleichzeitig in Bewegung setzt, wird über Ausdrucksbewegungen, zumeist in Gestalt von Intentionsbewegungen, koordiniert. Der einzelne läßt sich von dem, wozu die Mehrheit Miene macht, so stark beeindrucken, daß seine Stimmung - aufzubrechen oder zu bleiben - im Anziehungsbereich der allgemeinen Stimmung bleibt und sich davon niemals so weit entfernt, daß er sich von der Gruppe trennt. Allerdings zählt in vielen dieser Gruppen nicht jede Stimmung gleich. In vielen Primatengruppen etwa gibt es Rangordnungen, und die Stimmungen der ranghohen Tiere zählen mehr. Sie stehen im Mittelpunkt der Aufmerksamkeit und haben daher eine größere Chance, andere zu beeindrucken und so zu Führern zu werden (Chance 1988).

Tierverhaltensforscher studieren die Mechanismen der Stimmungsübertragung und des Beobachtungslernens häufig in Versuchsanordnungen, in denen sie die betroffenen Tiere hinters Licht führen. Gleichwohl ist die Bedeutung unübersehbar, die diese Mechanismen unter normalen Bedingungen für die Überlieferung von Erfahrungen und die Abstimmung der Handlungsbereitschaften bei vielen sozial lebenden Tieren haben. Man kann ohne Übertreibung sagen, daß Individuen, deren Verhaltensbereitschaften nicht durch solche Mechanismen mit den kollektiven Einschätzungen in Einklang gebracht und gehalten würden, kaum Fortpflanzungschancen hätten.

Masse und grelle Farben

Ich komme nun auf die Spezies Homo sapiens - ein Satz, den ich kaum niederzuschreiben wage, da biologische Betrachtungen des Menschen bei Soziologen *mobbing*-Reaktionen auszulösen pflegen. Die menschlichen Gegenstücke zu den kollektiven Gefühlsübertragungen bei Amseln und Affen sind dort, wo sie als solche erkannt wurden, zunächst mißfällig vermerkt worden. Gustave Le Bon beschreibt, was dem einzelnen dabei geschieht, so:

> "Die bewußte Persönlichkeit schwindet, die Gefühle und Gedanken aller einzelnen sind nach derselben Richtung orientiert. Es bildet sich eine Gemeinschaftsseele (...) [Die psychologische Masse] bildet ein einziges Wesen und unterliegt dem *Gesetz der seelischen Einheit der Massen*" (1957, S. 10).

Le Bon knüpfte an Untersuchungen von Gabriel Tarde und Scipio Sighele an, zwei Kriminologen, deren Interesse zunächst der strafrechtlichen Verantwortlichkeit einzelner für kollektive Delikte bei Demonstrationen, Unruhen und Aufständen gegolten hatte. Dementsprechend stellte die Massenpsychologie die Entindividualisierung, den Verlust des Gefühls persönlicher Verantwortung, die Skrupellosigkeit und die Verzerrung der Wahrnehmung heraus, die man an Menschen in der Masse beobachtete.

Diesen Aspekt untersuchte in den dreißiger Jahren Arthur Raper (1970) an einer Reihe von Strafverfahren nach der berüchtigten Methode des Richters Lynch im Süden der Vereinigten Staaten. Auch seine Analysen zeigen, daß die Verhaltensbereitschaften, die sich durch Stimmungsübertragung ausbreiten, und die Art, wie Menschen Personen und Situationen wahrnehmen, eine untrennbare Einheit bilden. Wo sich die Lust zum Lynchen ausbreitete, stieg die Aufmerksamkeit auf alles, was der Betätigung dieser Lust als Auslöser dienen konnte. Der optimale Auslöser war ein Neger, der seine schwarze Hand auf eine junge weiße Frau legte und sie brutal vergewaltigte. Dieses Bild hatte etwas so Herausforderndes an sich, daß *es nach Foltern, Totschlagen und Verstümmeln schrie.* Die Redewendung macht deutlich, wie die Wahrnehmung die eigene Handlungsbereitschaft in ihren Gegenstand verlegt. In dem Maß, wie sich die Gefühle in einem Kollektiv durch Rückkopplungsprozesse aufschaukeln und vereinheitlichen, steigt die Bereitschaft, alles zu glauben, was in den optimalen Auslöser hineinpaßt, und alles zu ignorieren, was seine Wirkung schmälern könnte.

Le Bon hebt die Rolle hervor, die ein Führer für eine zunächst unstrukturierte Masse spielt. Die Voraussetzung dafür, daß er seine Rolle spielen kann, ist oft eine Notsituation, von der viele Menschen betroffen sind und mit der keiner umzugehen weiß (Käsler 1977, S. 164f.). Eine solche Situation löst Angst aus, die sich in der körperlichen Gegenwart anderer durch Rückkopplungsprozesse noch steigern kann. Angst ist keine spezifische Handlungsbereitschaft, sondern entsteht, wenn man *nicht ein noch aus weiß*, wenn der Druck steigt, etwas zu unternehmen, ohne daß man weiß, was. Ein potentieller Führer bewirkt zunächst einmal, daß sich die Aufmerksamkeit der Menschen ganz körperlich auf ihn und damit auf dasselbe Ziel ausrichtet. Zum Führer wird er dann, wenn es ihm gelingt, der gesteigerten, aber ziellosen Aktionsbereitschaft Ziele zu weisen. Je geschickter der Demagoge, desto mehr wird er das Bild, das er von der Notsituation und ihren Ursachen entwirft, mit wirksamen Auslösern für starke affektive Handlungsbereitschaften anreichern. Er stellt die Situation so dar, daß sie nach bestimmtem Handeln förmlich *schreit*. Wenn der Appell an spezifische Handlungsbereitschaften gelingt, dann sorgen in der Menge Rückkopplungsprozesse über körperlichen oder auch sprachlichen Affektausdruck für ihre Verstärkung. Der Führer stimmt den *mobbing*-Choral an, die Geführten stimmen ein. Sie sehen die Situation nunmehr ganz klar, wobei die Klarheit in der Eindeutigkeit der wahrgenommenen Verhaltensappelle besteht. Diese Eindeutigkeit stammt aus der Einsinnigkeit der in der Masse mobilisierten Gefühle. Zugleich mit der Ratlosigkeit schwindet die Angst und macht spezifischen Handlungsbereitschaften Platz.

Nimbus und Kraft

Dem Geheimnis, das Menschen zu Führern prädestiniert, hat man mit großer Energie, aber eher kläglichen Resultaten nachgespürt. Der Irrtum bestand gewöhnlich darin, das Geheimnis im Führer zu suchen statt in den Wechselwirkungen der Menschen untereinander. Führer wird derjenige, in dem die Menschen einen Führer "erkennen". In den Primatenuntersuchungen von Chance standen Führer im Mittelpunkt der allgemeinen Aufmerksamkeit. Anlässe für erhöhte Aufmerksamkeit kann es - jedenfalls bei Menschen - die unterschiedlichsten geben; schon die schiere körperliche Größe steigert die Chance, von anderen wahrgenommen zu werden (Stogdill 1972). Der Grad an allgemeiner Aufmerksamkeit, der jemanden zum Führer macht, ist dann aber in der Hauptsache das Resultat von Rückkopplungseffekten. Nicht bestimmte Eigenschaften, sondern die gleichgerichtete Aufmerksamkeit der vielen machen den Führer zum Brennpunkt der Aufmerksamkeit. Es steckt viel Tautologisches in Urteilen über Führungsqualitäten.

Die subjektive Erscheinungsform der kollektiv verstärkten Aufmerksamkeit ist eine besondere *Ausstrahlung*, die von ihrem Gegenstand auszugehen scheint. Max Weber nennt sie Charisma (vgl. Larsen 1976). Le Bon spricht von einem Nimbus und kommt so dem Phänomen näher (1957, S. 109). Er bezeichnet damit auch gleich das bildliche Mittel, durch das die *Prominenz* einer Person am häufigsten dargestellt wird. Der Strahlenkranz, der Heiligenschein, die Aureole geben Gegenständen und Personen die optische Hervorhebung, die der kollektiven Aufmerksamkeit entspricht, die sie erregen oder erregen sollen. Man kann sagen: Die von allen Seiten auf den Gegenstand oder die Person gerichtete Aufmerksamkeit wird verbildlicht durch die nach allen Seiten ausgehenden Strahlen des Strahlenkranzes.

Die Kunst- und Kulturhistoriker erklären den Nimbus als Sonnensymbol. Daß aber das Sonnensymbol seinerseits nur eine primäre Erfahrungsweise oder Quasiwahrnehmung vergegenständlicht, zeigt der beinahe inflationäre Gebrauch, den Comic-Zeichner von Strahlenkränzen machen. Dabei wird unmittelbar deutlich, daß religiöse *Heiligkeit* nur die spezifische Ausformung eines allgemeineren Begriffs ist. Er drückt die einer Sache oder einer Person innewohnende *Kraft* oder *Energie* aus. In diesem Kraftbegriff fließt die tatsächlich in Gestalt von Hitze, Lautstärke oder Körperkraft von einem Gegenstand ausgehende Energie mit der Intensität seiner Appellwirkung auf den Betrachter ununterscheidbar in eins. So werden Kraftentfaltungen - etwa beim Sprengen von Ketten -, Zusammenstöße - insbesondere solche von Faust und Kinn -, laute Geräusche oder energiegeladene Körper mit einem Strahlenkranz umgeben. Auf die gleiche Weise wird die Appellwirkung körperbaulicher Auslöser und des körperlichen Affektausdrucks, die häufig ohnehin schon auf maximale Auslösewirkung hin optimiert sind, zusätzlich hervorgehoben. Ganz allgemein wird der Strahlenkranz zur Erzeugung von optischer Prominenz benutzt; was dergestalt hervorgehoben ist, *springt ins Auge*.

Während der Strahlenkranz in der Form des Heiligenscheins spirituelle, transzendente Kraft ausdrückt, zeigt er in der Form der Krone oder des Kranzes diesseitige Kraft und Macht an. Könige tragen ihr Charisma mit der Krone deutlich sichtbar auf dem Haupt. Sieger in Wettkämpfen werden mit Lorbeer bekränzt. Braut- und Jungfernkranz bezeugen die magischen Kräfte, die man Jungfrauen einmal zuschrieb. Im heiligen Ehestand werden sie ihnen auf legitime Art genommen, während die außereheliche Entjungferung ein Sakrileg darstellt. Bei der Brunhild des Nibelungenliedes werden die magischen zu körperlichen Kräften. Mit der Jungfernschaft gehen sie verloren.

Nimbus und Sichtbarkeit

Ein Nimbus sichert gesteigerte Aufmerksamkeit. Er wirkt wie eine Art von Zoom im Auge des Betrachters und vergrößert wie ein Teleobjektiv die Eindrücke, die vom Träger des Nimbus ausgehen. Entsprechend gesteigert ist der Eindruck, den der im Brennpunkt der allgemeinen Aufmerksamkeit Stehende auf die anderen macht. An welchen persönlichen Vorzügen oder Besonderheiten der Nimbus auch anknüpfen mag, er ist im Kern das Ergebnis der durch Rückkopplungsprozesse gesteigerten Aufmerksamkeit der zum Kollektiv verbundenen Menschen. Häufig entzünden gar nicht individuelle Qualitäten einer Person oder eines sonstigen Gegenstandes den Nimbus, der sie umgibt. Nimbus ist ansteckend und teilt sich den Gegenständen mit, die mit den von ihm umgebenen Dingen oder Personen in körperlicher oder gedanklicher Verbindung stehen. So verleihen Verweise auf Klassiker den Sätzen wissenschaftlicher Nobodies Gewicht, und Elvis' Glorienschein reicht aus, um selbst noch seine Jacke und seine Gitarre zu umstrahlen.

Nimbus verleiht Macht; aber Macht verleiht auch Nimbus. Wenn man Macht nicht als Attribut oder Besitz des Macht"habers" begreift, sondern als Merkmal der Beziehung zwischen den beteiligten Menschen, dann erkennt man, daß "Macht" und "Nimbus" weitgehend dasselbe sind. Bedeutungsnuancen bestehen darin, daß man bei "Macht" stärker an die institutionellen oder materiellen Ressourcen denkt, die dem Nimbus eine stabile und reale Grundlage geben, während man bei "Nimbus" eher an eine freischwebende Macht ohne substantiellen Kern denkt, an eine Macht ohne handfeste Machtmittel.

Illusionen und Tatsachen

Der Nimbus einer Person macht die Menschen empfänglich für deren "Ansichten". Der Führer malt ein Bild der Situation aus, das deutliche Auslöser enthält für entschlossenes Handeln. Dieses Bild ist um so überzeugender, je mehr es unterstützt wird durch ein Weltbild. Die "Wahrheit" des Bildes besteht darin, daß das Handeln, an das es appelliert, zum Erfolg führt. Mißerfolg offenbart seine Falschheit und entlarvt den Nimbus, auf dem das Vertrauen der Geführten beruht, als Täuschung. Da die Geführten den Nimbus nicht ihrer eigenen, sozial korrumpierten Wahrnehmung zuschreiben, sondern dem "Träger" des Nimbus, haben sie anschließend nicht den Eindruck, daß sie sich getäuscht hätten, sondern daß der Führer sie getäuscht habe. Sie sehen die Person nun ganz deutlich ohne ihren Nimbus und schließen daraus, daß der Nimbus, den sie zuvor ebenso deutlich wahrgenommen haben, das Gaukelspiel eines Taschenspielers und Usurpators gewesen sein müsse (Le Bon 1957, S. 119).

Gustave Le Bons Massenpsychologie beschäftigte sich vor allem mit der außeralltäglichen, panikartigen Gleichschaltung der Wahrnehmungen und Gefühle in der Menge. Gabriel Tarde verstand den "Kontakt einer Seele mit einer andern" als die "soziale Grundtatsache" und behauptete, daß diese Wechselwirkung "ursprünglich stets in einer Nachahmung" bestehe (1923, S. 109). Auf beiden fußte Emile Durkheim. Er stellte die Wirklichkeiten erschaffende Kraft der kollektiven Gefühle und Meinungen in den Mittelpunkt seiner Soziologie. Menschen in Gesellschaft erschaffen Tatsachen, *soziale Tatsachen.* In welchem Sinne sind *soziale Tatsachen* Tatsachen? In demselben Sinne, wie für den fortpflanzungsbereiten Stichling die Angreifens- und Vertreibenswürdigkeit rotbäuchiger Wachswürste, wie für die Amseln die Haß- und Schimpfwürdigkeit eines ganz harmlosen Vogels, wie für den aufgebrachten Mob die Folter- und Aufhängwürdigkeit des als schuldig "Erkannten" Tatsachen sind.

Farbige Brillen der Affekte und moralischen Gefühle ...

Offenkundig handelt es sich in den genannten Fällen um höchst bestreitbare Tatsachen. Man kann aber die Tatsächlichkeit der erwähnten *Würdigkeiten* mit unterschiedlichen Argumenten bestreiten. Das näherliegende besteht darin zu sagen, der Stichling, die Amseln, die Weißen hätten sich geirrt; sie hätten eine Wachswurst mit einem Stichling, einen harmlosen Vogel mit einer Eule, einen Unschuldigen mit einem Sexualverbrecher verwechselt. Im übrigen würde man darauf bestehen, daß die wirklichen Rivalen, Raubfeinde und Vergewaltiger *tatsächlich* vertreibens-, schimpf- und lynchwürdig *seien*.

Das zweite, weitergehende Argument besteht darin zu sagen, daß die von den Urteilenden wahrgenommenen *Würdigkeiten* überhaupt keine *Tatsachen* seien, jedenfalls nicht solche, die man an den Urteilsgegenständen wahrnehmen könne - auch nicht an den "richtigen". Es handelt sich vielmehr um *Zuschreibungen*. Die einzigen Tatsachen in solchen Urteilen liegen im Urteilenden. Uns selbst trauen wir wohl zu, solche Geschmacks- und Werturteile von Tatsachenurteilen zu unterscheiden. Wenn wir aber genau hinsehen, dann ist die Art, wie wir unsere Lebensumwelt und was uns darin begegnet, wahrnehmen, voll von solchen Zuschreibungen; und wir behandeln sie so lange als Tatsachen, wie die Verhaltensbereitschaften, die in den Zuschreibungen zum Ausdruck kommen, von anderen geteilt werden bzw. erfolgreich sind.

Das wird deutlich an vielen Begriffen, mit denen wir uns scheinbar sachlich, tatsächlich aber wertend auf unsere Umwelt beziehen (vgl. Topitsch 1972, S. 18). Wir nennen eine Situation "schrecklich", so wie wir sie "kompliziert" nennen; einen Auflauf bezeichnen wir als "appetitlich", so wie wir ihn als "salzig" bezeichnen. Von einem Gesicht sagen wir, es sei "lieblich" oder "häßlich", so wie wir sagen, es sei "stupsnäsig" oder "pickelig". Wir gebrauchen diese Eigenschaftswörter, als handle es sich um Eigenschaften der Situation, der Speise oder der Person. Tatsächlich aber sind es unser Schreck, unser Appetit, unser Haß und unsere Liebe, von denen wir reden. Wir sehen unsere Verhaltensbereitschaft in das hinein, was sie auslöst - oder anders ausgedrückt, wir unterscheiden gewöhnlich nicht zwischen den Gegenständen unserer Wahrnehmung und den auf sie bezogenen Verhaltensbereitschaften. Sie bilden zusammengenommen ein Schema, in dem eines durch das andere definiert ist: Warum fühlen wir uns von jemandem angezogen? Weil er/sie attraktiv ist!

Die Affekte in "*schreck*lich", "*lieb*lich", oder "*häß*lich" sind Verhaltensbereitschaften von sehr allgemeiner Art, die zwar jeweils einen bestimmten Sinn haben, sich aber in sehr unterschiedlichen konkreten Verhaltensweisen verwirklichen können. Selten sind leider die Begriffe, in denen ein ganz konkretes Verhalten zum Attribut seines Gegenstandes wird. Ein Beispiel ist "Ohrfeigengesicht". Er ruft die Vorstellung einer Wange wach, die der Hand, in der es einen juckt, förmlich entgegenschwillt.

Der Verhaltensappell, den wir in den Gegenstand unserer Wahrnehmung hineinsehen, ist eine Ausdrucksform oder ein Pol eines Schemas, das ein Verhalten mit einem Auslöser fest verbindet. Der andere Pol ist das tatsächliche Verhalten, beziehungsweise das potentielle Verhalten, das in Signalen der Körpersprache zum Ausdruck kommen kann. An der Übertragung affektiver Urteilsschemata in der Gruppe ist also nichts Geheimnisvolles. Der einzelne muß nur seine Aufmerksamkeit in dieselbe Richtung richten wie die anderen und sich von deren körperlich manifestierten Verhaltensbereitschaften anstecken lassen, dann verbindet sich seine Verhaltensbereitschaft mit dem richtigen Gegenstand - es sei denn, er irrt sich über den Gegenstand der Aufmerksamkeit der anderen; dann heftet sich der Appell an das falsche Objekt.

Die Wahrnehmungseinheit von Verhaltensgegenstand und Verhaltensbereitschaft ist gewöhnlich eine praktische Sache (Topitsch 1972). Wir nehmen eine Situation wahr und sehen ihr zugleich an, was zu tun ist. Wir brauchen keine Entscheidungen zu treffen, sondern überlassen uns dem Ablauf schon existierender Verhaltensprogramme. Unzweckmäßig sind solche Programme, wenn uns das programmierte Verhalten in Schwierigkeiten bringt. Ein primitiver Mechanismus zur Lösung dieses Problems besteht darin, das Programm durch Gegenkonditionierungen etwa mit Hilfe von Strafreizen zu überlagern. Danach sind wir freilich ebensowenig Herren im eigenen Haus wie zuvor, da wir an den Schematismus der neuen Programme gebunden sind.

... und wie man sie abnimmt

Eine elegantere Lösung besteht darin, Verhaltensbereitschaften und -anlässe gedanklich voneinander zu trennen und neu zu ordnen. Dazu müssen wir uns dem Imperativ der von den Gegenständen ausgehenden Verhaltensappelle entziehen. In der Sprache der kognitiven Psychologie (Piaget 1979) ausgedrückt: Wir müssen unsere *egozentrische* Wertperspektive *dezentrieren*. Egozentrisch heißt diese Perspektive, weil wir die Welt aus dem Blickwinkel unserer subjektiven Bewertungsmaßstäbe wahrnehmen, ohne die Standortgebundenheit unserer Wahrnehmung zu erkennen. In einem anderen Bilde ausgedrückt: Wir kolorieren die Welt mit den Farben unserer Leidenschaften, ohne zu bemerken, daß wir selbst die Maler sind, und halten daher die *Welt für uns* für die *Welt an sich*. Wir erkennen den Anteil nicht, den *Ego* an der Art hat, wie wir die Dinge sehen. Die *Dezentrierung* besteht darin, daß wir uns gedanklich versuchsweise auf andere Standpunkte stellen. Von dort aus können wir unseren bisherigen Standpunkt ins Auge fassen und als Standpunkt erkennen. Was wir bis dahin den Gegenständen unserer Erfahrung als Eigenschaften zugeschrieben haben, schreiben wir nun als Affekte oder Neigungen uns selbst zu. Indem wir *Egos* Zutaten zu den Gegenständen unseres Erlebens als solche erkennen, nehmen wir ihnen den bisherigen Tatsachencharakter und geben ihnen den Status von subjektiven Meinungen oder Wertzuschreibungen, die so oder auch anders sein können. Einen neuen Tatsachencharakter gewinnen sie als Charaktere des *Ego*, unserer Subjektivität, die durch solche Akte der Dezentrierung für uns erfahrbar wird.

Das alles gilt gleichermaßen für autochthone wie für erworbene Schemata. Unser Stichling und unsere Amseln nehmen Rivalen beziehungsweise Raubfeinde gleichermaßen egozentrisch wahr, obwohl dem Stichling das Rivalenschema angeboren ist, während die Amseln das Raubfeindschema von ihren Artgenossen übernommen haben. Um die von anderen übernommenen Schemata besonders zu kennzeichnen, kann man sie *soziozentrisch* nennen. Ihre kognitive Organisation ist egozentrisch, ihr Ursprung gesellschaftlich. Mit ihrer Hilfe "wird der Mensch in ein Führungssystem eingeordnet, dessen Funktion derjenigen der (...) [angeborenen] Auslösemechanismen genau entspricht" (Topitsch 1972, S. 18f.). Die soziozentrische Perspektive schafft im Bewußtsein der Menschen die von Durkheim so genannten *sozialen Tatsachen.*

Die angeborne Farbe der Entschließung und des Gedankens Blässe

Die Frage liegt nahe, warum wir Menschen, die wir im Unterschied zu Stichlingen und Amseln imstande sind, unsere egozentrischen Schemata zu dezentrieren, überhaupt in ego- beziehungsweise soziozentrischen Einstellungen auf unsere Umwelt verharren sollten. Antworten auf diese Frage lauten: Weil sie uns Entscheidungen und den dazu erforderlichen Reflexionsaufwand ersparen. Weil Dezentrierung entfremdet, die Farbigkeit unseres egozentrischen Erlebens mit des Gedankens Blässe ankränkelt, unserem Handeln viel von seiner Sicherheit und seinem Schwung nimmt und uns gegenüber weniger reflexionsgehemmten Mitmenschen ins Hintertreffen bringt; weil sie die stabile, für uns und andere berechenbare Ausrichtung unseres Verhaltens in Frage stellt und für eine Reorganisation mit ungewissem Ergebnis öffnet.

Der Soziozentrismus baut für die in Gesellschaft lebenden Menschen eine gemeinsame, weitgehend geordnete Welt auf, die nicht in eine Vielzahl von unverbundenen und unsteten Wertperspektiven zerfällt, die mühsam gedanklich und handelnd vereinbart werden müssen. In dieser gemeinsamen Welt steht allen

Dingen im Gesicht geschrieben, ob sie gut oder böse, schön oder häßlich, wahr oder falsch sind. Die Appelle der primär egozentrischen Erlebniswelt des einzelnen, die sich mit den Gezeiten der Bedürfnisse und dem Wandel der Interessenkonstellationen ständig wandeln, werden übertönt vom stabilen Appell der sozialen Tatsachen (vgl. Gehlen 1956, S. 39). Durch die hintergründige Resonanz des Mit-Fühlens und Mit-Urteilens der vielen im einzelnen Menschen drängt sich ihm dieser Appell als evident auf. Die sozialen Tatsachen, das betont Durkheim immer wieder, üben auf das individuelle Verhalten einen unwiderstehlichen Zwang aus. Es ist aber in erster Linie ein Zwang des Willens und nicht des Handelns. Subjektiv wird er als Zwang so wenig fühlbar wie die Appetitlichkeit von Speisen oder die Häßlichkeit von Menschen.

Menschliches Leben besteht überwiegend aus Handlungen, zu denen uns kein primärer, unsozialisierter Appell aufruft oder anregt. Vieles, was wir tun und lassen müssen, geht sogar gegen unsere primären Neigungen. Zwar gebietet uns auch der wohlverstandene Eigennutz, unsere spontanen Neigungen zu zügeln und unsere längerfristigen Interessen zu bedenken. Er bringt uns dazu, um des längerfristigen Vorteils willen Dinge zu tun, die uns zuwider sind, und Dinge zu unterlassen, die uns verlockend erscheinen. Allein vernünftige Überlegungen erzeugen keinen fraglosen, gebieterischen Verhaltensappell. Der wächst dem, was wir tun müssen, nur zu aus der Beistimmung unserer menschlichen Umwelt.

> "Der Mensch, der seine Pflicht erfüllt, findet in allen möglichen Bezeugungen an Sympathie, Wertschätzung und Zuneigung, die seine Mitbürger für ihn empfinden, jenes Gefühl der Stärkung, das er meistens nicht wahrnimmt, das ihn aber aufrichtet. Das Gefühl, das die Gesellschaft für ihn hat, erhöht das Gefühl, das er von sich selber hat. Weil er in moralischer Harmonie mit seinen Zeitgenossen lebt, zeigt sein Handeln mehr Vertrauen, Mut und Kühnheit (...). So entsteht eine dauerhafte Stütze unseres moralischen Seins" (Durkheim 1981, S. 291).

Der Glanz der Dinge

Der Kollektivwille produziert ständig Heiligtümer, indem er Orte, Dinge, Personen, Ideen und vor allem die Regeln der Moral mit dem Nimbus kollektiver Aufmerksamkeit umgibt und mit appellativer Kraft erfüllt. Nur so kann es ihm gelingen, die teilweise anderslautenden Appelle zu überlagern, mit denen unsere primären, nicht-sozialisierten Verhaltensbereitschaften die Gegenstände unserer Erfahrung erfüllen. Der Kollektivwille vergällt uns aber nicht nur die verbotenen

Freuden, er erschafft und intensiviert auch die erlaubten. Die Kleidermode ist, weil sie sich ständig wandelt, vielleicht das auffälligste Beispiel dafür, daß unser Empfinden von schön und häßlich, von "chic" und "unmöglich" ständig mit dem Empfinden der anderen Fühlung hält und sich daran angleicht, ohne daß wir es selbst bemerken. Die neue Mode kommt uns nach einer gewissen Zeit, in der sie uns als Extravaganz einzelner erscheint, schöner vor als die alte - ganz einfach, weil "man" es nun so trägt - genauer gesagt, weil die Menschen mit dem stärkeren Nimbus es nun so tragen.

Für die ästhetischen Urteile über Kleidung gibt es beinahe überhaupt keine in der Sache liegenden Gründe; deshalb tritt hier der verborgene Zwang des kollektiven Empfindens besonders rein hervor. Die meisten Gegenstände unserer ästhetischen Urteile weisen jedoch diese oder jene Eigenschaft auf, die uns erlaubt, ein im wesentlichen durch kollektive Empfindungen inspiriertes Urteil zu rationalisieren. Ein Scherz, den sich mein Kollege Heinrich von Gyldenfeldt einmal erlaubt hat, mag als Ausgangspunkt für ein kleines Gedankenexperiment dienen. Als Ende 1989 die ersten Trabbis aus der DDR Hamburg überschwemmten und die Hamburger am Wochenende "Trabbis begucken" gingen, sprach er mit der damals angesagten interessierten Freundlichkeit den Fahrer eines sehr teuren Mercedes an, der vor einer roten Ampel wartete: "Sind sie auch aus der DDR?" Der Fahrer war derart entgeistert, daß er nichts zu antworten wußte. Man muß sich nur vorstellen, daß dieser Fahrer an jenem Tag noch mehr Erlebnisse derselben Art gehabt hätte - daß die Menschen sein teures Stück mit dem freundlich-nachsichtigen Spott zur Kenntnis genommen hätten, der nach der geltenden Werteordnung den Trabbis zukam, und daß sie umgekehrt auf Trabbis mit dem Neid und der Bewunderung geblickt hätten, die einem Mercedes zustehen. Wenn dieser Fahrer zu Hause angekommen wäre, hätte er vermutlich drei Häuser weiter geparkt, und nach dem Aussteigen hätte er beim Anblick seines Autos empfunden, daß es trotz der vielen Chromleisten viel von seinem Glanz eingebüßt hätte und genau betrachtet sogar etwas schäbig aussähe. - So wie ein teures Auto haben alle Gebrauchsgegenstände außer einem mehr oder weniger ausgeprägten Nimbus, der in diesem Fall meist "Prestigewert" genannt wird, auch einen Gebrauchswert. Der Wert, mit dem wir einen Kauf begründen, ist fast immer der Gebrauchswert; aber die Werbefachleute durchschauen uns und werben für viele Produkte nur noch mit dem Nimbus, mit dem sie sie zu umgeben suchen.

Man kann angesichts unserer erstaunlichen Beeinflußbarkeit die kulturkritische Braue hochziehen und über Vermassung oder die Kolonisierung der Lebenswelt klagen. Tatsache ist, daß wir bei unseren Urteilen allenfalls die Wahl haben, welcher Gruppe wir die Chance geben, unseren ganz persönlichen Geschmack zu bestimmen; und je kleiner die Gruppe ist, der wir uns anschließen, desto größer muß ihr Nimbus beziehungsweise die Intensität des Gruppenlebens sein, damit sie nicht vom allgemeinen Trend eingesogen wird.

Sinn und Sinnlichkeit

Wir alle würden unter entsetzlicher Langeweile, unter Gefühlen der Sinnlosigkeit und Vergeblichkeit leiden, wenn nicht die gleichsinnigen Empfindungen unserer Mitmenschen den großen und kleinen Zielen, auf die wir hinarbeiten, einen Wert und einen Glanz verleihen würden, die sie in unseren Augen der Mühe wert machen. Unsere biotisch programmierten Bedürfnisse, mit deren Befriedigung unsere entfernteren Vorfahren sich den ganzen Tag beschäftigen konnten, sind unter modernen Lebensbedingungen großenteils rasch befriedigt. Was bleibt, wären Trägheit und Überdruß, hätten wir nicht unsere Status- und Normalitätsbedürfnisse und das Kollektivbewußtsein, das ihnen Gegenstände anweist, die es in den verführerischsten Farben malt. Emile Durkheim hat gezeigt, daß Menschen bis zum Selbstmord des Lebens überdrüssig werden können, wenn ein Sinneswandel oder eine allgemeine Schwächung des Kollektivbewußtseins die Ziele entwertet, die ihrem Leben Sinn gaben (Durkheim 1973).

Die elementarsten und wirksamsten Mechanismen der Entstehung, Ausbreitung und Befestigung kollektiver ästhetischer und moralischer Wahrnehmungsschemata sind von körperlicher Art. Es sind die Mechanismen einer vorsprachlichen Kommunikation vermittels körperlicher Ausdrucksbewegungen und angeborener Auslösemechanismen (Vowinckel 1979). Andere Mechanismen - symbolische und sprachliche - knüpfen an die körperlichen an, bewirken aber nicht dieselbe unmittelbare Evidenz. Die körperlichen Mechanismen können nur unter bestimmten Bedingungen wirksam werden. Die Menschen müssen einander körperlich nahe sein. Ihre Aufmerksamkeit muß gleich gerichtet sein, oder sie müssen sich wenigstens in einem agitierten Zustand befinden, in dem ihre gesteigerte diffuse Aufmerksamkeit sich leicht zusammenschließt. Unter diesen Bedingungen können die Rückkopplungsprozesse ablaufen, die die Kommunion der Gefühle und Wahrnehmungen bewirken.

In solchen Ausnahmesituationen, in denen die vertrauten Betrachtungs- und Verhaltensweisen scheitern, entwickeln sich die Aufstände und kollektiven Ausschreitungen, die zuerst das Interesse der Massenpsychologen auf sich gezogen haben. Es sind vor allem Ausnahmesituationen, die das für die Kettenreaktion erforderliche Maß an allgemeiner Empfänglichkeit und zielloser Aktionsbereitschaft schaffen. Mit anderen Worten: Die besten Voraussetzungen für die spontane Entstehung von Kollektivbewußtsein bietet eine Krise des Kollektivbewußtseins. Kleine Krisen treten regelmäßig dann auf, wenn kollektive Imperative verletzt werden. Jeder Verstoß gegen den Gemeinwillen stellt aus soziozentrischer Perspektive die Leugnung verpflichtender Tatsachen dar. In der Entrüstung über den Delinquenten erneuert sich das kollektive Empfinden für das der Tat innewohnende Böse und Strafwürdige.

Um Frieden und Zusammenhalt in menschlichen Gesellschaften wäre es vermutlich schlecht bestellt, wenn die Bekräftigung der kollektiven Ordnung immer nur aus ihrer ernsthaften Gefährdung erwüchse. In allen Kulturen gibt es Veranstaltungen, in denen das Kollektiv und seine Ansprüche an den einzelnen periodisch erneuert werden. Zu den Inszenierungsgrundsätzen solcher Feiern, Zeremonien oder Rituale gehört es, die Bedingungen körperlicher Nähe und gleichgerichteter Aufmerksamkeit herzustellen, die den Prozeß der wechselseitigen Beeinflussung, der Verschmelzung der Gemüter begünstigen. "Ihre erste Wirkung ist also, Individuen einander näher zu bringen, Kontakte unter ihnen zu vervielfachen und sie untereinander vertrauter zu machen. Damit allein schon ändert sich das Bewußtsein" (Durkheim 1981, S. 470). Häufig werden auch die körperlichen Bewegungen und stimmlichen Äußerungen der Versammelten in ritualisierten Handlungen, Tänzen, Gesängen, Gebeten und Bekenntnissen synchronisiert. In vielen Fällen sind natürliche Ausdrucksbewegungen in die Riten eingearbeitet.

In solchen Veranstaltungen wird in der Regel der Kollektivwille nicht definiert. Er wird vielmehr bekräftigt. Der Nimbus, der das Kollektiv und seinen in Regeln gefaßten Willen umgibt, wird erneuert. Er erwächst aus der Aufmerksamkeit und dem Ernst, mit denen die heiligen Handlungen vollzogen werden. Symbole spielen dabei eine wichtige Rolle. Die Botschaft kollektiver Symbole ist häufig äußerst diffus oder selbst umstritten. Ihre Bedeutung haben sie als Träger und Vermittler von Nimbus. Sie erwerben diesen Nimbus häufig in einer längeren Geschichte. Indem sie immer wieder dort als Signale und Aufmerksamkeitsfänger in Erscheinung treten, wo sich eine Gruppe von Menschen zum Kollektiv vereinigt, werden sie im Bewußtsein der Beteiligten immer wieder und immer stärker mit Charisma aufgeladen (Chapple 1970, S. 309f.). Dieses Charisma oder dieser Nimbus übertragen sich auf das, womit sie in Berührung kommen. Symbole gewinnen eine umso größere Bedeutung, je zahlreicher ein Kollektiv ist. Wo die räumliche Vereinigung der zugehörigen Menschen nicht möglich ist, machen gemeinsame Symbole den in lokalen Versammlungen erzeugten Nimbus übertragbar.

Malschulen für Weltbilder

Außerhalb der Veranstaltungen, in denen sich das Kollektiv als moralisch-ästhetische Einheit konstituiert und erneuert, in der Vereinzelung der alltäglichen Beschäftigungen, sind die Bedingungen für die Regeneration des Kollektivwillens schlecht. Aber der in Feiern und Ritualen immer aufs neue belebte Nimbus des Kollektivs strahlt auf dessen alltägliche Ordnungen aus und erfüllt auch sie mit der fraglosen Evidenz, die keinen Zweifel am Sinn dieses Lebens aufkommen läßt.

Am geläufigsten sind uns religiöse Feiern und Rituale und die Glaubens*welt*, an deren Schaffung sie beteiligt sind. In einer säkularisierten Welt hat ihre Bedeutung stark abgenommen. Die Kollektive, die im neunzehnten und zwanzigsten Jahrhundert das Leben der Menschen am stärksten bestimmten, die auch die höchsten Ansprüche an ihre Opferbereitschaft stellten, waren die Nationen. Spätestens mit der Französischen Revolution entstanden nationale Feiern und Symbole. Im Anschluß daran wurden im neunzehnten Jahrhundert die Liturgien und Symboliken der nationalen Kulte geschaffen. In Deutschland waren es dann die Nationalsozialisten, die die in mehr als hundert Jahren mit Nimbus aufgeladenen Elemente des nationalen Kults in den Dienst einer ausgefeilten Massenregie nahmen. Sie bedienten sich jedoch auch aus dem Fundus des christlichen Kults (Mosse 1976). In der Inszenierung von Massenveranstaltungen lag eine von Hitlers stärksten Begabungen. Zweifellos profitierte er auch von den Schriften Le Bons und anderer. Die Ästhetik dieser Veranstaltungen optimierte die Entstehungsbedingungen des Nimbus, mit dem der beziehungsweise die Führer und die Symbole "der Bewegung" umgeben wurden. Das ermöglichte es den Regisseuren, ein Bild der Welt zu übermitteln, in dem gut und böse, schön und häßlich in grellen Farben ausgemalt waren. In solchen Veranstaltungen wurde das "gesunde Volksempfinden" geeicht, das wohl manchem, der vom kollektiven Rausch in den Alltag zurückkehrte, als leicht paranoisch erschienen sein mag - aber was vermögen kleine private Alltagswahrheiten gegen die große, durch den gemeinschaftlichen Glauben bestätigte Wahrheit.

Parallel und teilweise in Konkurrenz zu den nationalen Kulten entwickelten sich die Symbole, Rituale und Feiern der Arbeiterklasse. In den sozialistischen Staaten des zwanzigsten Jahrhunderts wurde nach Anfängen, in denen man noch auf die Überzeugungskraft der wissenschaftlichen Wahrheit sozialistischer Ideen baute, ein Feier- und Ritualwesen auf wissenschaftlicher Grundlage geschaffen. Es erstreckte sich von den Ritualen und jahresrhythmischen Feiertagen des Staates über die Rituale und Feiern in den Organisationen und gesellschaftlichen Gliederungen bis hin zu den großen Ereignissen des privaten Lebens, auf Jugendweihe, Berufseintritt, Heirat usw. (Rytlewski et al. 1987; Rytlewski, Sauer 1988).

> "Die Eignung des neuen Rituals, einen allgemeineren und radikaleren Wandel der Wertorientierungen zu bewirken, wird in beinahe der gesamten Sowjetliteratur auf diesem Gebiet unterstellt, indem die Überzeugung ausgedrückt wird, daß das neue Ritual nicht nur religiöse Überlieferungen ausmerzen, sondern allgemein das Bewußtsein der Menschen von allen schädlichen Überbleibseln der Vergangenheit befreien werde. Es ist hervorzuheben, daß gerade die Schaffung des neuen Rituals in den späten fünfziger und frühen sechziger Jahren durch die Hoffnung veranlaßt wurde (...), daß die neuen Riten dazu beitragen würden, die Zahl der Straftäter gegen die öffentliche Ordnung zu verringern" (Lane 1981, S. 22, aus dem Engl. von G. V.).

Auch die neuen sozialen Bewegungen, in den letzten Jahren vor allem die Ökologiebewegung, haben ihre Feiern und Riten. Sie sind freilich (noch) nicht von der professionellen Perfektion staatlicher Veranstaltungen. Überdies werden sie durch einen Kult der Authentizität behindert, dem jedes Ritual als leere Form gilt (Douglas 1974). Als Kennzeichen spontaner Gefühle und echter Gesinnungen gilt eine gewisse Formlosigkeit, die vom Verhalten, von der Kleidung aber auch von den Versammlungen gefordert wird. Die Uniformität, die sich durch Moden bei den Accessoires und Ausdrucksformen der Formlosigkeit und des Formverstoßes ergibt, ist ungewollt. Gleichwohl hat die "Demo" unverkennbare Ähnlichkeit mit einer religiösen Prozession, nicht nur in ihrem äußeren Erscheinungsbild, sondern auch in ihrer Wirkung auf die Teilnehmer.

Demonstrationszüge weisen das wichtigste Element jeder Bewegung auf: die Bewegung. In der ziehenden Menge bewirkt die Bewegungsrichtung, was in der stehenden Menge Redner oder zentral plazierte Symbole bewirken, die Gleichrichtung der Leiber. Die Rolle, die das sinnliche Erlebnis der gleichgerichteten körperlichen Bewegung einer Menge von Menschen für die Bildung eines Kollektivbewußtseins hat, läßt sich an der Revolution ablesen, die zum Ende der DDR geführt hat. Den Anfang machten die über die ungarische Grenze gen Westen ziehenden DDR-Autos. Sie signalisierten eine Gleichgerichtetheit des Willens ihrer Insassen, die in vielen DDR-Bewohnern Resonanz fand. In der DDR selbst bildeten die wenigen Versammlungsorte, die nicht der Staat kontrollierte, die protestantischen Kirchen, den Ausgangspunkt der Bewegung. Als sie auf die Straßen ging und anschwoll, machte die Vereinigung der leiblichen Personen aus vielen individuellen und unsicheren Einschätzungen der DDR-Wirklichkeit solide und überzeugende soziale Tatsachen. Der Nimbus der neuen Wirklichkeit entlarvte den am vierzigsten Jahrestag mit großem Aufwand aufpolierten Nimbus der alten Wirklichkeit als trügerisch. Daß der letztere nicht ganz echt gewesen war, wußten zwar die meisten, da sie selbst zur inszenierten Spontaneität freigestellt oder eingeteilt gewesen waren. Aber solange individuelle Einschätzungen, selbst wenn es die der großen Mehrheit sind, sich nicht durch kollektive Resonanz stärken und festigen können, bleiben sie dem Appell der mit den Mitteln der Massenchoreographie inszenierten Wirklichkeit unterlegen. Das Beispiel zeigt auch die Bedeutung des audiovisuellen Mediums Fernsehen. Es vermag einen beträchtlichen Teil der Appellwirkung, die von der körperlichen Gegenwart von Menschen ausgeht, in die Vereinzelung der Wohnungen zu übertragen, teilweise sogar durch filmische Mittel zu steigern.

Selbst demokratische Staaten mit ihrem institutionalisierten Opportunismus gegenüber der kollektiven Willensbildung kommen nicht ohne einen sorgfältig gepflegten Nimbus aus. Dieser Nimbus umgibt aber in gefestigten Demokratien nicht primär die Parteien, Programme und Personen, sondern die Institutionen. Die Theoretiker der Zivilreligion jedenfalls trauen unserer Vernunft und unseren Interessen nicht zu, ohne die Kraft einer religiösen Bindung in Krisenzeiten die Legitimität unserer politischen Einrichtungen aufrechtzuerhalten (vgl. Bellah 1975; Lukes 1975; Kodalle 1988).

Farbliche Auffrischung von Privat- und Arbeitsräumen

Ich habe oben schon darauf hingewiesen: Die Verschmelzung der Gemüter in der Gruppe ist nicht nur eine Technik, mit deren Hilfe die Mächtigen der sozialen Ordnung in den Köpfen der Unterdrückten Nimbus und Attraktivität verleihen. Häufig wird sie von den Menschen als ausgesprochen lustvoll empfunden. Als erstes löst sie in der Regel Angst - außer in den seltenen Fällen der Panik, in denen sie sie steigert. Sodann stiftet sie zumindest vorübergehend Lebenssinn und Orientierungssicherheit. Sie steigert die Empfindungen und Affekte, vor allem die angenehmen. "Geteiltes Leid ist halbes Leid und geteilte Freude doppelte Freude" besagt ein Sprichwort und bezeichnet damit einen müden Abglanz der unerhörten Erfahrungen und Seligkeiten, die viele Menschen in Gruppen suchen und, wenn sie Glück haben, finden.

Viktor Turner bezeichnet den Zustand der Entgrenzung und Verschmelzung in der Gruppe als *Communitas*. Er schrieb 1969:

> "Die Beats und Hippies versuchen durch den eklektischen und synkretistischen Gebrauch von Symbolen und rituellen Handlungen aus dem Repertoire vieler Religionen, durch 'bewußtseinserweiternde' Drogen, Rockmusik und Lichteffekte eine 'totale' Kommunion untereinander herzustellen. Das, so hoffen und glauben sie, wird sie befähigen, zueinander zu finden durch die 'geordnete Entregelung aller Sinne' in zärtlicher, schweigender, wissender Gegenseitigkeit (...) Was sie anstreben, ist eine verwandelnde Erfahrung, die bis zu den Wurzeln des Seins jedes einzelnen geht und in dieser Wurzel etwas zutiefst Gemeinsames und Verbindendes findet" (1969, S. 138; deutsch von G. V.).

Wer den totalen Ausstieg scheut, wer einen Zustand der psychischen Desorganisation, eine Sinnkrise beheben lassen, oder einfach seine Lebensgeister durch die Kommunion in der Gruppe erfrischen will, kann heute auf ein reiches Angebot von Trainingsgruppen, Therapiegruppen und Seminaren zurückgreifen (Lieberman 1973, S. 453). Wessen Weltbild seine appellative Kraft eingebüßt hat oder nicht mehr zu veränderten Lebensumständen paßt, der kann sich in solchen Gruppenveranstaltungen ein neues machen lassen. Jedenfalls behaupten das die Veranstalter, und eine Ethnologin bestätigt es nach der Teilnahme an einem Encounter/Gestalt Workshop. Der soziale Prozeß in der Gruppe, so berichtet sie, bewirke durch Rituale ein seelische Öffnung. Sie äußere sich als plötzliche Senkung der Abwehr, die Verletzlichkeit und Beeinflußbarkeit steigere. Das Ergebnis sei bei ihr eine Neubewertung der Dinge und eine veränderte Weltsicht gewesen (Holloman 1974). Allerdings scheint solcher Erfolg keineswegs garantiert zu sein. Skeptiker glauben, daß die einzige Welt, an die Gruppentherapien die Teilnehmer anpassen, die der Gruppe sei.

Das Gruppen- und Seminarwesen hat längst auch in die großen Organisationen Einzug gehalten. Chapple (1970) sieht in solchen Veranstaltungen, die sich häufig der Techniken oder Rituale der Gruppentherapie bedienen, die moderne Variante der *rites de passage*, der Übergangsriten in vormodernen Gesellschaften. Auch die seit zehn Jahren boomende Unternehmenskulturforschung ist den Riten, Symbolen und Mythen der Organisationen auf der Spur, von denen man sich ein organisationseigenes Kollektivbewußtsein, ein Deutsche Bank-, BMW- oder IBM-Weltbild verspricht.

Moderne Farblosigkeit

Die dominante Kultur versucht, sich mit Elementen der Gegenkultur anzureichern, die sich in den sechziger Jahren in Opposition gegen diese dominante Kultur entwickelte. "Die Gegenkultur", schreibt Robert Bocock (1974, S. 172),

> "ist eine Bewegung, die Werte und Handlungen betont, die Spezialisierung und Differenzierung verringern und zur Entwicklung von Gemeinschaften führen können, in denen Arbeit, Familienleben und symbolische, rituelle Ereignisse alle im Kreis derselben kleinen Zahl von Menschen erfahren werden" (aus d. Engl. von G. V.).

Modernisierung und Rationalisierung haben die Gelegenheiten und Entfaltungsmöglichkeiten kollektiver Gefühlsprozesse immer stärker aus denjenigen sozialen Zusammenhängen vertrieben, in denen sich der Alltag abspielt. Als störende nichtrationale Elemente sind sie ausgeschieden und in Reservate privater Beliebigkeit verbannt. Zurück blieb eine weitgehend "entzauberte" Welt (Max Weber). So spielt sich der Alltag - der Arbeitsalltag, aber vielfach auch der Wohnalltag - in räumlicher, zeitlicher und sinnhafter Abgeschiedenheit von den Stätten und Gelegenheiten affektiver Vergemeinschaftung ab. Der Nimbus, der in den Reservaten um die Idole und Symbole der Freizeitwelt entsteht, kommt kaum mehr in Berührung mit den alltäglichen Ordnungen und kann sie daher nicht länger mit einem Abglanz des eigenen Glanzes versehen. Die Bedeutung von Symbolen und Ritualen verbindet, wie Turner schreibt (1967, S. 54), einen grobsinnlichen und einen gesellschaftlich-normativen "Pol". Der normative Pol bezieht seinen Appell vom körperlich-sinnlichen Pol. Ist die Verbindung unterbrochen, verödet der Alltag.

Robert Bocock meint, daß schon die Entstehung der weltlichen Künste die Folge eines ähnlichen Schismas gewesen sei. Die Leibfeindlichkeit des Christentums habe dafür gesorgt, daß sich neben den kirchlichen weltliche Rituale entwickelt hätten, insbesondere auf den Gebieten des Tanzes, der Musik und der darstellenden Künste. Anders als die eher asketischen kirchlichen Rituale appellierten diese Künste an die sinnlichen Mechanismen der affektiven Kommunion (1974, S. 150).

Jeder Opernfan kennt die gleichzeitige Steigerung der kollektiven Erregung und der eigenen Empfänglichkeit, die sich in dem Publikum einer gelungenen Aufführung aufbaut und selbst den Sängern leistungssteigernd mitteilt. Wehe dem Unglückseligen, der es sich einfallen ließe, während einer Pianostelle mit Papier zu rascheln, zu husten oder gar zu reden. Dieselbe Oper in einer makellosen Studioaufnahme zu Hause gehört, in einer akustischen Qualität, die diejenige auf dem Stehplatz im vierten Rang weit übertrifft, ist im Vergleich dazu ein schales Vergnügen.

"Theater", schreibt Bocock (1974, S. 151), "wurden in einem ganz wirklichen Sinn zu 'Tempeln' einer anderen Religion als der des Christentums der Kirchen". Thomas Mann bestätigt dies mit den Worten seines Felix Krull:

> "(...) und in der Tat erschien mir das Theater, dieser feierlich gegliederte Raum, wo an erhöhtem und verklärtem Orte berufene Personen, bunt gekleidet und von Musik umwoben, ihre vorgeschriebenen Schritte und Tänze, Gespräche, Gesänge und Handlungen vollführten: in der Tat, sagte ich, erschien mir das Theater als eine Kirche des Vergnügens, als eine Stätte, wo erbauungsbedürftige Menschen, im Schatten versammelt gegenüber einer Sphäre der Klarheit und der Vollendung, mit offenem Munde zu den Idealen ihres Herzens emporblickten" (1965, S. 20f.).

Und Felix Krull berichtet weiter über den Hauptdarsteller des Abends:

> "Wenn Müller-Rosé vom Schauplatz abtrat, so fielen die Schultern hinab und eine Kraft schien von der Menge zu weichen. Wenn er, erhobenen Armes einen hohen Ton aushaltend, in sieghaftem Sturmschritt vom Hintergrund zur Rampe vordrang, so schwollen die Busen ihm entgegen, daß die Atlastaillen der Frauen in den Nähten krachten. Ja, diese ganze beschattete Versammlung glich einem ungeheuren Schwarme von nächtlichen Insekten, der sich stumm, blind und selig in eine strahlende Flamme stürzt" (S. 23). Und weiter: "Die (...) Leute aber, die sich so willig, ja gierig von ihm betören ließen, mußten sie nicht wissen, daß sie betrogen wurden? Oder achteten sie in stillschweigendem Einverständnis den Betrug nicht für Betrug?" (S. 26).

Mit fortschreitender Säkularisierung wurde Kunst zum Religionsersatz des Bildungsbürgertums. Theater und Konzertsäle wurden zu Hauptkirchen des neuen Kults, Museen eher zu Seitenkapellen für die individuelle Andacht. Aber die asketische, sinnenfeindliche Tendenz der Religion, die einmal zur Entwicklung eines sinnenfrohen weltlichen Nebenkults geführt hatte, griff auch auf den letzteren über, nachdem er zum Hauptkult geworden war. Ein erneutes Schisma war die Folge. Für die Musik hat es Theodor W. Adorno, strenger Priester der bildungsbürgerlichen Hochkirche, auf die Begriffe U- und E-Musik gebracht. In anderen Künsten behilft man sich mit der Unterscheidung von echter Kunst und Trivial-"kunst", die eigentlich gar keine Kunst ist. Der Virtuose unter den Kunstkennern und -liebhabern gleicht dem religiösen Virtuosen darin, daß er den Gegenstand seiner Verehrung heiligen, mit einem Nimbus umgeben kann, ohne dafür sinnliche - "kulinarische" - Anhalte zu benötigen. Den Gipfel der Kennerschaft haben die erreicht, die die Aura des Kunstwerks an schmutzigen Badewannen oder an Straßenlärm vom Band zu erkennen imstande sind. Hier sind die Nichtinitiierten, die nicht zur Gruppe derjenigen gehören, die in intensivem Austausch den Nimbus produzieren, endgültig ausgeschlossen.

Graue Theorie und des Lebens goldner Baum

So haben wir mit dem Ende dieser *tour d'horizon* auch die maximale Entfernung von dem Stichling erreicht, mit dem wir begonnen haben. Die Welt des Stichlings bezieht die bezwingende Farbigkeit ihrer ästhetisch-moralischen Appelle allein aus den Genen, aus der Geschichte der Spezies Stichling. In der Welt, in der wir Menschen leben, stammt der Anstrich des Schönen und des Häßlichen, des Guten und des Bösen, des Anziehenden und des Abstoßenden, den die Dinge für uns haben, weitgehend aus der Palette der Gruppen, in denen wir leben. Es sind zwar Naturfarben, die dabei verwendet werden, aber über ihre Intensität und Mischung und über ihre Verteilung im Bild unserer Welt entscheidet großenteils die Gesellschaft. Der Anstrich, den die ästhetischen und moralischen Standards der Kollektive den Gegenständen unserer Erfahrung geben, ist überwiegend alt und stellenweise, wo er nicht regelmäßig aufgefrischt wird, schon etwas vergilbt. Er entstammt der Geschichte unserer Kultur. Aber von Zeit zu Zeit - nach den Zeitbegriffen der Stammesgeschichte sogar in recht kurzen Abständen - entschließen wir uns kollektiv zu einem Neuanstrich, der unseren veränderten Bedürfnissen besser entspricht.

Nüchtern, mit den Augen eines unerbittlichen Wahrheitsmutes betrachtet, leben wir in einer Welt von Illusionen, von Täuschungen und Projektionen. Die Eigenschaften der Dinge, die unser Interesse und unsere Anteilnahme erregen, sind gar nicht Eigenschaften der Dinge. Jedoch, würden wir die Welt nur so sehen, wie sie ist, dann verlöre sie jeden Reiz und jedes Interesse für uns. Sie würde schal und öde - kein Platz zum Leben.

Literatur

Bellah, Robert N.: The Broken Covenant: American Civil Religion in Time of Trial, New York 1975.

Bocock, Robert: Ritual in Industrial Society, London 1974.

Chance, Michael R. A.: Introduction. In: M. R. A. Chance (ed.): Social Fabrics of the Mind, Hove, London 1988.

Chapple, Eliot D.: Culture and Biological Man, New York usw. 1970.

Curio, E.: Cultural transmission of enemy recognition by birds. In: Th. R. Zentall; B. G. Galef (Hrsg.): Social Learning, Hillsdale N.J. 1988.

Douglas, Mary: Ritual, Tabu und Körpersymbolik, Frankfurt M. 1974.

Durkheim, Emil: Die Regeln der soziologischen Methode, Neuwied, Berlin 1965.

Durkheim, Emile: Der Selbstmord, Neuwied, Berlin 1973.

Durkheim, Emile: Die elementaren Formen des religiösen Lebens, Frankfurt M. 1981.

Gehlen, Arnold: Urmensch und Spätkultur, Bonn 1956.

Holloman, Regina E.: Ritual Opening and Individual Transformation: Rites of Passage at Esalen. In: Amer. Anthropologist 76, 1974, S. 265-280.

Käsler, Dirk: Revolution und Veralltäglichung, München 1977.

Kodalle, Klaus-M.: Zivilreligion in Amerika: Zwischen Rechtfertigung und Kritik. In: ders. (Hrsg.): Gott und Politik in USA, Frankfurt M. 1988.

Lane, Christel: The Rites of Rulers, Cambridge usw. 1981.

Larsen, Ray R.: Charisma: A Reinterpretation. In: M. R. A. Chance, R. R. Larsen (eds.): The Social Structure of Attention, London usw. 1976.

Le Bon, Gustave: Psychologie der Massen, Stuttgart 1957.

Lieberman, Morton A. u.a.: Encounter Groups: First Facts, New York 1973.

Lorenz, Konrad: Der Kumpan in der Umwelt des Vogels. In: J. Ornith. 83, 1935, S. 137-413.

Lukes, Steven: Political Ritual and Social Integration. In: Sociology 9, 1975, S. 289-308.

Mann, Thomas: Bekenntnisse des Hochstaplers Felix Krull, Frankfurt M./Hamburg 1965.

Mosse, George L.: Die Nationalisierung der Massen, Frankfurt M. usw. 1976.

Piaget, Jean: Das affektive und das kognitive Unbewußte. In: ders.: Theorien und Methoden der modernen Erziehung, 2. Aufl., Frankfurt M. 1979.

Raper, Arthur F.: The Tragedy of Lynching. New York 1970.

Rozin, P.; Kalat, J. W.: Specific hungers and poison avoidance as adaptive specializations of learning. In: Psychological Review 78, 1971, S. 459-468.

Rytlewski, Ralf u.a.: Politische und soziale Rituale in der DDR. In: D. Berg-Schlosser; J. Schissler (Hrsg.): Politische Kultur in Deutschland. Politische Vierteljahresschrift, Sonderheft 18., Opladen 1987.

Rytlewski, Ralf; Sauer, Birgit: Die Ritualisierung des Jahres. Zur Phänomenologie der Feste und Feiern in der DDR. In: W. Luthardt; A. Waschkuhn (Hrsg.): Politik und Repräsentation, Marburg 1988.

Schiller, Friedrich: Über den Zusammenhang der tierischen Natur des Menschen mit seiner geistigen (erstmals 1780). In: ders.: Ges. Werke Bd. 5., o.O. o.J.

Stogdill, Ralph M.: Persönlichkeitsfaktoren und Führung: Ein Überblick über die Literatur. In: Michael Kunczik (Hrsg.): Führung, Düsseldorf/Wien 1972.

Tarde, Gabriel: Die sozialen Gesetze. In: Werner Sombart (Hrsg.): Soziologie, Berlin 1923.

Tembrock, Günter: Grundlagen der Tierpsychologie, Braunschweig 1974.

Tinbergen, Niko: Instinktlehre, Berlin/Hamburg 1972.

Topitsch, Ernst: Sprachlogische Probleme der sozialwissenschaftlichen Theoriebildung. In: ders.: Logik der Sozialwissenschaften, 8. Aufl., Köln 1972.

Turner, Victor: The Forest of Symbols, Ithaca/New York 1967.

Turner, Victor: The Ritual Process, London 1969.

Vowinckel, Gerhard: Vorsprachliche Kommunikation und soziale Wahrnehmung, Frankfurt M. 1979a.

Vowinckel, Gerhard: Affektzuschreibungen und soziale Kompetenz. In: Angewandte Sozialforschung 7, 1979b, S. 261-285.

Die Schönheit des Körpers im Zeitalter der technischen Machbarkeit

Klaus Plake

Technische Reproduktion und ästhetische Wahrnehmung

Der Ursprung des ästhetischen Empfindens liegt im Dunkel der Stammesentwicklung, deren Rekonstruktion gerade im Bereich jener konstitutiven Eigenschaften des Menschen schwerfällt, die nicht in seiner physischen Befindlichkeit manifestiert sind. Für die Fähigkeit des Menschen zur Kultur gibt es kein Organ, dessen Anlage durch die Geschichte zurückverfolgt werden könnte. Auch seine spezielle Sozialität, sein Angewiesensein auf den gesellschaftlichen Verband und die Möglichkeit der Veränderung von Gesellschaftsformen, ist nicht mit dem Vorhandensein einer bestimmten Organausstattung in Verbindung zu bringen. Anders scheint es sich mit der artspezifischen Kommunikationsweise, der Sprache, zu verhalten, können doch immerhin bestimmte Partien des Gehirns benannt werden, die, zusammen mit der entsprechenden Ausformung des Rachens, die Sprachfähigkeit hervorbringen; allerdings sind gleichfalls diese organischen Ausformungen morphologisch so undifferenziert, daß stammesgeschichtliche Rekonstruktionen den Ursprung des menschlichen Symbolsystems nur wenig erhellen.

Wenn das ästhetische Empfinden nicht genetisch festgelegt ist, wenn es also variablen kollektiven Setzungen unterliegt, dann stellt sich um so dringlicher die Frage, welche gesellschaftlichen Faktoren es sind, die wiederum auf die ästhetischen Standards Einfluß nehmen. Walter Benjamin hat in seiner Schrift "Das Kunstwerk im Zeitalter seiner technischen Reproduzierbarkeit" (1936/1976) gezeigt, wie sich aufgrund technischer Innovationen die Wahrnehmung des Schönen verändert hat. Dem Kunstwerk - so Benjamin - begegnet man nicht mehr mit Verehrung. Es ist ubiquitär geworden und hat damit seine Aura, seinen Kultwert, eingebüßt. Die Bedeutung der Bilder, der Musik und der Worte ergibt sich nunmehr aus ihrem zeitgenössischen oder, wie Benjamin das nennt, "politischen" Kontext. Die Vorstellung, daß Kunst ihren eigenen inneren Gesetzmäßigkeiten folge, sei obsolet und ebenso die einer immanenten Harmonie, die das Schöne ausmacht.

Nun richtet sich das ästhetische Empfinden nicht allein auf Kunstwerke, sondern auch auf den menschlichen Körper. Auch in Hinblick auf die physische Erscheinung des Menschen gibt es erhebliche Veränderungen, obwohl technische Innovationen sich zunächst auf die Produktion und Rezeption von Kunstwerken ausgewirkt haben: Die Perfektionierung des Bauens hat dem künstlerischen Ausdruck in der Architektur neue Möglichkeiten geschaffen; verbesserte Kenntnisse über die Herstellung und Konservierung von Farben haben das Tafelbild hervorgebracht und verändert; die Kunst des Instrumentenbaus ließ jene Vielfalt von Klängen entstehen, die konstituierend für die sinfonische Musiktradition geworden sind. In der jüngsten Vergangenheit hat sich das Streben nach Vervollkommnung verstärkt dem menschlichen Körper zugewandt. In einer Verbindung von Medizin und Technik sind neue Dimensionen der Veränderung natürlicher Gegebenheiten, gewissermaßen des natürlichen "Materials", entstanden.

Folgt man dem Gedankengang Benjamins, dann ergeben sich so auch neue Aspekte in der Wahrnehmung des Schönen. Denn die Reproduzierbarkeit des "Kunstwerks" ist nicht das Ergebnis einer plötzlichen innovativen Steigerung im Beherrschen des Materials. Auch Benjamin weist darauf hin, daß sich die Reproduzierbarkeit "in weit auseinanderliegenden Schüben" (a.a.O., S. 11) durchsetzt. Jede technische Perfektionierung in der Produktion erleichtert auch die Reproduktion. Die Erzeugnisse künstlerischen Schaffens werden damit im gesamten Verlauf ihrer Geschichte zunehmend ubiquitär. Der gleiche Zusammenhang gilt für den menschlichen Körper, sofern er Objekt von Verschönerungen ist. In dem Maße, in dem das natürliche "Material" geformt werden kann, ist es möglich, eine anerkannte Leistung zu wiederholen. Jeder kann sich, wenn persönliche Leidensfähigkeit und materielle Ressourcen genügend vorhanden sind, seinen Körper nach schon vorhandenen Vorbildern formen lassen. Ganz unabhängig von extremen Fällen, wie sie aus dem Showgeschäft bekannt sind, läßt sich feststellen, daß eine Vervielfältigung von Aktivitäten eingetreten ist, die auf die Verschönerung der äußeren Erscheinung abzielen. Auch die Schönheit des menschlichen Körpers ist ubiquitär geworden. Damit stellt sich Benjamins Frage neu, nämlich welche Auswirkungen die Vervielfältigung des Schönen auf die ästhetische Wahrnehmung hat. Da das Objekt künstlerischer Vervollkommnung, um das es hier geht, der Mensch selbst ist, werden auch die Folgen für das Identitätsbewußtsein Gegenstand dieser Abhandlung sein.

Die Ästhetik und die Präsentation des Körpers

Daß die Empfindung des Schönen schon in den Anfängen der Menschheitsentwicklung ihren Platz hat, d.h. nicht einer verfeinerten Lebensweise relativ später, ökonomisch prosperierender Sozialformen zuzuordnen ist, wird an den Spuren künstlerischen Schaffens deutlich, die die frühesten Erzeugnisse des Menschen aufweisen. Selbst die elementarsten Gegenstände des täglichen Bedarfs haben offenbar nicht nur eine instrumentelle, sondern auch eine ästhetische Relevanz: Es geht, über die Funktion bei der Daseinsbewältigung hinaus, darum, den Gegenstand als Kunstwerk vollkommener zu machen. Immerhin scheint es ein Kennzeichen archaischer Kulturstufen zu sein, daß die ästhetische Funktion die instrumentelle nicht überlagert, daß also der Gebrauchswert nicht zur Bedeutungslosigkeit absinkt und der Gegenstand zum Zierrat wird. Es dominiert zunächst noch der Materialwert; man kann nicht darauf verzichten, ein Produkt seiner Bestimmung im Überlebenskampf zuzuführen. Allerdings gilt in bezug auf diese Aussage die Einschränkung, daß das Tragen von Schmuck, der ja bei der technischen und ökonomischen Daseinsbewältigung unerheblich ist und gerade dadurch als Schmuck erkennbar wird, als universale Erscheinung in allen menschlichen Gesellschaften betrachtet werden kann. Wenn Schmuckgegenstände - wie z.B. Kämme, Nadeln, Klammern usw. - auch einen Gebrauchswert haben, so tritt dieser gegenüber der ästhetischen Valenz völlig zurück, ist eher Anlaß als Ursache für die künstlerische Produktion.

Je mehr sich die Güterproduktion auf den menschlichen Körper zubewegt, um so stärker dominiert die ästhetische Funktion. Damit wird deutlich, wie elementar ästhetische Empfindungen sind, die sich mit dem Körper verbinden. In kleinen Stammesgesellschaften, wie sie hier und da noch auf der Erde existieren, wird das Erscheinungsbild des Körpers in vielfältiger Weise manipuliert, wobei dem Schmuck - neben der Schminke und der Tätowierung - eine tragende Rolle zukommt. Durch die Schmückung und künstlerische Ausgestaltung des Körpers soll dieser "schöner" werden; Proportionen erscheinen verändert, Organe und Gliedmaßen erhalten ein anderes Aussehen, die Aufmerksamkeit des Betrachters wird auf bestimmte Details gerichtet. Auch wenn derartige Manipulationen des Aussehens offensichtlich eine sexuelle Zielrichtung haben, so ist doch eine Eigenbedeutung des Ästhetischen nicht zu verkennen. Sicherlich geht es darum, die Attraktivität des Körpers zu erhöhen, die Aufmerksamkeit von Sexualpartnern zu erregen und die Chance der Begattung zu erhöhen. Doch die Ausgestaltung selbst ist kulturspezifisch. Was betont wird und auf welche Weise, weist große Unterschiede von einer Ethnie zur anderen auf. Das ästhetische Empfinden verbindet sich in elementarer Weise mit dem Körper, ohne eine Funktion des Körpers zu sein. Ähnlich verhält es sich mit der magischen Komponente, die in der ästhetischen Manipulation des Aussehens enthalten ist. Das Erscheinungsbild wird verändert, um Feinde abzuwehren, um aversive Kräfte und Mächte zu bannen. Auch dazu ist es notwendig, die natürlichen Proportionen neu zu bestimmen und die Aufmerksamkeit in bestimmte Richtungen zu lenken, und zwar nicht zuletzt deshalb, weil die Abweichung vom vertrauten Erscheinungsbild Schrecken erzeugt. Da im magischen Denken zwischen belebter und unbelebter Natur nicht unterschieden werden kann, geht es nicht nur um die Abwehr tatsächlicher, sondern auch vermeintlicher Feinde, um Dämonen, Hexen, den bösen Blick oder frei flottierende Kräfte, unter anderem um die belebt gedachten Naturgewalten. Die Verzierungen, die dem Körper oder der Kleidung hinzugefügt werden, haben in elementaren Kulturen eine Signalfunktion, indem sie davor schützen, daß sich schädliche Kräfte weiter auf den Körper auswirken oder indem sie umgekehrt nützliche Kräfte anziehen und konzentrieren. Aber auch die Magie, sofern sie in dieser Form Gestalt gewinnt, verbindet sich mit ästhetischem Empfinden, weist doch das Objekt Qualitäten auf, die auf künstlerisches Ausdrucksstreben schließen lassen.

Bei den Eingriffen in das äußere Erscheinungsbild des menschlichen Körpers geht es also in den archaischen Gesellschaften um "Schönheit", und zwar um eine Schönheit, die mehr ist als die Akzentuierung der Geschlechtsmerkmale. "Schön" ist auch nicht einfach das Natürliche, also der gesunde, in seinen Gliedmaßen harmonisch ausgebildete Körper. Vielmehr wird von den natürlichen Proportionen abgewichen, indem in kulturspezifischer Weise bis ins Extreme gehende Vergrößerungen und Verkleinerungen herbeigeführt werden. Stärker als in den modernen Gesellschaften wird in elementaren sozialen Zusammenhängen in das Erscheinungsbild des Körpers eingegriffen, werden einzelne Partien oft bis ins Monströse verändert. Aber gerade für solche drastischen Variationen gilt, daß sie kollektiv erfolgen, d.h. in einer für das Geschlecht oder Alter, für den Klan, den Geheimbund, die Kaste oder für das ganze Volk typischen Art und Weise.

Da es eine Orientierung an der Natur nicht gibt, ja möglicherweise sogar - wie Levi-Strauss (1978, S. 179) meint - ganz bewußt ein Kontrast zur Natur hergestellt wird, hat die Verschönerung auch keine korrigierende Funktion; die individuelle Benachteiligung durch die Natur muß nicht ausgeglichen werden, weil der natürliche Maßstab fehlt. Die Variabilität der Erscheinung bleibt entweder ohne Beachtung oder sie führt zum Ausschluß des Individuums, ja möglicherweise zu dessen Tötung. Ist das Stammesmitglied mit seinen physischen Eigenheiten akzeptiert, kann es vor jeder weiteren Diskriminierung sicher sein. Es fehlt daher auch ein Schamempfinden, das mit der Entblößung solcher Variabilität verbunden wäre. Die individuelle korrigierende Verschönerung unterbleibt, nicht weil die Kleidungs- und Lebensgewohnheiten dies verhindern, sondern weil Schönheit anders definiert ist. Die Natur begründet keine Unterschiede. Sofern ein bestimmtes Körpermerkmal zu den Schönheitsidealen eines Stammes gehört, werden alle bemüht sein, durch Manipulation dieses Ideal zu erreichen, auch wenn aufgrund der natürlichen Gegebenheiten für den einen der Weg lang, für den anderen aber kurz ist. Schönheit wird so definiert, daß sie für alle Angehörigen eines Kollektivs machbar erscheint. Es kann soziale Unterschiede zwischen den Kollektiven geben, womit eine Abstufung ästhetischer Reize einhergeht; Häuptlinge, Schamanen oder verdiente Krieger haben vielleicht mehr Möglichkeiten, sich zu schmücken, weil sie begehrte Schönheitsattribute besitzen, über die andere nicht verfügen. Aber die Normen der Schönheit sind Konventionen, die nicht einmal auf natürliche Gegebenheiten Bezug nehmen. In dieser sozialen Willkür, die bei den sogenannten "Naturvölkern" in der Definition der Schönheit vorherrscht, liegt auch der Beitrag ästhetischer Normen zur sozialen Integration. Denn jeder ist im Hinblick auf seine ästhetische Wertschätzung besonders unmittelbar von seiner Gesellschaft und ihren Normen abhängig, und die ästhetische Stilisierung des Körpers bringt in besonders eindringlicher Weise die Zugehörigkeit zum Kollektiv zum Ausdruck.

Schönheit und Charakter: Die Präsentation des Körpers in der Antike

In der europäischen Antike ist Schönheit nicht nur ein Attribut kollektiver Zugehörigkeit. Die Autonomie des einzelnen hat sich soweit entwickelt, daß innerhalb der Kollektive auch die äußere Erscheinung differenziert wahrgenommen und bewertet wird. Schönheit ist nicht einfach machbar und damit, wie in den Stammesgesellschaften, je nach kollektiver Zugehörigkeit erreichbar. Die ästhetischen Normen nehmen Bezug auf die unveränderbare physische Konstitution. Sie sind exklusiv und bewirken eine innerhalb der Kasten-, Klassen- und Stammesgrenzen auftretende soziale Ungleichheit, auch wenn davon ausgegangen werden kann, daß sie die höherrangigen Kollektive begünstigen, weil hochbewertete körperliche Eigentümlichkeiten entsprechend definiert sind, d.h. weil es mehr Individuen in diesen Kollektiven gibt, die den exklusiven ästhetischen Normen entsprechen. Erst vor dem Hintergrund der so schon bestehenden Ungleichheiten sind durch Leibesübungen und Körperpflege im weitesten Sinne Veränderungen möglich, die es gestatten, sich den anspruchsvollen Schönheitsidealen anzunähern.

Nicht nur im Hinblick auf die körperliche Erscheinung, sondern auch im Hinblick auf die Persönlichkeit ist in der griechischen und römischen Antike die Macht des Kollektivs gebrochen. Bei aller Verpflichtung gegenüber der Gemeinschaft ist es doch die Einzigartigkeit der Persönlichkeit, die als Ziel bewußt angestrebt wird. Die mechanische Solidarität existiert nicht mehr. Die "Kultivationspädagogik" (Weber 1915/1988, S. 408f.) zielt auf das einzigartige, innerlich ausgeglichene, scheinbar unabhängige Individuum ab. Auf diese Weise wird auch die soziale Verpflichtung nicht als Ergebnis kollektiver Beeinflussung, sondern als freiwillige Leistung dem einzelnen attribuiert.

Körperästhetik und Erziehungsideal entsprechen einander. In der Körperästhetik wird die Harmonie des einzelnen, an sich selbständigen Organismus hervorgehoben. Der Körper ist solitär; ebenso unabhängig, "frei", soll auch das Individuum in seinen charakterlichen Potenzen sein. *Kalós kai agathós* ist das griechische, *mens sana in corpore sano* ist das römische Ideal. Exerzitien, die der charakterlichen Vervollkommnung dienen, werden ergänzt durch körperliches Training, ja sind mit diesem zum Teil identisch. Sport, Tanz oder Jagd können auf die Vermehrung der körperlichen wie auch der "geistigen" Kräfte gerichtet sein.

Dieser Gleichklang von körperlicher und geistiger Harmonie weist also auf einen gewissen Stand des antiken "Individualisierungsprozesses" (Müller u.a. 1980, S. 413) hin, und zwar indem Maßstäbe gesetzt werden, die innerhalb eines Kollektivs differenzierend wirken. Hinsichtlich der sozialen Wertschätzung werden Unterschiede gemacht, die über das hinausgehen, was schon der soziale Status an Ungleichheit bewirkt. Indem ein natürliches Ebenmaß zum Standard erklärt wird, wirken sich natürliche Bevorzugungen oder Benachteiligungen aus. Und auch die Kultivationspädagogik schafft Unterschiede, da einige auf den vorgezeichneten Pfaden weiterkommen als andere. Die Einzigartigkeit, von der das Menschenbild der Antike ausgeht, muß gleich zweifach dokumentiert werden: Schönheit ist durch Charakter zu ergänzen und umgekehrt. Die ästhetische Auszeichnung erfährt eine charakterliche Begründung, während es zur charakterlichen Vollkommenheit gehört, daß sie sich auch äußerlich ausdrückt.

In dieser Kopplung wird deutlich, daß es sich um einen elitären Maßstab handelt, dem nur die Mitglieder exklusiver Zirkel gerecht werden können. Nur eine dieser Eigenschaften zu besitzen, ist auch Minderprivilegierten möglich.

Sklaven können z.B. schön sein oder im Hinblick auf das sozial anerkannte Kulturwissen über einen beträchtlichen Kenntnisstand verfügen. Wirklich anerkannt werden nicht derartige Spezialisierungen, sondern nur die Kombination und gegenseitige Durchdringung von beidem. Schön zu sein, aber nicht über Charakterbildung zu verfügen, schafft Prestige, das aber ein bestimmtes Niveau nicht übersteigt. Das soziale Kapital, das sich aus einzelnen Eigenschaften ziehen läßt, kann nur im Rahmen von eng umgrenzten Rollenfeldern eingelöst werden. Uneingeschränkte Anerkennung genießt nur derjenige, der über solche Spezialisierungen erhaben ist, was aber praktisch nur dem Vollbürger gelingen kann, dem Freien, der in seiner Jugend das *gymnasion* besucht hat.

Im Gegensatz zu den Stammesgesellschaften gibt es schon in der griechischen Antike eine Konkurrenz um Schönheit. Nicht ein ganzes Kollektiv macht sich schön. Schönheit ist nicht eine Eigenschaft, die einen als Mitglied einer Kaste, einer Altersgruppe, eines Bundes usw. aufgrund von Tätowierung und Bemalung des Körpers, aufgrund von Feder-, Perlen- und Muschelschmuck einfach zukommt. Es gibt daher auch das Häßliche, vor dem die Schönheit um so mehr erstrahlt, und zwar auch in den eigenen Reihen, also nicht nur als Konnotation des Fremden. Ästhetische Normen, die auf die natürliche Ausstattung des Körpers Bezug nehmen, bewirken immer marginale Differenzierungen. Sie mögen zwar so formuliert sein, daß sie die Mitglieder der Eigengruppe begünstigen; es wird sich aber nicht verhindern lassen, daß einige in der begünstigten Gruppe den ästhetischen Normen nur mangelhaft entsprechen. Polyklet hat z.B. zahlreiche Messungen bei seinen Zeitgenossen vorgenommen, um auf dieser Grundlage sein Idealmaß zu entwickeln (vgl. Meyer 1985, S. 49). Aber sicher hat Jacob Burckhardt (1952, S. 104) recht, wenn er feststellt, daß man zwar das Schöne aus vielen Individuen zusammensuchte, der bloße Durchschnitt jedoch durch das "Exzeptionelle" ergänzt wurde.

Der Konkurrenzdruck, der somit innerhalb eines Kollektivs entsteht, sorgt für soziale Spannungen, die kanalisiert werden müssen, um den gesellschaftlichen Zusammenhalt nicht zu gefährden. In diesem Kontext ist wohl der Sitte eine große Bedeutung zuzumessen. Vorschriften, die sich auf die Präsentation des Körpers beziehen, dürfen nicht in der Weise mißverstanden werden, als wenn es allein um die Verhinderung unerwünschter erotischer und sexueller Beziehungen gehe. Vorschriften, die sich z.B. auf die Kleidung richten, stellen Gleichheit her und nivellieren die Bevorzugungen und Benachteiligungen durch die Natur. Schönheit darf nicht zu offen zur Schau gestellt werden, um nicht den Neid und die Mißgunst der anderen zu erregen und destruktiven Tendenzen in der Gesellschaft Vorschub zu leisten. Durch Uniformierung begrenzt die Sitte den Konkurrenzdruck selbst da, wo Mesalliancen überhaupt nicht zu befürchten sind.

Ausdrücklich erlaubt ist in der Antike die Präsentation des Körpers im Sport. Der Sport dient bei den Griechen einer unter militärischem Vorzeichen stehenden körperlichen Ertüchtigung. Die patriotische Ausrichtung gymnasiastischer Übungen überdeckt das ästhetische, aber auch das erotische Element. Somit kann auch der Konkurrenzdruck, den die Ästhetisierung des Körpers hervorbringt, durch die verallgemeinernde Inanspruchnahme, nämlich einer guten Sache zu dienen, in Grenzen gehalten werden. Hinzu kommt, daß es sich beim Sport um örtlich und zeitlich begrenzte Ereignisse handelt. Das *gymnasion* grenzt die Präsentation des Körpers aus. Immerhin tritt auch im *gymnasion* die Ästhetik des Körpers in dem Moment in den Vordergrund, in dem die militärische Bedeutung des Sports zurücktritt: Mit der Abschaffung der Wehrpflicht geht es im antiken Griechenland nicht mehr um Kraft und Geschicklichkeit, sondern um Gesundheit und Schönheit; die Gymnasien werden hygienische Anstalten, in denen die Badekultur und darüber hinaus auch das Gespräch unter den Gebildeten gepflegt wird (Lamer 1976, S. 261f.; Irmscher 1977, S. 213). Die Ästhetisierung des Körpers findet hier ihren Ort. Die militärische Nützlichkeit, die zunächst die Beschäftigung mit dem Körper erzwingt, entschwindet, und übrig bleibt die Körperkultur (Murray 1980, S. 193).

Auch die öffentlich ausgetragenen Sportwettkämpfe, besonders die Olympischen Spiele, begrenzen die Präsentation des Körpers auf zeitlich und lokal genau fixierte Ereignisse.

Die Präsentation des Körpers stellt durchaus ein Problem dar, was an der Tatsache deutlich wird, daß griechische und römische Schriftsteller die in Griechenland übliche Nacktheit der Athleten diskutieren (Weiler 1988, S. 109, 116f.). In Griechenland wird die Präsentation des Körpers auch durch die Spiele ritualisiert. Im Schutze eines solchen Freiraums kann sich eine Ästhetik weiterentwickeln, die den menschlichen Körper zum Objekt hat. Sowohl die Konkurrenz, die sich mit dem Messen von Rekordleistungen verbindet, wie auch die Konkurrenz, die aus der Ästhetisierung des Körpers herrührt, sind somit eingegrenzt. Bestehende Differenzen, die unterschiedliche Ausstattung mit prestigeträchtigen Fähigkeiten und Merkmalen, werden zwar nicht beseitigt; aber die damit verbundenen Konflikte erfahren eine Kanalisierung, die es gestattet, die Differenzen in ausgewählten Dimensionen sogar noch weiterzutreiben.

Sport-, Tanz-, Musik- und Theaterdarbietungen, die in der Antike als öffentliche Veranstaltungen erstmals institutionalisiert werden, machen deutlich, wie weit die Ästhetisierung des Körpers fortgeschritten ist. Die bildende Kunst nimmt sich dieses Themas an; sie erzählt nicht nur, hält nicht nur historische Begebenheiten oder Persönlichkeiten fest, sondern isoliert die ästhetische Komponente. Auf diese Weise wird die ästhetische Relevanz von Wettkämpfen bewußt gemacht. Die bildende Kunst zeigt, daß der Ausgang des Wettbewerbs die Nebensache ist, die Schönheit die Hauptsache. Während der Zuschauer gebannt ist durch das Geschehen, dessen Zeuge er in der Arena wird, richtet die Kunst die Aufmerksamkeit auf die Harmonie des Körpers. Sie zeigt, daß auch im agonalen Rahmen der Gestalt nicht der Rang eines Mittels, sondern des allgemeineren Ziels zukommt.

Schönheit und Gesundheit: Das bürgerliche Zeitalter

Im Gegensatz zur Antike sowie zur mittelalterlichen und neuzeitlichen Feudalgesellschaft verliert die Schönheit im Europa des ausgehenden 18. und besonders des 19. Jahrhunderts ihren elitären Charakter und wird zu einer allgemeinen Kategorie. Schön sein kann man nun in jedem Stand, in jeder Klasse. Zwar hat das Leben in den vornehmen Kreisen, im Adel und im merkantilen, später auch industriellen Großbürgertum, mehr Glanz; doch mit dem Verschwinden strenger Kleiderordnungen, mit der allmählichen Abschaffung der Tracht durch eine unverbindliche Mode, die keine Standesgrenzen mehr kennt und nur noch nach dem finanziellen Vermögen differenziert, wird Schönheit für viele ein erreichbares Ziel. Im *ancien régime* war Schönheit, sofern sie außerhalb des Adels vorkam, auf eine Laune der Natur zurückzuführen. Sie mußte schon sehr hell erstrahlen, um bei einem sonst tristen Ambiente überhaupt erkannt zu werden. Gesellschaftliche Grenzen wurden durch die Schönheit auch dann nicht überwunden, wenn es zu einer Verbindung zwischen Angehörigen unterschiedlicher Stände kam. Im bürgerlichen Zeitalter darf sich jeder die Accessoires kaufen, die der Erscheinung schmeicheln. Das, was jedermann an natürlichen Anlagen aufweist, kann hervorgehoben und ins rechte Licht gerückt werden. Insofern kommen in der Karikatur, die sich über den herausgeputzten, mit wenig Erfolg verschönten Parvenü nebst Gattin lustig macht, die alten Vorstellungen bezüglich einer natürlichen Verbindung von Adel und Schönheit zum Ausdruck.

Die Demokratisierung der Schönheit erhöht den Wettbewerbsdruck. Jeder konkurriert mit jedem. Eine edle, vornehme Erscheinung verbindet sich nicht in erster Linie mit der Geburt. Die Allgemeinheit ist nicht länger bereit, sich von den Attributen der Macht und der Standeszugehörigkeit blenden zu lassen. Dort, wo entschieden die alten Grenzen der Feudalgesellschaft niedergerissen werden, findet Schönheit quer durch alle sozialen Gruppierungen Anerkennung. Damit entsteht auch in den sozial niedrigeren Schichten ein ganz neuer Anreiz, die äußere Erscheinung zu betonen. Allerdings handelt es sich um einen Wettbewerb mit ungleichen Mitteln, da sich erst durch aufwendige Kleidung, Kosmetika usw. die natürlichen Attribute richtig darstellen oder kaschieren lassen. Aber andererseits stehen diese Mittel auch jedem zur Verfügung, der sie sich mit Hilfe von Geld beschaffen kann.

Da sich die bürgerlichen Eliten nicht wie vormals der Adel nach unten abschotten, was auch den Aufstieg in die und Abstieg aus der Elite ermöglicht (und nicht nur als Ausnahmeerscheinung wie im Feudalismus), sind mit Hilfe der Schönheit ganz andere Karrieren erreichbar. Während es im bürgerlichen Trauerspiel noch darum geht, die Ehre der Kaufmanns- oder Handwerkertochter gegen die Zudringlichkeiten des adeligen Verführers zu verteidigen, wobei diese die Wahl hat, Maitresse zu werden oder innerhalb ihrer Kreise zu heiraten, führen im Trivialroman Schönheit und ein schlichtes Gemüt bereits ins Ehebett der Wohlhabenden und Mächtigen. Diese Utopie ist nicht ganz unabhängig von den realen Verhältnissen, die sich in der Weise geändert haben, daß zumindest zwischen benachbarten sozialen Schichten Aufstieg durch Konnubium möglich ist. Darüber hinaus werden im wirklichen Leben gutes Aussehen, gepflegte und gediegene Erscheinung, Gesundheit und Spannkraft zu den Faktoren des beruflichen Aufstiegs. Das sympathische Äußere kann der Schlüssel zum geschäftlichen Erfolg sein.

Dementsprechend erfaßt die Gesundheitsbewegung alle Klassen und Schichten, sofern sie überhaupt vitale Ressourcen zur Verfügung haben, d.h. sofern nicht bereits für die Regeneration alle Energien absorbiert werden. Dabei steht zunächst wieder die militärische Zwecksetzung im Vordergrund. Turnväter von nationaler oder auch nur provinzieller Bedeutung fordern den männlichen Teil der Bevölkerung zur Körperertüchtigung auf, wobei nach zwischenzeitlicher Verfolgung die Bewegung aufgrund ihrer patriotischen Ausrichtung auch den Segen von oben erhält (Krüger 1980, S. 30; Rösch 1980, S. 23ff.; Glöckle 1987, S. 18). Vereine werden gegründet, die bereits durch ihre altertümelnde Namensgebung zum Ausdruck bringen, daß sie an die klassische griechisch-lateinische Tradition der Körperkultur anknüpfen möchten. Bei den Frauen sind es die Mediziner, die sich ihres Körpers annehmen. Auch bezüglich der gymnastischen Übungen, die den Mädchen und Frauen verordnet werden, geht es um nationale

Anliegen, unter anderem um die Verbesserung der Gebärfähigkeit. Darüber hinaus handelt es sich um allerlei Hygienevorschriften, die mit der Sorge um die Volksgesundheit begründet werden.

Zusätzlich zum Turnen und teilweise in Konkurrenz zu diesem (vgl. Boberg 1986, S. 174) entwickelte sich der Sport, u.z. zunächst der Mannschaftssport, dann auch die verschiedensten Rennsportarten. Zu Anfang des 19. Jahrhunderts beschränkt sich die sportliche Betätigung auf militärischen und paramilitärischen Drill, dem sich die wehrfähige männliche Jugend unterzieht. Gegen Ende des Jahrhunderts ist der Sport eine Massenbewegung geworden, fester Bestandteil der Freizeitaktivitäten von Millionen, darüber hinaus ein Publikumsmagnet, der die öffentliche Aufmerksamkeit auf sich zieht und die Menschen in die allerorts errichteten Stadien lockt. Um die Jahrhundertwende wird das Baden und - man denke an die Jugendbewegung - das Wandern zum neuen Volksvergnügen. Wenn man schließlich noch feststellt, daß auch in den Schulen, in denen zunächst der Sportunterricht unbekannt war, zunehmend Zeit und Mittel für Leibesübungen reserviert werden, dann fällt es schwer, hinter all diesen Erscheinungen eine einzige nationale Aufrüstung zu sehen. Wahrscheinlicher ist, daß die Sorgen um die militärische Stärke vielfach ein auslösender oder verstärkender Faktor der Turn- und Sportbewegung war, daß sich dahinter jedoch eine neue Körperkultur verbarg, die mit der Veränderung ästhetischer Maßstäbe, die an den Körper herangetragen wurden, einherging. Der Sport trug dem allgemeinen, d.h. mit der Auflösung der Ständegesellschaft "verallgemeinerten" Interesse an der äußeren Erscheinung Rechnung.

Im Gegensatz zu der Sportausübung in der Antike ist die Wiederentdeckung des Körpers in der modernen Gesellschaft ein durchgängiges Element der Alltagskultur. Körperkultur hat nichts Statuarisches an sich; sie läßt sich nicht auf Ereignisse und Lokalitäten beschränken, sondern durchzieht in vielfältiger Weise das Leben des einzelnen. Sportlich zu sein wird eine Lebenshaltung, die in den unterschiedlichsten Situationen zum Ausdruck kommt. Damit ist natürlich auch das Agon, der sportliche Wettkampf, nicht mehr typisch für diese Einstellung zum Körper. Wettkämpfe behalten für einzelne Sportveranstaltungen ihre Bedeutung, stehen aber beim Breitensport nicht im Vordergrund. Allgemein ist Sport als Lebenshaltung körpernäher, d.h. man beschäftigt sich nicht mit den Leistungen anderer, sondern wetteifert mit sich selbst. Gesundheit und Lebensfreude sind Zielpunkt der sportlichen Betätigung, nicht dagegen das Virtuosentum des Hochleistungssports.

Versuche der Körperaufwertung sind seit Ende des 18. Jahrhunderts zu beobachten (Bette 1989, S. 43). Der Sport ist dabei nur ein Weg zur eigenen Körperlichkeit. Man kann ihn als einen unter vielen Indikatoren betrachten, die auf die zunehmende Ästhetisierung des Körpers verweisen. Allgemein nimmt das Interesse an der äußeren Erscheinung in dem Maße zu, wie die religiös begründete Askese an Boden verliert. Bezeichnend für die beginnende Industriegesellschaft ist auch der technische Zugriff auf den Körper. Die Medizin macht Fortschritte, die es gestatten, verunstaltende körperliche Gebrechen zu heilen. Auch die Medizintechnik, z.B. die Prothetik, hat beachtliche Erfolge aufzuweisen. Noch typischer aber sind die vielen kleinen technischen Hilfen, die diskret anzubringenden Stützen, Pflaster, Gürtel usw., die heute kurios anmutenden Korsagen (auch für Männer), die speziellen Kleidungsstücke, die Geheimnisse in sich bergen. In der Werbung, die sich in der zweiten Hälfte des 19. Jahrhunderts rasch entwickelt, nehmen entsprechende Angebote einen großen Raum ein. Obwohl es sich um zum Teil sehr zweifelhafte "Erfindungen" handelt, ist doch das Bestreben bemerkenswert, den Schönheitsmängeln technisch zu Leibe zu rücken. Der Schönheitsfehler hat nun keine so schicksalhafte Bedeutung mehr, daß man ihn einfach als Teil seiner Persönlichkeit und seiner Erscheinung zu ertragen hätte. Man vertraut auf die verblüffenden Wirkungen der Technik, den Erfindergeist und seine patentierten Produkte, die, obwohl neu auf dem Markt, angeblich schon millionenhaft bewährt sind. Sie scheinen so patent zu sein wie die vielen Erfindungen im Bereich des Konsums, die auch den breiten Kreisen der Bevölkerung zugute kommen.

Allerdings verbindet sich mit dieser Art medizinisch-technischer "Erfindungen" das Problem, daß sie versteckt werden müssen. Tatsächlich ist die Intimsphäre durch die Regeln des Anstandes und der Sitte geschützt. Man wechselt nicht plötzlich von der Öffentlichkeit in die Privatheit. Selbst das Familienleben hat noch eine öffentliche, für die Repräsentation bestimmte und eine private, dem Kontakt der Familienmitglieder vorbehaltene Seite. Wer Einblick in das Intimleben eines anderen erhält, hat vorher einen langen Weg des Kennenlernens hinter sich gebracht. Nur vor dem Hintergrund einer derart strengen Abschottung des Privatlebens machen Reparaturen einen Sinn, die lediglich der Fassade gelten, einer näheren Untersuchung aber nicht standhalten.

Anders verhält es sich mit solchen Apparaten, denen weniger eine restaurative als vielmehr eine konstruktive Wirkung zugeschrieben wird. Schon vom Vorschulalter an wird die nachwachsende Generation mit Geräten behandelt, die Bauch, Rücken, Schulter und Brust in die richtige Form zu bringen haben. Daniel

Schreber (1808-1861) überführt die Ästhetisierung des Körpers ins Maschinenzeitalter. Spann- und Streckapparate werden entwickelt, Möbel und Spielzeug auf der Grundlage von Bewegungs- und Belastungsstudien neu entworfen. Der "ärztliche Blick" geht in die Kinderstuben und "in das Schulwesen" und findet überall archaische, vorwissenschaftliche Zustände. Der orthopädische Ansatz, den Schreber in der Volksmedizin popularisiert, richtet sich nicht auf die Versorgung von Kranken, die geheilt, sondern von Gesunden, die verschönt werden sollen. Das Ziel ist lebenspraktisch: es geht darum, bei anderen gut anzukommen, sympathisch zu sein, seine Chancen im sozialen Kontakt wahrnehmen zu können:

> "Eine ungezierte, natürliche, gerade und straffe Haltung, ein gehobener Kopf, ein offener Blick, eine faltenfreie Stirn, einfach natürliche Bewegungen bilden für Jeden, mag er in's Leben treten wo und wie immer, den ersten Empfehlungsbrief. Der erste Eindruck ist dann ein guter, nimmt Jeden ein, und dieser erste Eindruck ist viel werth. Denkt euch dagegen einen schlaff und schlotterig einhergehenden, mit gesenktem Kopf vor euch tretenden oder überhaupt haltlos erscheinenden Menschen - überfällt euch da nicht ein Mißbehagen und seid ihr nicht froh, wenn ihr ihm den Rücken kehren könnt? Ein solcher Mensch macht den Eindruck der Trägheit, Feigheit oder Dummheit" (Schreber 1861, S. 48).

Schreber prägt den Begriff der "Kallipädie", der Schönheitserziehung. Mit dem Wildwuchs, der bislang die körperliche Entwicklung der Kinder und Jugendlichen kennzeichnete, soll Schluß gemacht werden. Überall da, wo ein Mangel oder Fehler entdeckt wird, gilt es, "nachzuhelfen, auszugleichen und zu bessern" (a.a.O., S. 9). Schönheit ist machbar, wenn man rechtzeitig Vorsorge trägt, wenn man der Natürlichkeit nur soweit freien Lauf läßt, wie die Entwicklung wünschenswert ist. Der Gärtner Schreber reagiert auf feinste Signale seines Zöglings, und nach seiner Empfehlung dürfen auch die Schnitte schmerzhaft sein:

> "In solchen Perioden, wo die Kinder schnell wachsen, gewöhnen sie sich leicht an, schlaffe, hockige, ungleichseitige Körperhaltungen anzunehmen (...). Laßt euch also die Mühe nicht verdrießen, solche falsche Gewohnheiten, wo sie sich an euren Kindern zeigen sollten, beharrlich und auf alle Weise zu bekämpfen. Das bloße Erinnern ist freilich in vielen Fällen nicht hinlänglich und für beide Teile endlich ermüdend. Wenn es nicht ausreicht, so rathe ich euch als bestes Mittel, die strenge Regel einzuführen: daß das Kind, sowie es sich schlaff hält, sielt oder lehnt, auf einem Fuße mit schiefer Hüfte steht, nicht gerade und straff sitzt (besonders beim Schreiben, aber auch beim Nähen, Stricken u.s.w.), sich sogleich und stets auf ein paar Augenblicke glatt auf den Boden legen muß. Ihr geht dann sicher, dem Kinde nie zuviel zuzumuthen: denn war es wirklich zu müde, um sich straff zu halten, so mag es auf diese Weise ausruhen; war es aber bloße Nachlässigkeit oder Faulheit, so dient es als Strafe" (a.a.O. S. 48f.).

Wichtiger noch als diese pädagogischen Interventionen sind die Apparate und Fesseln, durch die das Wachstum des Kindes in die richtigen Bahnen gelenkt werden soll. Im Gegensatz zum Sport, der darauf abzielt, eine natürliche Harmonie der Kräfte zur Entfaltung zu bringen, ist die Volksorthopädie eines Daniel Schreber repressiv: es geht um die Unterdrückung des Häßlichen, die Förderung der Schönheit durch Vermeidung ihres Gegenteils. Da, wo Wachstum zugelassen wird, darf es sich nur unter strenger Kontrolle vollziehen. Das Augenmerk des Gärtners richtet sich vor allem auf Unkraut und Fäulnis, die, wenn man ihrer nicht rasch Herr wird, das Gesunde und Nützliche schwächen. Die Gartenkunst Schrebers hat die durch Folklore geprägte Landwirtschaft der vorindustriellen Zeit längst hinter sich gelassen. Auch wenn die in Apparate eingezwängte Kreatur jede Anmut vermissen läßt, so ist doch die Ernte entscheidend.

Die Zwänge, die im 19. Jahrhundert die Bürger sich und ihren Kindern antun, unterscheiden sich in der Qualität, nicht in der Quantität von denen des Adels im ancien régime. "Noblesse oblige" galt in der Feudalgesellschaft auch für die Unannehmlichkeiten, die mit der Selbstdarstellung verbunden waren. Der Adel mußte sich einer restriktiven Mode beugen, die den Bewegungsspielraum einengte, die Variabilität des Körpers zugunsten einer ständischen Uniformität einschränkte, die natürlichen Formen willkürlich verkürzte und verlängerte. Im Gegensatz zur bürgerlichen Epoche galt Echtheit wenig, Illusion war alles. Derjenige, der eine Allonge-Perücke aufsetzte, glaubte ja nicht im Ernst, damit gegenüber anderen eine natürliche Haarpracht vortäuschen zu können. Die Natur war nur Ausgangspunkt einer phantastischen Kostümierung. Gerade das Unnatürliche, die penetrante Parfümierung des Körpers z.B., und das Ungesunde, die durch Schminke herbeigeführte Blässe, galten als ästhetisch ansprechend. Natur konnte nur als künstliche Nachahmung, z.B. als raffiniert inszenierte Schäferidylle, geschätzt werden.

Der falsche Schein, den das Bürgertum dem Adel vorwarf, wurde nicht durch Echtheit und Wahrhaftigkeit ersetzt. Der biedermeierliche Sprung aus dem Reifrock brachte für den Körper keine dauerhafte Befreiung, sondern neue Zwänge, vor allem solche, die von der wissenschaftlich sich verstehenden Gesundheitspflege ausgingen. Das revolutionär-rousseausche Ideal der Natur erfuhr eine medizinisch-technokratische Verwandlung, wurde zur Für- und Vorsorge. Schön ist jetzt, im Gegensatz zur Feudalgesellschaft, das Gesunde, was aber nicht herbeigeführt werden kann, indem man sich der Natur überläßt, sondern indem man sich den Gärtnerkünsten der Volksmedizin anvertraut. An die Stelle einer phantastischen, die natürlichen Gegebenheiten mißachtenden Mode tritt die zerrende, zwängende Apparatur, die Gesundheit und Schönheit, zumindest aber die Verhinderung von beeinträchtigenden Mängeln verspricht.

Die Kodierung von Gesundheit mit Schönheit im bürgerlichen Zeitalter setzt hinsichtlich der Machbarkeit neue Maßstäbe. Durch technische Hilfsmittel kann eine Verschönerung herbeigeführt werden, auch wenn es gewisse unüberwindliche Parameter der Natur gibt. Die Gesundheit und damit die Schönheit kann man pflegen. Durch entsprechende Vorkehrungen sind entstellende Krankheiten und Mißbildungen zu verhindern. Aber man darf mit der Gesundheit nicht spielen. Die Präsentation von Gesundheit und Schönheit ist keine dramatische Inszenierung, verbindet sich nicht mit der Freude am Spiel, mit dem "als ob" einer Erscheinung. Deshalb kann es im bürgerlichen Zeitalter, wenn es nicht gelingt, Schönheitsfehler tatsächlich zu beheben, nur die perfekte Täuschung geben. Hierzu stellt die herangereifte Technik die entsprechenden Mittel bereit.

Der Fitneß-Code

In der Gegenwart wird körperliche Schönheit mit Fitneß codiert. Fitneß ist nicht gleichbedeutend mit Gesundheit. Es wird ein Augenblickszustand, nicht eine dauerhafte physische Verfassung beschrieben. Fitneß ist dynamisch, nicht statisch; Fitneß kann leichter abhanden kommen als Gesundheit, die man ja erst verliert, wenn man krank ist. Nur das Gefühl kann darüber Auskunft geben, ob man fit ist, nicht eine objektive Diagnose. Fitneß bezeichnet also einen psychophysischen Zustand. Es geht darum, daß man von sich selbst den Eindruck hat, tauglich und leistungsfähig oder, was die ursprüngliche Wortbedeutung nahelegt, "angepaßt" zu sein. Fitneß bezeichnet eine Frische, die vom körperlichen Wohlbefinden ausgeht und sich auf die Psyche überträgt. Wer fit ist, kann auch bei nervlichen Belastungen besser mithalten. Im Gegensatz dazu verbindet sich mit "Gesundheit" die Vorstellung von einem körperlichen Gleichgewichtszustand, der Kraft verleiht, der es möglich macht, den von außen kommenden Gefahren zu widerstehen. Fitneß dagegen bezeichnet nicht Festigkeit, sondern Elastizität, Reaktionsfähigkeit im weitesten Sinne, also rasches Eingreifen und Zurückweichen. Da diese Fähigkeit aus physiologischen Gründen mehr den jüngeren Alters- und Entwicklungsphasen eigentümlich ist, ergibt sich auch eine Konnotation zur Jugend. Man kann Fitneß, so wie das Wort heute im Deutschen gebraucht wird, daher auch mit "jugendliche Frische" übersetzen.

Der allgemeinste Begriff von Schönheit scheint mir heute der zu sein, der sich mit Fitneß assoziiert. Jugendliche Frische ist der dominierende normative Rahmen, in dem die verschiedenen Schönheitsideale anzusiedeln sind. Es kommt zwar immer wieder zu Gegenentwürfen, die vom Schönheit-und-Fitneß-Code her nur als häßlich zu bezeichnen sind; die Verbindlichkeit dieses Codes zeigt sich aber meines Erachtens gerade darin, daß diese sehr schnell verändert, "ästhetisiert" werden, so daß sie im Sinne der dominierenden Muster als interessante Variationen anzusehen sind. Angesichts der Anforderungen, die Beruf und Freizeit stellen, kann es sich kaum jemand leisten, auf eine Erscheinung zu verzichten, die Fitneß ausstrahlt.

Mehr noch als in der bürgerlichen Gesellschaft des 19. Jahrhunderts ist Schönheit demokratisiert worden (Baacke 1990, S. 2); Schönheit gibt es in allen Gruppen und Schichten der Bevölkerung, und zwar nicht als exotisches Ereignis wie das Zigeunermädchen, von dem der Spießbürger träumt, sondern als Selbstverständlichkeit. Bei der Schönheitssuche, auf die sich Industrie und Massenmedien regelmäßig begeben, sind die Kriterien der sozialen Herkunft bedeutungslos. Was in früheren Jahrhunderten so unmöglich war, daß es nur im Märchen vorkommen konnte, nämlich die von askriptiven Merkmalen der Abstammung unabhängige Schönheitskonkurrenz, ist heute so selbstverständlich, daß sie auch von Soziologen nicht registriert wird. Das heißt nicht, daß nicht andere Unterschiede gemacht werden, die mit askriptiven Kriterien zusammenhängen: Der Schönheit-und-Fitneß-Code differenziert so scharf nach dem Alter, daß eigentlich nur junge Menschen am allgemeinen Wettbewerb teilnehmen können. Es gibt zwar daneben noch Spezialwettbewerbe für Ältere, jedoch nur unter Anerkennung eines Handicaps, das die Konkurrenz nach universalistischen Kriterien ausschließt. Und ebenso wie bei den Teilnahmebedingungen schafft das Alter im Hinblick auf die sozialen Folgen der Schönheitskonkurrenz Differenzen. Schon allein die Tatsache, daß der Ältere nicht in der allgemeinen Klasse, sondern unter den Bedingungen des Handicaps am Wettbewerb teilnimmt, hat Verluste an Sympathie und Prestige zur Folge. Allerdings werden solche Verluste, die die ästhetische Benachteiligung mit sich bringt, im Durchschnitt der berufstätigen Bevölkerung durch Reichtum und Macht ausgeglichen, die im höheren Alter eher zunehmen. Die überall im Berufsleben noch feststellbaren Senioritätsvorteile, ein in der Leistungsgesellschaft dysfunktional anmutendes Relikt aus früheren Zeiten, beweist vielleicht aus diesem Grunde eine so hartnäckige Überlebensfähigkeit. Es bleibt festzuhalten, daß der Fitneß-Code die nach allgemeinen Kriterien definierte Schönheit auf das Jugendalter begrenzt, während zuvor der Gesundheitscode das allgemeine Schönheitsmodell eher der angrenzenden späteren Altersphase zuordnete. Im Wilhelminismus waren es reife Frauen und stattliche Herren, die als schön galten. Die Jüngeren versuchten durch vorgetäuschte Körperformen, durch Frisur und Kleidung sich diesem Typus anzunähern (Hepp 1987, S. 24). Dem Fitneß-Code folgend, geht es nicht um die vollerblühte Schönheit, um den Organismus im Zenit seiner Entwicklung, sondern um Elastizität und Spannkraft. Damit sind die Anforderungen des Gesundheitscodes betroffen: man kann nicht fit sein, wenn man nicht gesund ist. Aber bei der Fitneß kommen Beweglichkeit und Schnelligkeit hinzu, die trotz blühender Gesundheit von einem ausgereiften Körper nicht gleichermaßen erbracht werden können.

Auch dem Fitneß-Code entsprechend ist das Ungesunde häßlich. Körperliche Mängel müssen daher nach Möglichkeit aus dem Erscheinungsbild entfernt werden, was aber, entgegen früheren Zeiten, weniger durch Täuschung geschieht. Tatsächlich haben sich die technischen Hilfsmittel, mit denen man bislang das Aussehen manipulierte, als unzulänglich erwiesen. Indem das Intime, wie Sennett (1983) darstellt, öffentlich wurde, ist auch der Schutz entfallen, der den Einsatz solcher Hilfsmittel bislang sinnvoll erscheinen ließ. Da die Mauern der Privatheit eingestürzt sind, können Schönheitsreparaturen, die nur in einer äußeren Angleichung bestehen, nicht mehr geheimgehalten werden. Nicht nur die Kleidung ist körpernäher geworden, sondern auch der Kontakt unter den Menschen. Besonders in den letzten hundert Jahren sind zahlreiche Schamgrenzen aufgehoben worden, was zur Folge hat, daß der Körper selbst mehr und öfter in Erscheinung tritt. Hinzu kommt die Enttabuisierung der Sexualität, die gleichfalls der illusionistischen Schönheitsreparatur ein Ende setzt. Selbst die Familie ist nicht mehr jener "private Intimraum", der von der Nachkriegssoziologie immer wieder beschworen wurde.

Damit ist die Verschönerung des Körpers jedoch nicht ihrer technischen Mittel beraubt worden. Was Schreber Kindern und Jugendlichen angedeihen ließ, um Mängeln vorzubeugen, die Gestaltung des Körpers durch Apparate, ist heute auf einem sehr viel entwickelteren Niveau zu einer allgemeinen Verschönerungsmethode geworden. Nun ist auch der ausgewachsene Körper mit Hilfe komplizierter Maschinen formbar geworden, während früher nur die Jugend als formbar galt. In der Welt des Daniel Schreber war das Gerät ein mechanischer Zuchtmeister, der unerwünschte Entwicklungen zu unterdrücken hatte; beim Bodybuilding und Bodyshaping kooperieren Mensch und Maschine; der Apparat ist nicht starr, sondern vollzieht mit dem menschlichen Körper gemeinsame Bewegungen. Die Anpassung ist weiter fortgeschritten. Der Organismus hat sich nicht mehr der

Technik zu beugen; die entwickelte Körperformungsmaschine kann vielmehr vom Menschen intensiv und spezifisch genutzt werden. Bemerkenswert ist an diesem Vorgang, daß - anstelle von Camouflage - die natürliche Schönheit, daß jugendliche Frische durch die Technik herbeigeführt wird. Natur und Technik sind nicht entgegengesetzt, sondern durch die Technik wird die Schönheit der Natur entsprechend dieser Konzeption zur Entwicklung gebracht. Die unberührte, sich selbst überlassene Natur gibt es in bezug auf den menschlichen Körper ebensowenig wie in bezug auf Flora und Fauna. Es gibt sie nicht einmal fiktiv, in ideologischer Entgegensetzung zu Kultur und Technik. Auch die "Naturschönheit" wird auf die vielfältigen Hilfen, die Chemie, Medizin und Ingenieurwesen bereithalten, nicht verzichten wollen.

Fitneß und Medizintechnik

Dem Erfordernis nach einer unsichtbaren, nicht durch äußere Hilfsmittel herbeigeführten Verschönerung entspricht die plastische Chirurgie, die als wiederherstellende Chirurgie eine lange Tradition hat, aber erst mit der Einbeziehung "ästhetischer Indikationen" zu ihrer heutigen Bedeutung gekommen ist (Verdan 1983, S. 2911). Sie ist im doppelten Sinne effektiv, nämlich diskret und vielseitig anwendbar. Der chirurgische Eingriff hilft selbst in solchen Fällen, in denen äußere Korrekturen bislang völlig ausschieden, etwa weil entsprechende Körperteile, wie die Partien des Gesichts, dauernd sichtbar sind. Ebenso wie die mechanischen Hilfsmittel vergangener Tage ermöglichen medizinisch-kosmetische Eingriffe, daß zu üppig geratene Körperteile verdünnt und zu flach geratene ausgepolstert werden. Dies geschieht jedoch subkutan; was früher unter der Kleidung verborgen wurde, ist nun in den Körper vorgedrungen. Das Geheimnis kann nicht mehr gegen den Willen seines Besitzers preisgegeben werden.

Die plastische Chirurgie ist im Zusammenhang mit verschiedenen anderen Künsten zu sehen, die nicht alle die Würde der Wissenschaftlichkeit beanspruchen können. Zu nennen wären die Orthopädie und die Krankengymnastik, zwei eng kooperierende Disziplinen von allerdings unterschiedlicher medizinischer Dignität, aber auch das medizinisch nicht anerkannte Kunsthandwerk, das "hair-waving" etwa, die Visagistik oder die Kosmetik. Die gleiche Entwicklung zur subkutanen Verschönerung zeichnet sich in der Zahnmedizin ab, die durch Implantate wenigstens in gewissen Grenzen Prothesen früherer Tage ersetzt hat. Die Kieferorthopädie konzentriert sich auf die Behandlung von Kindern; etwa

30 v.H. eines Jahrgangs durchlaufen heute eine vor allem durch Lutschunarten indizierte Therapie. Dabei handelt es sich nicht nur um Zahnanomalien, die unter ästhetischen Gesichtspunkten problematisch sind, sondern auch um solche, die Zahnverluste zur Folge hätten, die später also eventuell eine Prothese erforderlich machen würden. Auch andere Zweige der Chirurgie, z.B. die dermatologische, zeigen den gleichen Fortschritt in der Ästhetisierung des Körpers: das Muttermal, das man früher durch Schminke oder entsprechende Kleidungsstücke hätte verbergen müssen, kann heute fast spurlos entfernt werden. Die Innere Medizin wirkt in gleicher Richtung: Die Endokrinologie macht bei Kindern in bestimmten Fällen eine Regulierung der späteren Körpergröße möglich, die sonst - und auch nur in bescheidenem Rahmen - durch entsprechendes Schuhwerk korrigiert werden kann. Schließlich sei auch auf bestimmte Entwicklungen der Augenheilkunde verwiesen. Der Strabismus war zu allen Zeiten eine der häufigsten Entstellungen, markant genug, um zum vorrangigen Identitätsaufhänger gemacht zu werden. Durch zeitweiliges Verdecken des nichtschielenden Auges sowie durch muskelstärkende oder muskelschwächende Operationen kann diese Beeinträchtigung fast gänzlich ausgeschaltet werden. Ebenfalls der Sehkorrektur dient die bekannteste Prothese, die Brille, die vor allem bei Kurz- und Übersichtigkeit sowie zur Behandlung des Astigmatismus eingesetzt wird. Die therapeutische Entwicklung geht gleichfalls in Richtung größerer Körpernähe, und zwar insofern, als gleichwertige Sehhilfen immerhin auf der Haut getragen werden können.

Indem sich die Medizin solcher Schönheitsfehler annahm, weitete sich der Krankheitsbegriff aus. Wenn z.B. die Neigung des Organismus zum Fettansatz medizinisch behandelt wird, gilt Fettleibigkeit nicht mehr als eine Variation des Normalen, sondern als Krankheit. Eine solche Änderung der Nomenklatur kann auf neue Erkenntnisse zurückzuführen sein, denen entsprechend ein Zusammenhang zwischen der Fettsucht und solchen Anomalien besteht, die dem klassischen Krankheitsbegriff zu subsumieren sind. Allerdings wird die Ausweitung des Krankheitsbegriffs in den selteneren Fällen so gerechtfertigt. Typischer ist vielmehr die Feststellung, daß es sich um Anomalien handelt, die psychische Beeinträchtigungen erwarten lassen. Der neue Krankheitsbegriff bezieht sich entweder direkt auf derartige psychische Beeinträchtigungen oder auf ephemere Zusammenhänge zwischen Neurosen, Depressionen usw. und somatischen Erkrankungen. Die Beziehung zwischen der Ausweitung des Krankheitsbegriffs und der Ausweitung der medizinischen Interventionspraxis ist mehr als tautologischer Art: Es geht nicht darum, daß die Medizin nur für die Heilung von Krankheiten zuständig ist und somit die Ausdehnung des Behandlungsbereichs eine

Ausdehnung der Krankheiten impliziert, sondern daß der von den ästhetischen Normen ausgehende Anpassungsdruck so stark ist, daß man sein persönliches Defizit als Krankheit interpretiert.

Es liegt auf der Hand, daß durch die Vielfalt und Effektivität der Interventionsmaßnahmen auch der allgemeine ästhetische Standard gestiegen ist. Sicherlich nehmen im Zuge einer allgemeinen Verschönerung die normativen Ansprüche zu. Bildlich gesprochen kann heute ein Pickel die gleiche abträgliche Wirkung auf die Erscheinung haben wie in früheren Zeiten ein riesiger Furunkel, ein amputierter Finger die Wirkung einer amputierten Hand, ein unkontrollierter Gesichtsmuskel die gleiche Wirkung wie die mangelnde Koordination des gesamten Bewegungsapparates. Trotzdem ist die Annahme plausibel, der Fortschritt von Medizin, Technik und kosmetischem Kunsthandwerk sei rascher vor sich gegangen als die Anhebung der ästhetischen Normen, so daß auch relativ weniger Häßlichkeit wahrgenommen wird.

Wenn diese Annahme zutrifft, dann ist es besonders tragisch um diejenigen bestellt, denen trotz großer Erfolge der Medizin und der Medizintechnik nicht geholfen werden kann. Sie stoßen auf eine Wahrnehmung, die durch die allgemeine Verschönerung geschärft ist. Obwohl vielfach über die Ursachen aufgeklärt wurde, die z.B. Bewegungs- und Sprachanomalien hervorrufen, obwohl die Empathiefähigkeit auch in bezug auf geistig und körperlich Behinderte sicher zugenommen hat, sind die Aversionen nicht geringer geworden. Daß Restaurants, die Behinderte bewirten, Proteste bei anderen Gästen auslösen, ist gerichtsnotorisch. Ebenso ist es eine vertraute Erscheinung, daß sich Bürgerinitiativen mit dem Ziel der Verhinderung bilden, wenn in Wohnquartieren Rehabilitationseinrichtungen gebaut werden sollen. In der weiteren Öffentlichkeit, z.B. in der Presse, rufen derartige Ereignisse genau umgekehrt eine Empörung hervor, die sich nicht gegen die Behinderten richtet, sondern gegen diejenigen, die sich über sie beklagen. Wer sich durch den Anblick der Behinderten "behindert" fühlt, muß oft einen beträchtlichen Rechtfertigungsaufwand betreiben, wobei es sicher auch die eigenen, bereits internalisierten Normen von Toleranz und Hilfsbereitschaft sind, die neutralisiert werden müssen. Es ist die Steigerung der ästhetischen Normen und die Sensibilisierung der Empfindungen, die solche widersprüchlichen Reaktionen auslösen. Die Empathiefähigkeit ist gestiegen, aber ebenso die Empfindlichkeit in Hinblick auf das Aussehen des anderen. Es scheint, als ob sich die Klageführer über die tieferen Ursachen ihrer Kontaktprobleme gar nicht im klaren wären.

Ähnliche Auswirkungen hat die Anhebung der ästhetischen Normen für diejenigen, die in Gesellschaften mit einem weniger entwickelten medizinischen Standard leben. Für sie ergeben sich, und zwar im Vergleich zu Gesellschaften mit demokratisierten und perfektionierten Verschönerungstechniken, Defizite. Dem Besucher aus den europäischen Industrienationen fallen in der Dritten Welt, von speziellen Tourismusveranstaltungen abgesehen, nicht die exotischen Schönheiten, sondern die durch Not und Krankheit, aber auch durch natürliche Variabilität "entstellten" Menschen auf. Vor diesem Hintergrund ist es wohl weniger die Ingroup-Outgroup-Differenz, die den Angehörigen der eigenen Ethnie oder der eigenen Nation mehr positive Eigenschaften, unter anderem auch mehr Schönheit, zuordnet. Im Gegensatz zu jenem Ethnozentrismus, der in primitiven Gesellschaften nur die Mitglieder des eigenen Stammes schön sein läßt, sind es die Verschönerungstechniken, die Maßstäbe gesetzt haben, denen zu entsprechen den Angehörigen der Dritten Welt ebenso schwerfallen muß wie den ökonomischen Standards des Industrialismus.

Mit der Perfektionierung der Verschönerungstechniken und der Anhebung der ästhetischen Standards geraten auch diejenigen unter den Einfluß der sozialen Kontrolle, die ihre korrigierbaren Defizite noch nicht haben beheben lassen. Wer nicht bereit ist, auffällige Muttermale zu beseitigen oder kariöse Schneidezähne überkronen zu lassen, muß damit rechnen, daß ihm die Umwelt mit wenig Sympathie, vielleicht auch mit Spott begegnet. In Schweden ist es möglich, daß übergewichtigen Eltern die Kompetenz zur Erziehung eines Kindes abgesprochen wird. Die Selbsthilfegruppen der Übergewichtigen, wie man sie auch bei uns kennt, sind therapeutische Ambulatorien, in denen die Betroffenen gemeinsam daran arbeiten, sich von einer "Krankheit" zu befreien. Ebenso ist der Kampf um die Pfunde, der von den unauffällig Mittelmäßigen geführt wird, bezeichnend für den alltäglichen sozialen Druck. Es sind eben schon leichte Abweichungen, kaum sichtbare Polster, die man selbst registriert, weil sie von anderen registriert werden könnten. Stärker noch wirkt sich die gesellschaftliche Kontrolle auf die Pflege und Versorgung der Kinder durch die Eltern aus. Die Kinder an die ästhetischen Standards anzupassen gilt als eine Selbstverständlichkeit, während jedes andere Verhalten zwar kein Delikt im strafrechtlichen Sinne darstellt, aber gleichermaßen soziale Ächtung auf sich zieht. Wer es wagt, die schräg gewachsenen Zähne eines Kindes nicht regulieren, einen Strabismus nicht operieren, ein übermäßiges Wachstum nicht durch Hormonbehandlung bremsen zu lassen, muß mit Vorwürfen, ja sogar mit Anfeindungen rechnen. Schlechte Eltern sind heute nicht nur diejenigen, die dem Körper ihres Kindes aktiv Schaden zufügen, sondern auch vorhandene "Schäden", und seien es "nur" ästhetische Defizite, zulassen.

Gleichermaßen gilt es als selbstverständlich, in die Kleidung der Kinder Geld zu investieren. Die Erwartung, daß Kinder "nett" aussehen sollen, haben fast alle Eltern internalisiert und erscheint den meisten als einer der ureigensten Wünsche, die sie an das Kind herantragen. Die Schönheit der Kinder, dazu noch unterschiedslos der Jungen wie der Mädchen, war sicher in der traditionalen Gesellschaft, von einer dünnen Elite einmal abgesehen, kein Motiv der elterlichen Pflege. Heute ist es eine der wichtigsten Eigenschaften des Kindes, hübsch zu sein; der Bereich der Kindermode ist, trotz sinkender Geburtenraten, ein bedeutender Markt der Bekleidungsindustrie geblieben. Zwar gibt es bei uns in der Bundesrepublik keine institutionalisierten Schönheitswettbewerbe für Kinder, doch findet überall da, wo Kinder und Eltern zusammenkommen, ein solcher Wettbewerb statt. Auch die Sportartikelhersteller tragen dazu bei, daß Kinder und Jugendliche dem Ideal von Fitneß und Schönheit entsprechen können. Der natürliche Bewegungsdrang junger Menschen, den früher Lehrer und Eltern vor allem zu unterdrücken suchten, wird heute mit allen Mitteln unterstützt. Jugendliche haben frisch, munter und leistungsfähig zu sein, um dem Schönheit-und-Fitneß-Code zu entsprechen. Damit werden andere Entwürfe von Jugend, denen gemäß Jugendliche als ernst, sensibel und introvertiert gelten, unaktuell, obwohl sie ebenfalls den altersspezifischen Befindlichkeiten entgegenkommen.

Aporien des Natürlichen

Der Schönheit-und-Fitneß-Code ist schon allein deshalb vage, weil Fitneß einen psychophysischen Zustand bezeichnet, der vielfältiger Selbst- und Fremddeutung unterliegt. Im Hinblick auf die Schönheit ergibt sich damit eine erhebliche Bandbreite idealisierbarer Erscheinungstypen, die auch wechselnde Moden zuläßt. Was den Körper selbst angeht, so sind solche Moden aber nicht besonders ausgeprägt. In einer Gesellschaft, die die Schönheit demokratisiert hat, ist diese auch inhaltlich demokratisch, d.h. an der Mehrheit orientiert. Die ästhetische Manipulation vermeidet die Extreme; sie reproduziert den Modalwert, wenn die Natur davon abweicht. Sofern also Formveränderungen in einer bestimmten Richtung Verschönerung bedeuten, dann nicht grenzenlos, sondern nur bis zu einem bestimmten Punkt, von dem an jede Steigerung eine negative Wirkung hat. In der heutigen Gesellschaft wird dieser Punkt relativ früh erreicht. Damit ist einerseits die Toleranz größer, da nicht jeder an einem relativ extremen, vielleicht von der Natur her selten vorkommenden Maß gemessen wird; andererseits wird aber auch nicht zugelassen, daß die Abweichung vom Mittelwert zu groß wird.

Besonders in einer Zeit, in der die Schönheit machbar geworden ist, gerät das Extreme unter das Verdikt der Öffentlichkeit. Selbstverständlich ist jedes Mehr oder Weniger von einem Grade an häßlich, das durch die mangelnde Ausgeglichenheit der Proportionen insgesamt bestimmt wird: Die Überdimensionalität macht nicht schön, weil der Körper nie aufgrund einzelner Merkmale als schön gilt. Darüber hinaus hat die Sensibilität gegenüber Extremen zugenommen, weil man sich Schönheitsmerkmale zulegen kann. Man wird Extreme schon allein deswegen vermeiden, weil man sich nicht dem Verdacht aussetzen möchte, "nur" durch medizinisch-technische Manipulation zu diesem Merkmal gekommen zu sein. Es ist uninteressant geworden, durch außergewöhnliche Steigerung der Proportionen einzelner Merkmale in Erscheinung treten zu wollen, ist es doch prinzipiell nicht - wie in früheren Zeiten - eine seltene Gabe, über die man aufgrund einer schicksalhaften Laune verfügt, sondern eine erwerbbare Eigenschaft. Als natürlich wirkt alles, was den Rahmen des Durchschnitts nicht verläßt. Die Unterscheidung natürlich-künstlich wird damit erst im Hinblick auf das Monströse relevant, das als "künstlich" abgewertet wird.

Der Zwang zur Verschönerung verstärkt sich selbst. Je mehr Menschen eine Veränderung an sich vornehmen lassen, um so mehr geraten diejenigen, die es bei der natürlichen Variabilität des Haarwuchses, der Nase, der Ohren, des Schulter- und Busenumfanges, der Beine oder der Füße belassen möchten, ins Blickfeld. Die Orientierung am Durchschnittlichen, Normalen bedeutet, daß Abweichungen viel früher wahrgenommen werden. Aber die Durchschnittswerte selbst verändern sich. Da die meisten Menschen Eingriffe an sich vornehmen oder vornehmen lassen, wird es zur Selbstverständlichkeit, daß der Körper nur zum Teil das Ergebnis natürlichen Wachstums ist, zum Teil dagegen von ärztlicher Hand geformt wurde. Die Kombination von natürlicher und ärztlicher Formgebung setzt neue Standards. In dem Maße, in dem die Praxis einer medizinisch-technischen Verschönerung um sich greift, erscheint das Natürliche als monströs, ja als unnatürlich, sobald es größere Abweichungen vom Mittelwert aufweist, das Künstliche, sofern es bestimmte Grenzen nicht überschreitet, natürlich.

Angesichts einer Orientierung an der Mehrheit muß man sich fragen, wie es überhaupt eine Steigerung von Schönheit geben kann. Müßte man angesichts dieses Zustandes nicht annehmen, daß es herausragende Schönheit nicht gibt, weil sie ein Maß an Exzentrik voraussetzt, das als häßlich abgewertet werden muß?

Geht es angesichts genereller Standards nicht einfach nur um Konformität und Nonkonformität? Tatsächlich gibt es in der heutigen Gesellschaft die alles überstrahlende Schönheit nicht mehr. Gerade darin unterscheidet sich unsere Gesellschaftsverfassung von früheren, daß es keine Schönheitskriterien gibt, nach denen sich einige wenige so markant von allen anderen unterscheiden, daß sie gewissermaßen auf den Dimensionen der Messung mit Abstand vor den übrigen liegen. Solche Abstände können aufgrund der medizinisch-technischen Machbarkeit von Schönheit gar nicht zustande kommen und wo sie vorzukommen scheinen, gelten sie nicht als schön, sondern als häßlich. Superschönheiten sind nur das kurzlebige Produkt von PR-Kampagnen. Das heißt aber nicht, daß es nicht im alltäglichen Leben eine beständige Schönheitskonkurrenz gäbe. Gut, ja besser auszusehen als der oder die andere, ist vielleicht wichtiger als je zuvor. Nur die Abstände, um die es sich handelt, sind sehr gering. Sie kommen dadurch zustande, daß auch der Chirurgie, dem Bodyshaping, der Kosmetik und dem *Styling* Grenzen gesetzt sind, so daß einige von Natur aus das mitbringen, was andere selbst mit großen Mühen und unter Einsatz höchster Kunstfertigkeit nicht ganz erreichen. Doch sind die Standards allgemein und die Verschönerungstechniken effizient genug, daß besonders in den jungen Altersgruppen das Mehr oder Weniger zur reinen Interpretationsfrage wird. Vor allem gibt es nicht den eindeutigen Superlativ, den es früher gab, weil Schönheit rar war und die Schönheitskriterien auch das Extrem zuließen. Daß darüber hinaus jeder im Hinblick auf die Schönheit eines anderen Menschen seine Idiosynkrasien haben kann, ist selbstverständlich.

Die neue Identität

Mit der Manipulierbarkeit der Erscheinung entfallen auch die Einengungen des Erwartungsspektrums, die mit Körpermerkmalen verbunden waren. Das Stereotyp wird aufgelöst durch die Unsinnigkeit von Generalisierungen, die sich auf nunmehr leicht veränderliche Eigenheiten beziehen. Man wird z.B. - zumindest unter Erwachsenen - nicht den Rothaarigen besondere Persönlichkeitseigenschaften zuschreiben wollen, da es allgemein üblich geworden ist, sich die Haare zu färben. Die Diffamierung buckliger alter Frauen als Hexe entfällt, wenn für wenig Geld die Osteoporose verhindert werden kann. Die gerade Nase deutet nicht mehr "geraden Sinn" an, und auch Falten haben ihre Bedeutung als Persönlichkeitsindikator verloren. Somit verbindet sich mit der Manipulierbarkeit der äußeren Erscheinung nicht nur soziale Kontrolle, sondern auch Freiheit. Körperliche Eigenheiten, von denen man früher glaubte, daß sie das Lebensschicksal offenbarten und die damit gerade erst schicksalhaft wurden, haben ihren Zeichencharakter und damit zumindest einen Teil ihrer einschränkenden Wirkung verloren. Darüber hinaus kann man sich ihrer entledigen. Die Schönheit, so wie sie in der demokratischen Gesellschaft verstanden wird, vermeidet Auffälligkeiten und ist im relationalen Sinne unverbindlich: Sie sagt nichts aus und legt die Interaktion nicht fest. Sie überläßt es der sich entwickelnden Beziehung, wie man sich selbst entwirft und wie man von anderen gesehen wird. Der Körper ist zu einer Fassade geworden, hinter der man sich verbergen kann. Wenn in der vorindustriellen Gesellschaft die politischen Klugheitslehren den Rat enthielten, Gebärden und Gesichtsausdruck zu kontrollieren und Gefühle nicht zu zeigen (Vowinckel 1983), so konnten sie doch nicht verhindern, daß man an den nichtmanipulierbaren körperlichen Merkmalen Eigenschaften ablas, die angeblich auf lange Sicht die Persönlichkeit kennzeichnen. Zumindest diejenigen, die sich kundig glaubten, hatten klare Vorstellungen bezüglich der Botschaften, die von den physiognomisch relevanten Partien des Gesichts und den Proportionen des Körpers ausgingen, mochte der Betreffende sich auch im übrigen um ein Maximum an Selbstkontrolle bemühen. Heute ist es dagegen so, daß der schöne Körper nichts verrät bis auf die Bereitschaft, sich den ästhetischen Anforderungen der Gesellschaft zu unterwerfen. Damit sind, zumindest unter Fremden, soziale Kontakte unverbindlich und frei. Die gegenwärtige oder frühere Lebenssituation, Armut oder Reichtum, monotone oder vielseitige Berufstätigkeit, Provinzialität und Weltläufigkeit, Arbeit oder Müßiggang bleiben im dunkeln, solange man selbst keine aktive Informationspolitik betreibt.

Freiheit bedeutet die Manipulierbarkeit des Körpers auch und gerade dann, wenn typische Merkmale nivelliert werden. Um diese Merkmale herum gruppierten sich in der Zeit vor der Revolution der Medizintechnik die Identitätszumutungen, in denen das Individuum sich zu betrachten lernte. Sie waren nicht Ausdruck der eigenen Wünsche und Bedürfnisse, sondern des Zufalls. Je mehr äußere Eigentümlichkeiten eine soziale Relevanz besaßen, wie dies z.B. bei Rassemerkmalen bis heute der Fall ist, um so mehr wurde auch ein eigener Identitätsentwurf unmöglich gemacht, es sei denn als eine bewußte Reaktion auf solche Zumutungen, die aber als Negativbild doch wieder die Konturen der gesellschaftlichen Zuschreibungen aufwies. So geht denn auch die gängige Kritik an der "Schönheitschirurgie" in die Irre, wenn nämlich behauptet wird, daß der Patient sich selbst verleugne (Minker/Scholz 1988, S. 80). Denn tatsächlich ist dieses

Selbst noch immer von den vorgegebenen physischen Eigentümlichkeiten und ihren gesellschaftlichen Ausdeutungen nicht unabhängig. Vermutlich meinen die Kritiker der Medizintechnik nicht dieses Selbst, sondern ein utopisches Selbst, das es entgegen aller soziologischen Erkenntnisse geben soll. Der subjektive Teil des Selbst soll gegen den Widerstand gesellschaftlicher Zuschreibungen, die das Resultat körperspezifischer Fixierungen sind, durchgesetzt werden. Die Forderung, zu sich selbst und seinen Mängeln zu stehen, verbindet sich mit der unrealistischen Annahme einer Abschottung gegenüber den Identitätszumutungen der Gesellschaft. Es wird nicht allein verlangt, den eigenen Körper schön zu finden, sondern sich selbst von psychischen und sozialen Ausdeutungen zu befreien. Eine derartige mangelnde Übereinstimmung zwischen Selbst- und Fremdbild würde, sofern sie überhaupt machbar wäre, nicht einen positiven, gelassenen, aktiven Umgang mit der sozialen Umwelt, sondern beständige Irritationen, oft auch Marginalisierungen bewirken. Beseitigt man dagegen die Merkmale, die als Identitätsaufhänger von der Gesellschaft mißbraucht werden, so ist es eher möglich, den Entwurf von der eigenen Identität sozial durchzusetzen. Die moderne Medizintechnik bewirkt, daß sozusagen "Ecken und Kanten", die früher vielfältige soziale Ausdeutungen erfuhren, abgeschliffen werden. Sie ermöglicht auf diese Weise, daß sich neue, andere Identitäten bilden, wobei begründet davon ausgegangen werden kann, daß der subjektive Anteil höher ist.

Von der Uniform zum Kostüm

Allerdings haben die Eingriffe der Medizintechnik in Hinblick auf die äußere Erscheinung auch eine Uniformierung zur Folge. Es geht ja darum, keine Blößen zu bieten und die Variationen der Natur einem schon gegebenen Standard anzupassen.

Man könnte sich vorstellen, daß die Möglichkeiten zur Verschönerung, die Medizin und Technik heute bereitstellen, in ganz anderer Weise genutzt werden. Wenn die Uniformierung weiter um sich greift, wächst möglicherweise das Bedürfnis nach Abwechslung; wenn es für immer mehr Menschen selbstverständlich ist, gut auszusehen, möchte man sich unterscheiden. Die alten, an den Eigentümlichkeiten des Körpers anknüpfenden Typisierungen kamen dadurch zustande, daß man an die körperliche Eindringlichkeit des Lebenslaufes glauben konnte. Sobald aber solche Merkmale mehr oder weniger leicht aufgehoben werden können, ja der ganze Körper als ein Produkt menschlichen Gestaltungswillens aufgefaßt werden muß, ergibt sich vielleicht ein neues Verhältnis zur eigenen Physis. Wenn die alten Typologien ins Wanken geraten, kann man ganz anders mit der Körperlichkeit umgehen. Der Mensch wird sich selbst als Kunstwesen betrachten und in neuer Weise nach ästhetischen Kriterien beurteilen, nämlich nach dem Kriterium, das der Kunst eigentümlich ist, der Kreativität. Dieser Zustand kann aber nur über das Zwischenstadium der Uniformität erreicht werden. Die alten Typologien schleifen sich nur dadurch ab, daß sie nichts mehr aussagen. Wenn das Aussehen nicht mehr als natürliches Schicksal oder als Spiegelbild des Lebenslaufes begriffen wird, können neue Akzente gesetzt werden, die keine stereotypen Bilder auslösen, die aber das ausdrücken, was der Betreffende selbst schön findet. Auch wenn er die Gestaltung anderen überläßt, so bringt er sich doch in seinem ästhetischen Empfinden zum Ausdruck. Der Körper wird zum Kostüm, das ja auch mehr Selbstentfaltung ermöglicht als die übliche Kleidung. Von diesem Zustand sind wir jedoch noch weit entfernt. Wir sind froh, wenn wir von der Stange etwas gekauft haben, was unsere Blößen verdeckt und einigermaßen gut aussieht.

Literatur

Baacke, Dieter: Die Macht des Schönen und die Kraft des Häßlichen. In: Jugend und Gesellschaft. Zeitschrift für Erziehung, Jugendschutz und Suchtprävention, Heft 4, 1990, S. 1-8.

Benjamin, Walter: Das Kunstwerk im Zeitalter seiner technischen Reproduzierbarkeit, 9. Aufl., Frankfurt 1976.

Bette, Karl-H.: Körperspuren. Zur Semantik und Paradoxie moderner Körperlichkeit, Berlin/New York 1989.

Boberg, Jochen u.a. (Hrsg.): Die Metropole. Industriekultur in Berlin im 20. Jahrhundert. Industriekultur deutscher Städte, Bd. 2., Berlin/München 1986.

Burckhardt, Jacob: Griechische Kulturgeschichte, Bd. 2: Kunst und Forschung, Stuttgart 1952 (Erstdruck der 1892 bis 1902 postum veröffentlichten vierbändigen Griechischen Kulturgeschichte).

Glöckle, Hanns: Geschichte des Sports, München 1987.

Hepp, Corona: Avantgarde, München 1987.

Irmscher, Johannes (Hrsg.): Lexikon der Antike, Leipzig 1977 (zitiert nach der Liz.-Ausgabe Wiesbaden o.J.).

Krüger, Arnd: Sport und Gesellschaft, Hannover 1980.

Lamer, Hans: Wörterbuch der Antike, 8. Aufl., Stuttgart 1976.

Levi-Strauss, Claude: Traurige Tropen, Frankfurt 1978.

Meyer, Christian: Politik und Anmut, Berlin 1985.

Minker, Margaret/Scholz, Renate: Schönheitsoperationen. Entscheidungshilfen, Operationsmethoden, Alternativen, München 1988.

Müller, Reimar u.a.: Kulturgeschichte der Antike, Bd. 1: Griechenland, Berlin 1980.

Murray, Oswyn: Early Greece, Brighton/Atlantic Highlands, N.J. 1980.

Rösch, Heinz-Egon: Politik und Sport in Geschichte und Gegenwart, Freiburg/Würzburg 1980.

Schreber, Daniel Gottlieb Moritz: Der Hausfreund als Erzieher und Führer zu Familienglück, Volksgesundheit und Menschenveredelung für Väter und Mütter des deutschen Volkes, Leipzig 1961.

Sennett, Richard: Verfall und Ende des öffentlichen Lebens, Frankfurt 1983.

Verdan, Claude: Geschichte der plastischen und wiederherstellenden Chirurgie. In: Sournia, Jean-Charles, Martiny, Marcel (Hrsg.): Geschichte der Medizin, der Pharmazie, der Zahnheilkunde und der Tierheilkunde, Bd. 8, Salzburg 1983, S. 2911-2929.

Vowinckel, Gerhard: Von politischen Köpfen und schönen Seelen. Ein soziologischer Versuch über die Zivilisationsformen der Affekte und ihres Ausdrucks, München 1983.

Weber, Max: Konfuzianismus und Taoismus. In: M. Weber: Gesammelte Aufsätze zur Religionssoziologie, (Taschenbuchausgabe), Tübingen 1988, S. 276-536. Erstdruck in: Jaffesches Archiv für Sozialwissenschaften, 41 (1915).

Weiler, Ingomar: Der Sport bei den Völkern der alten Welt, Darmstadt, 2. Aufl., 1988.

